JN112415

SDGs時代の地理教育

「地理総合」への開発教育からの提案

湯本浩之・西岡尚也・黛京子 編著

泉貴久・井上明日香・大西宏治・今野良祐・望月浩明・吉崎亜由美

編集協力: 認定NPO法人 開発教育協会（DEAR）

学文社

はじめに

　私たちの地球社会は，飢餓や貧困，気候変動や環境破壊，地域紛争や人権
侵害などの地球規模の諸問題に直面しています。これらの諸問題を早急に解
決していくことが私たちにとって喫緊の地球的課題（global issues）となって
います。この課題の実現に向けて，国際社会はこれまで数多くの取り組みを
展開してきました。そして，現在，国連が世界に対して呼びかけているのが，
持続可能な開発目標（SDGs）の達成です。しかし，その 2030 年までの達成
が現状のままではきわめて困難であることに国連は警鐘を鳴らしています。
こうしたなかで，SDGs の達成には「持続可能な開発ための教育（ESD）」の
果たすべき役割がますます重要となりました。国連は 2005 年から開始され
た ESD を更新して，SDGs の達成を通じて公正で持続可能な世界を構築す
ることを目的とする ESD for 2030[*1] を 2020 年から実施しています。

＊1　正式名称は，Education for Sustainable Development: Towards achieving the SDGs (ESD for 2030)。日本語では「持続可能な開発のための教育：SDGs 達成に向けて」と訳されています。

　その一方で，2016 年 12 月に発表された中央教育審議会の答申「幼稚園，
小学校，中学校，高等学校及び特別支援学校の学習指導要領等の改善及び必
要な方策等について」では，「持続可能な開発のための教育（ESD）は次期学
習指導要領改訂の全体において基盤となる理念である」と謳われました。そ
して，この答申に基づき 2017・18 年に告示された現行の各学習指導要領では，
その前文と総則において，「持続可能な社会の創り手」の育成が掲げられて
います。開発教育でもその意義はたいへん大きいと考えています。なぜなら，
「持続可能な社会の創り手を育む教育」である「ESD が，新学習指導要領全
体において基盤となる理念として組み込まれた」からです[*2]。言いかえれば，
これからの日本の教育や学校，そして教員には，子どもたちが「持続可能な
社会の担い手」として成長していくことができるように，各教科などを通じ
た ESD の実践が要請されることとなったのです。

＊2　文部科学省国際統括官付・日本ユネスコ国内委員会『持続可能な開発のための教育（ESD）推進の手引（令和 3 年 5 月改訂）』2021 年，4 頁。

　このような国内外の ESD をめぐる動向を背景として，本書の企画は生ま
れました。その端緒は，地理教育や開発教育・ESD に長く取り組んできた
編者 3 名が，高校の地理歴史科の再編に伴って新設された「地理総合」に着
目したことでした。すなわち，この学習指導要領に示された 3 つの「内容」，
そのなかでもとくに「B　国際理解と国際協力」が，まさに開発教育の学習
内容そのものだったのです。しかも，これまで長く選択科目であった地理が，
「地理総合」として必履修科目になったことから，開発教育が蓄積してきた
経験や知見を地理教育と共有し，両者が協働していくことで，この学習指導

要領が要請する「持続可能な社会の創り手」の育成に貢献できるのではないかと考えたのです。

　しかしながら，高校地理といえば，大学入試での受験機会が限られ，履修する生徒数が減少するなどの事情から，地理を専門とする教員数の少なさが長く問題とされてきました。そのため，今回の必履修化に際しては，地理授業が未経験のまま歴史や公民の教員が地理総合の授業を担当する高校も多くあります。また，実際に地理を初めて教えることになった先生方の多くは，その授業づくりや教材選びに苦労されています。そこで，そうした方々をはじめ，教職課程で地理を専攻しようとする教員志望の学生さんおよび地理を専門としてこなかった教員の方々を主な対象に，本書では開発教育の教材や授業案を紹介することにしました。もちろん，地理を専門とされる先生方にとっても，地球的課題を理解して，地球的視点に立った地域づくりを実践しようする開発教育という教育活動をご紹介できればと思います。本書がこれからの地理総合の授業づくりの一助となれば幸いです。

　本書の構成は，次のとおり4部構成となっています。

　第1部は「理論編」です。第1章では，SDGsやESDを検討する際の大前提となる「地球的課題と持続可能な開発」について概説しています。続く第2章では，その「持続可能な開発」と「教育」に関する議論の経過を確認したうえで，「開発教育の歴史的展開と教育的特徴」を紹介しています。さらに，地理教育の立場や観点から「SDGs時代の地理教育の課題と展望」（第3章）と「地理教育における参加型学習と開発教育教材の意義と課題」（第4章）について論じています。そして第5章では，2007年に国際地理学連合地理教育委員会が公表した「持続可能な開発のための地理教育に関するルツェルン宣言」をこの機会に改めて読み解いてみました。

　第2部は「教材編」です。第6章から第15章まで合わせて10種のワークショップ用の参加型学習教材を紹介しています。これらの教材は，開発教育のなかでも比較的取り組みやすい教材であり，開発教育は初めてという先生方にもぜひ利用していただきたい教材です。

　第3部は「授業編」です。第16章から第20章まで，開発教育の経験が豊富な現職の高校地理教員が自ら実践してきた授業案を紹介しています。どれも今すぐ授業に役立つ興味深い内容ですので，ぜひ参考にしていただきたいと思います。また，授業実践で使用した副教材やワークシート等は学文社ホームページよりダウンロードしていただくことができますのでご活用下さい（詳しくは第16章を参照下さい）。

　第4部は「資料編」として，学習指導要領の抜粋や「ルツェルン宣言」の仮訳をはじめ，開発教育に関する参考図書やその他の教材，各地の関連団体

*3　本文ではたびたび学習指導要領について言及しますが，第4部資料編に「平成30年告示　高等学校学習指導要領」の「地理総合」を収録していますので参照下さい。

などを紹介しています。

　最後になりましたが，本書の執筆編集にあたり，以下の個人や団体の皆様から教材や資料の提供をはじめ，転載の許可をいただいたことに改めてお礼申し上げます。また，本書の企画段階から適切なご助言をいただき，編集作業をご担当いただきました学文社の落合絵理さんにお礼申し上げます。

NPO 法人アジア太平洋資料センター（PARC）

荒井綾美

NPO 法人 ACE

奥島美夏

（公財）滋賀県国際協会・国際教育研究会 "Glocal net Shiga"

白神山地ビジターセンター

峠隆一

ムハンマド羅瑞

メンツェルフォトジャパン

Huber Kartographie Gmbh（ドイツ）

New Internationalist Publications Ltd（英国）　　　　　（敬称略）

2024 年 1 月

　　　　　編者　湯本浩之・西岡尚也・黛　京子

目　次

第 3 部　授業編

第 4 部　資料編

第1部

理　論　編

第1章
地球的課題と持続可能な開発
～ SDGs と ESD の背景と経緯をさぐる～

*1　国連は 2022 年 11 月 15 日に世界の人口が 80 億人に達する見込みであると発表した。(国連広報センター, 2022)

*2　複合危機 (polycrisis) とは, 個々のリスクが複合的に影響し合い, その総和以上の被害や悪影響を生むような危機的状況を意味する。フランスの哲学者・社会学者であるエドガール・モラン (1921-現在) が著作のなかで指摘している (モラン, 1993)。毎年 1 月にスイスでダボス会議を主催する世界経済フォーラム (2023) が毎年公表する『グローバルリスク報告書』の 2023 年版でも複合危機が強調されている。

*3　「貧困ライン」とは, ある国でそれ以下の収入では, 最低限の衣食住のニーズが満たされなくなる水準のこと。世界銀行は, 1990 年に最貧国の国別貧困ラインを検証し, それらを購買力平価 (PPP) を用いて換算した上で, 国際貧困ラインを 1 日 1 US ドルと設定。その後, 2005 年に 1.25 US ドル, 2015 年に 1.90 US ドル, そして 2022 年に 2.15 US ドルにそれぞれ改訂している。(世界銀行, 2018 ; 2019, World Bank, 2022)。

1. 複合危機に直面する地球社会の現状

　今や 80 億人を超える人々が暮らす地球社会は[*1], 貧困や飢餓, 環境破壊や気候危機, 地域紛争や人権侵害など, 人類共通かつ地球的規模の複合危機 (polycrisis)[*2] に直面している。これらの喫緊な諸問題を一日も早く改善し解決していくことが地球的課題 (global issues) となっている。本節では, 持続可能な開発目標 (以下, SDGs) が設定され, 持続可能な開発のための教育 (ESD) がその達成に向けた教育として位置づけられた背景として, 地球的諸問題のいくつかを概観して, 地球社会や日本社会の現状を確認していく。

(1) 貧困

　"貧困"とは何かと問われれば, "収入がない"あるいは"衣食住が満たされていない"状態が一般的には連想される。しかし, 貧困の様相は多様であり, 国や地域によっても異なるが, 大きく 2 つに分類すると, 絶対的貧困と相対的貧困という概念で"貧困"を検討することができる。

　絶対的貧困とは, どこの国や地域に暮らしていても, 人間としての基本的な衣食住を満たすことが難しい状態を意味している。その指標として, たとえば, 世界銀行は生活に必要な最低限の 1 日あたりの収入を国際貧困ライン[*3]として設定して, これ以下で生活している人々を極度の貧困層 (最貧層) と定義している。これに従うと, 1990 年当時の世界の最貧層は 18 億 9,500 万人で, 世界人口に占める割合 (貧困率) は 36 ％であった。その後, 2000 年から 2014 年までに取り組まれたミレニアム開発目標 (MDGs) の成果もあって, 後述する SDGs が開始された 2015 年当時では, その人数は 7 億 3,400 万人, 貧困率は約 10 ％までに低減された (世界銀行, 2018)。

　2015 年以降も世界の貧困状況は改善し, 2019 年には貧困率は 8.4 ％まで減少した。しかし, 新型コロナウイルス感染症 (以下, COVID-19) の世界的な大流行により, 2020 年の貧困率は 9.3 ％と上昇し, 貧困削減の取り組みの一部が帳消しとなった。COVID-19 の影響により, 貧困削減の傾向は鈍化

しており，2022 年末の時点では世界人口の 8.4 ％，すなわち，6 億 7,000 万人が依然として絶対的貧困のなかにいる。そして，現在の状況が今後も継続すれば，2030 年までに世界人口の約 7 ％，すなわち 5 億 7,500 万人が絶対的貧困のなかに留め置かれることになるという。(UN，2023a：12)

もうひとつの相対的貧困とは，世界各国を 1 日あたりに必要な生活費という同一の基準で比較するのではなく，その国の平均的な所得水準や生活水準と比較して著しく困窮した状態にあることを意味している。この相対的貧困率については，日本の場合を事例に第 4 節で後述する。

(2) 飢餓と飢饉

飢餓 (hunger) という言葉がどのような状態を意味しているのか想像できるだろうか。飢餓[*4]とは，栄養不良な状態が長期化して，健康な心身の維持だけでなく，基本的な社会生活が困難になっている状態を意味し，これを慢性的飢餓という。これと似た言葉に飢饉 (famine) があるが，これは紛争や自然災害などが原因で，ある地域で多数の人々が極度の栄養不良の状態に突発的に陥ることを意味する。急性的飢餓ともいえるこの緊急状態を放置すれば「餓死」が発生するので，緊急の食料支援が必要となる。

国連によれば，慢性的飢餓に直面している世界人口は，同じく COVID-19 の影響で，2019 年の 7.9 ％から 2022 年には 9.2 ％と増加し，約 7 億 3,500 万人が影響を受けている。すなわち，世界人口のおよそ 10 人に 1 人は，栄養不良の状態にあることになる。また，世界人口の 3 割に相当する 24 億人は，適切な食料を定期的に入手できない中度あるいは重度の食料不安のなかにあり，世界の 5 歳未満の子どもの 22.3 ％（1 億 4,800 万人）が発育不良，6.8 ％（4,500 万人）は衰弱の状態にあるという。(UN，2023a：14-15)

たとえば，2022 年になって，アラビア半島の南端に位置するイエメンでは，長期化する内戦の影響から人道危機がさらに悪化していることが報告されている。[*5]人口約 3,000 万人のイエメンでは，最低限の食料を入手できない人々の数が 1,900 万人に及ぶと予測され，220 万人の子どもや 130 万人の妊産婦が急性の栄養不良に陥っているという（日本ユニセフ協会，2022）。

(3) 気候危機と地球沸騰化

気候変動に関する政府間パネル (IPCC)[*6] の最新報告書（文部科学省・気象庁，2022：4-5，以下「報告書」）によれば，「人間の影響が大気，海洋，及び陸域を温暖化させてきたことには疑う余地がない」としたうえで，世界平均気温は「過去 40 年間のうちのどの 10 年間も，それに先立つ 1850 年以降のどの 10 年間よりも温暖だった」という。そして，21 世紀最初の 20 年間における世

[*4]　「飢餓とは，身長に対して妥当とされる最低限の体重を維持し，軽度の活動を行うのに必要なエネルギー（カロリー数）を摂取できていない状態を指します。必要なカロリー数は，年齢や性別，体の大きさ，活動量等によって変わります」。出典：世界食糧計画ウェブサイト。

[*5]　2010 年代初頭に始まった「アラブの春」と呼ばれた一連の反政府運動は，チュニジアやエジプトなどの長期独裁政権の打倒に繋がった。その余波はイエメンにも及び，2015 年に発生したクーデターによって政権が崩壊した。それ以降，政治的混乱や経済的破綻のなかで，イエメンは社会インフラや公共サービスの機能不全に陥っている。こうした過酷な状況を国連は「世界最悪の人道危機」と呼び，国際社会に支援を要請し続けている。

[*6]　1988 年に世界気象機関 (WMO) および国連環境計画 (UNEP) により設立された政府間組織。気候システムや気候変動の状態とそれが経済社会に及ぼす影響などに関する科学的な評価や知見の提供をその目的としている。2021 年 8 月現在，195 の国と地域が参加している。3 つの作業部会 (Working Group) と 1 つのタスクフォースで構成され，これまでに 6 次にわたって評価報告書が公表されている。

界平均気温は，1850 ～ 1900 年よりも 0.99 ℃ 高く，2011 ～ 2020 年の世界平均気温は 1.09 ℃ 高かったと報告している（同書，5）。また，「北極域の海氷面積は，少なくとも 1850 年以降で最小規模に達し」ており，世界の平均海面水位は「1900 年以降少なくとも過去 3000 年間のどの百年間よりも急速に上昇している」との見解を述べている（同書，8）。

　こうした地球温暖化を含めた気候変動は，今や気候危機と呼ばれているが，「報告書」は平均気温の将来予測として 5 つのシナリオを提示している。そのなかで最善のシナリオは，平均気温の上昇を抑えるために今世紀半ばまでに CO_2 の実質排出ゼロを実現するものだが，それでも 2021 ～ 2040 年平均の気温上昇は 1.5 ℃ に達する可能性がどちらかといえば高いという（同書，15）。

　また，2023 年 7 月には，世界気象機関などが 7 月の世界の平均気温が観測史上最高となる見通しを発表した。これを受けて，国連のグテーレス事務総長は「地球温暖化（global warming）の時代は終焉し，地球沸騰化（global boiling）の時代が到来した」と警告している（UN，2023b）[7]。

(4) 日本社会における地球的諸問題

　上記のとおり，世界の貧困や飢餓などの開発問題，そして気候危機や地球沸騰化などの地球環境問題は，けっして海の向こうでの問題や出来事ではなく，日本国内の問題であり，私たちの日々の暮らしにも関わる問題でもある。

　たとえば，貧困問題についていえば，2018 年の日本の相対的貧困率[8]は 15.7 ％，子どもの貧困率は 14.0 ％ となっている（厚生労働省，2020）。これは日本の人口の 6 人に 1 人（あるいは 6 世帯の 1 世帯），すなわち約 2,000 万人が「貧困ライン」以下の生活をしており，とりわけ "ひとり親世帯" の貧困率は 48.3 ％ となっている。また，子ども（17 歳以下）に限れば，7 人に 1 人（単純計算で 1 クラスのなかに数人）が相対的な貧困の状況にあることになる。日本は国家としては世界第 4 位の経済大国とはなったが，これらの貧困率の数値は「先進国」のなかでも高く，いずれも COVID-19 の蔓延前の数値であるため，最新の貧困状況はさらに悪化していることが推察される。

　飢餓問題は日本には存在しないと思いがちである。しかし，「過去 1 年間に経済的な理由で家族が必要とする食料が買えなかった経験（よくあった／ときどきあった／まれにあった）をもつ世帯」は全世帯の 13.6 ％ を占め，"ひとり親世帯" に限ると 35.9 ％ に達している（国立社会保障・人口問題研究所，2019）。その一方で，食品ロス量[9]は近年減少傾向にあるが，2021 年度は 523 万トンに達しており（農林水産省，2023），国連機関の世界食糧計画（WFP）が同年に支援した食料 440 万トンを大きく超えている（国連 WFP 協会，2022：9）。

　気候変動についても，日本の平均気温は 1980 年代後半から急速に上昇し

＊7　2023 年 7 月 27 に世界気象機関（WMO）と欧州委員会の気象情報機関であるコペルニクス気候変動サービスが，7 月の世界の平均気温が観測史上最高になるとの見通しを発表。これを受けて国連のグテーレス事務総長は記者会見のなかで，「地球沸騰化」という表現を用いて，世界の首脳に対して温室効果ガスの排出削減強化を求めた。出典：UN（2023b）。

＊8　収入から直接税や社会保険料などを除いた所得を可処分所得という。世帯の可処分所得を世帯人員の平方根で割って調整した所得を等価可処分所得といい，その中央値の半分を「貧困ライン」として，それに満たない世帯員の割合を「相対的貧困率」という。なお，本文中の貧困率は，OECD の新基準に基づいている。その新基準による 2018 年の日本の貧困線は 124 万円。出典：厚生労働省（2020）。

＊9　「食品ロス」とは「まだ食べられるのに廃棄される食品のこと」。2021 年度の食品ロス推計値は 523 万トンで，このうち，食品関連事業者から発生する事業系食品ロス量は 279 万トン，一般家庭から発生する家庭系食品ロス量は 244 万トンである。出典：農林水産省（2023）。

ており，「近年，日本で高温となる年が頻出している要因として，世界の他
の地域と同様に，二酸化炭素などの温室効果ガスの増加に伴う地球温暖化」
などの影響が考えられるという（気象庁，2023：55）。また，近年では海洋プ
ラスチック問題への関心も高まっている。日本のプラスチックごみの廃棄量
は，中国，EU 諸国，米国，インドについで第 5 位であるが，1 人あたりに
換算すると米国に次いで第 2 位となっている（UNEP，2018：5）。

　以上の例からもわかるように，日本社会や私たちの日々の生活は地球的諸
問題と無縁ではなく，地球環境に対しても多大な影響を及ぼしている。

2.　開発論の変遷：近代化論から持続可能な開発へ

　前節で取り上げた貧困や飢餓，気候危機などの地球環境の問題は，過去数
十年にわたって国際社会が取り組むべき共通の問題として議論されてきた。
そして，貧困や飢餓の根絶をはじめ，地球環境の保全などを目的としたさま
ざまな国際的な施策が展開されてきた。SDGs という国際公約は，そうした
議論や施策の歴史的な蓄積の今日的な到達点であるといえる。

　そもそも「持続可能な開発（以下，SD）の"開発（development）"とは何か，
どうあるべきか」という開発論の起点は，第二次世界大戦後の米国の外交政
策にまで遡ることができる。本節では，SD の基本的な理解を深めるために，
SD に至るまでの開発をめぐる主な議論を"近代化論"，"従属論"そして"オ
ルタナティブな開発論"の三種に分類してその概要を確認していく。

(1) 戦後の米国の対外援助政策と近代化論

　激戦が繰り広げられた欧州諸国や日本とは異なって，米国は第二次世界大
戦による多大な惨禍を免れることができた。そして，温存された経済力や軍
事力を背景としながら，米国は戦後の西側資本主義陣営の盟主としてその覇
権的立場を強固なものとしていった。たとえば，ブレトンウッズ体制やマー
シャル・プラン[11]は米国が主導したものであった。また，米国大統領のトルー
マン（Truman, H. S.）は，ポイント・フォー計画[12]のなかで，西欧列強によって
植民地支配され，貧困や食糧難に苦しむ"低開発地域（under-developed ar-
eas)"の改善と成長のための経済援助を表明した。さらに，1961 年に大統領
に就任したケネディ（Kennedy, J. F.）は，青年ボランティアを派遣する平和
部隊（Peace Corps）[13]を創設するとともに，国連はケネディの提案に基づいて
1960 年代を"開発の 10 年"とすることを採択した。

　こうした米国主導の対外援助を理論的に後押ししたのが，米国の経済学者
でケネディ政権のスタッフを務めたロストウ（Rostow, W. W.）であった。ロ

*10　1944 年に米国ニュー
ハンプシャー州ブレトンウッ
ズで開催された連合国通貨金
融会議で合意された第二次世
界大戦後の国際通貨金融制度
のこと。この会議では，米ド
ルを基軸通貨と定め，金 1 オ
ンス 35 米ドルでの兌換を保
証するとともに，各国の自国
通貨を米ドルに固定する金ド
ル本位制度を採用することや，
その実施機関として IMF（国
際通貨基金）と IBRD（国際
復興開発銀行）の創設が合意
された。本体制は，通貨の安
定や自由貿易の振興を通じて
世界経済の復興を目指したが，
1971 年のいわゆるニクソン・
ショックによって崩壊し，以
降の為替制度は変動相場制へ
と移行した。

*11　第二次世界大戦後の欧
州復興を目的として，米国が
推進した欧州復興計画（ERP）
のこと。当時の国務長官 G・
マーシャルが発表したこの計
画に対して，西欧など 16 ヵ国
が援助を要請。その受入機関
として 1948 年に設立された
欧州経済協力機構（OEEC）
は，1961 年に経済協力開発
機構（OECD）に改組された。

*12　米国大統領のトルーマ
ンは，1949 年の大統領就任
演説のなかで，「国連の支援
と強化」，「マーシャル・プラ
ンの継続的支援」，「北大西洋
地域の安全保障の強化」に続
く第 4 項（Point four）として，
「低開発地域への経済・技術
援助計画」を公約した。

*13　日本では，平和部隊の
創設前から青年のアジア派遣
構想が始まり，1965 年に青
年海外協力隊が創設。事務局
は国際協力機構（JICA）の前
身である海外技術協力事業団
（OTCA）のなかに設置。2018
年からは他の派遣事業を含め
て"JICA 海外協力隊"と総
称されるようになった。

ストウ（1961）の経済成長段階論は一種の近代国家論であり，1960年代以降の有力な開発論である近代化論として影響力をもつこととなった。ロストウは，経済成長は「①伝統的社会」に始まり，「②離陸のための先行条件期」，「③離陸期」，「④成熟期」を経て，やがて「⑤高度大衆消費時代」を迎えるという段階論を提示した。ここでいう「離陸期」とは産業革命を意味するが，未開で停滞した低開発地域であっても，これらの段階を経て，やがて米国のような近代国家へと発展しうると主張したのである。

　他方，ロストウに象徴される近代化論の背景には，市民革命や産業革命を経験し，民主主義や資本主義を確立した西洋近代国家こそが，低開発地域が目指すべき理想の国家像であり，欧米諸国に追いつくことが"近代化"であるという西洋中心の考え方がある。そして，その近代化への過程はほかに選択肢のない単線的なものであり，欧米諸国からの技術や資本の移転がもっとも効果的な手段とされた。こうした考え方が，1960年代以降の国際開発や国際協力の主流となったのである。また，ロストウの著作の副題が「ひとつの非共産主義宣言」であったように，彼の段階論には，共産主義の非西洋社会への勢力拡大を阻止しようとする米国の外交的思惑や軍事的戦略が反映されていたことにも留意する必要があろう（湯本，2016：80-81）。

(2) 対抗理論としての従属論

　第二次世界大戦後から1960年代にかけて，西欧列強による植民地支配を受けてきたアジア州やアフリカ州から多くの独立国が誕生した[14]。しかし，これら新興諸国は，悲願の政治的独立を果たしたとはいえ，それによって深刻な飢餓や蔓延する貧困の問題を解決できたわけではなかった。こうした難題を解決して国民国家として近代化を図っていくことが，新興諸国の指導者にとっての新たな国家目標となった。そして，そうした近代国家として発展していくことを欧米諸国が後押ししてくれるものと彼らは期待したのである。

　こうした国々に対して，米国は上述のような対外援助政策に乗り出し，英国もコロンボ・プラン[15]を1951年に発足させて，旧植民地諸国を主な対象とした経済技術援助を開始した。しかし，そうした経済優先の近代化路線の矛盾や弊害が明白になるにつれ，南アメリカ州やアフリカ州などの経済学者から，従属論と呼ばれる対抗理論が第二の開発論として提起された。すなわち，従属論とは，"北"の先進工業諸国（以下，先進国）は"南"の発展途上諸国（以下，途上国）を依然として搾取し，従属させ続けているとする"南"からの異議申し立てであった。言い換えれば，"北"による"南"の支配という権力構造が"南"の貧困問題や累積債務を再生産しており，この権力構造の是正なくしては"南"の経済的自立は不可能であるとしたのである。

*14　アフリカ州の17ヵ国が独立した1960年は「アフリカの年」と呼ばれた。1945年当時の国連原加盟国は51ヵ国で，そのうちアジア諸国は9ヵ国，アフリカ諸国は4ヵ国であった。その後，1970年代にかけて70ヵ国余りが独立していった。

*15　1950年にスリランカのコロンボで開催された英連邦外務会議で構想され，翌51年に，南アジアと東南アジアの人々の経済的・社会的発展のための協力事業として発足。加盟国の拡大に伴い，1977年に「アジア太平洋における経済社会開発協力のためのコロンボ・プラン」と改称した。日本は1954年に加盟国として参加し，それまでの被援助国から援助国へと立場を転換することとなった。

*16　東西冷戦時代に米ソの両陣営に与せず，反帝国主義・反植民地主義・民族自決主義を掲げ，中立的な立場をとった発展途上諸国のこと。近年では，米欧と中ロが対立するなかで，非同盟諸国の存在感や発言力が増している。これらの新興国や途上国を"グローバルサウス"と呼称することがあるが，明確に定義された用語ではない。

　1970 年代に"南"側で多くの支持を集めた従属論は，この時代に高まりを見せた非同盟諸国[*16]による資源ナショナリズムの機運とも連動して，1974 年の新国際経済秩序（NIEO）[*17]の理論的基盤となった。しかし，米国とソビエト連邦を盟主とする東西両陣営による非同盟中立諸国の分断，産油国と非産油国との利害対立，そして，世界銀行や国際通貨基金（IMF）による構造調整プログラム[*18]などに対抗する政策や手段を明確に打ち出すことができずに，従属論は 80 年代以降は衰退していくこととなった。[*19]

（3）オルタナティブな開発論の展開

　1970 年代以降も，経済成長を重視する近代化論は開発論の主流に位置してきたが，90 年代にかけて，近代化論や従属論に対するオルタナティブな開発論が提起されるようになった。その嚆矢となったのは，1975 年にダグ・ハマーショルド財団が国連に提出した報告書のなかで提唱した「もうひとつの開発（Another Development）」論である。すなわち，開発とは「①貧困の撲滅をはじめとするニーズの充足」に向けられ，「②社会がもつ力を信頼するという意味において内発的かつ自立的」であり，「③環境との調和」を図るものであるとされた（Dag Hammarskjöld Foundation, 1975：28）。結論を急げば，これら三本柱は SDGs の考え方をすでに先取りしたものともいえる。

　このほかにも内発的発展論[*20]をはじめ，人間開発や社会開発，参加型開発や持続可能な開発といった概念が"第三の開発論"または"オルタナティブな開発論"として提起されてきた。これらの開発論[*21]は名称や経緯こそ異なれ，それぞれの基本的な考え方には共通点がある。たとえば，経済成長は開発の目的ではなく手段のひとつであること，人間の主体的な成長や社会の自立的な発展が開発の目的であること，開発の名の下で環境破壊や人権侵害があってはならないこと，そして，開発を担いこれを進めていく主体は，その地域に暮らす住民であり外部の組織や専門家ではないこと，などである。

　こうした"オルタナティブな開発論"が提起された時代背景としては，近代化論を背後から支持してきた欧米中心主義や科学技術中心主義などのイデオロギー的な価値観や優越感に対する哲学的な批判や文化的な懐疑があったといえよう。[*22]また，1970 年代の国際社会を大きく動揺させたブレトンウッズ体制の崩壊，第四次中東戦争を契機とする石油危機，ベトナム戦争からの米軍撤退など，米国が保持してきた政治経済的な優位性の低下をはじめ，環境問題に対する国際世論の高まりも指摘できる。[*23]いずれにせよ，近代化論に始まる開発論は 1980 年代から 90 年代にかけて，経済成長最優先の「経済中心の開発」から「人間中心の開発」[*24]へと転換し，さらに 2000 年代にかけては，「持続可能な開発」論へと集約されていくこととなる。

*17　1960 年代以降に南北問題が深刻化するなかで，それまで先進国や多国籍企業に管理されてきた天然資源に対する主権を回復しようとする資源ナショナリズムが途上国から主張された。その主張は 1974 年の国連資源特別総会で「新国際経済秩序」として宣言された。

*18　貧困問題や累積債務に苦しむ途上国へ資金を提供する際に世界銀行や IMF の，その国への政策介入を条件とした資金援助計画のこと。具体的には，貿易の自由化や国営企業の民営化，規制緩和や税制改革などを通じて財政赤字の縮小や経済成長を図ろうとした。

*19　従属論は政治経済理論としては短命に終わったといえる。しかし，近代化論に異議を唱え，「北」と「南」との新たな関係のあり方を提起したという点では，後続するオルタナティブな開発論を先導する役割を果たしたともいえる。また，国内外を問わず，貧困や格差の問題が深刻化する今日，従属論の視点や指摘を再評価することには意味がある。

*20　同時期に，社会学者の鶴見和子（1996：9）は「内発的発展」という概念を提起し，この「内発的発展」と「もうひとつの開発」は同義語である鶴見は述べている。

*21　これらの開発論の詳細については，湯本（2016）を参照されたい。

*22　たとえば，レヴィ＝ストロース（1962＝1976）の『野生の思考』，シューマッハー（1973＝1986）『スモール イズ ビューティフル』，サイード（1978＝1986）の『オリエンタリズム』などを参照。

*23　たとえば，カーソン（1962＝1974）『沈黙の春』，ローマクラブ（1972＝1972）『成長の限界』，ラブロック（1979＝1984）『地球生命圏：ガイアの科学』などを参照。カーソンの『沈黙の春』は生態系に及ぼす農薬などの化学物質の危険性を告発し，環境問題に対する国際世論を喚起した嚆矢とされる。

3.　持続可能な開発：国連人間環境会議から国連ミレニアム開発目標まで

　2015年9月，ニューヨークの国連本部で「ポスト2015年開発アジェンダの採択のための国連サミット」（通称：持続可能な開発サミット2015）が開催され，「持続可能な開発のための2030アジェンダ」（UN，2015a，以下2030アジェンダ）が全会一致で採択された。この文書の採択までには，長い歴史があるが，本節では，とくに重要な以下の5つの出来事を確認しておきたい。

(1)　国連人間環境会議（1972年）

　「持続可能な開発」に関する国際的な議論の起点については諸説あろうが，今から約50年前の1972年にスウェーデンで開催された「国連人間環境会議」（通称：ストックホルム会議）はそのひとつである。この会議は「かけがえのない地球（Only One Earth）」を標語に掲げ，「人間は環境の創造物であると同時に環境の形成者」であり，「人間環境の保護と修復は……すべての政府の義務である」と宣言した（UN，1973）。会議開催の時代背景としては，第二次世界大戦の戦禍から復興した欧米各国や日本が高度経済成長を遂げるなかで，深刻な公害問題が表面化していたことがあげられる。その一方で，環境保護を進めたい先進国側と経済開発を進めたい途上国側との間に議論の対立もみられ，今日に続く開発と環境をめぐる議論の端緒となった。

(2)　報告書『われら共有の未来』（1987年）

　それから10年後の1982年に特別会合（通称：ナイロビ会議）が開催された際に，21世紀の地球環境問題の検討とその戦略策定を目的とする委員会の設置を日本政府が提案した。これが1984年の国連総会で決議され，「環境と開発に関する世界委員会」として発足[25]。同委員会は1987年に報告書『われら共有の未来（Our Common Future）』を公表。このなかで，経済開発と環境保全は対立するものではなく，調和させることが可能であるとする「持続可能な開発」を提唱した。具体的にはこれを「世代間公正」と「世代内公正」という2つの概念を使って説明した[26]。すなわち，前者は，自然環境の保護や天然資源の保全を，後者は貧困の撲滅や格差の是正を意味している。

＊25　この委員会の委員長には，ノルウェーの首相を務めたG・H・ブルントラントが就任したことから，「ブルントラント委員会」と通称された。日本からは元外務大臣の大来佐武郎が参加した。

＊26　「世代間公正」とは，「将来の世代が自らの欲求を充足する能力を損なうことなく，今日の世代の欲求を満たすこと」。「世代内公正」とは，「貧しい人々が新たな経済成長を支えるのに必要な資源の公平な分配が受けられるように保障されること」と説明されている。出典：環境と開発に関する世界委員会（1987：28-29）。

(3)　国連環境開発会議「地球サミット」（1992年）とその後続会議

　ストックホルムでの人間環境会議から20年後の1992年に，ブラジルのリオデジャネイロで「国連環境開発会議」（通称：地球サミット）が開催された。この会議には，国連加盟国の大半から国家元首や政府首脳らが出席し，持続可能な開発と地球環境の保全について議論された。その結果，持続可能な開

発に向けたグローバルなパートナーシップを構築するための 27 の原則が記された「環境と開発に関するリオ宣言」と，これを実行に移していくための「アジェンダ 21」と「森林原則声明」が採択されたほか，「気候変動枠組条約」と「生物多様性条約」の署名が開始された。

　その 10 年後の 2002 年には，「アジェンダ 21」などの評価や見直しなどを目的に，南アフリカのヨハネスブルグで「国連持続可能な開発に関する世界首脳会議（リオ＋10）[27]」を開催。この時，日本政府は，持続可能な開発の実現に向けては教育の果たす役割が重要であるとして，「持続可能な開発のための教育（ESD）の 10 年」を提案し，「実施計画」に採用された[28]。

　さらに 10 年後の 2012 年には，再びリオデジャネイロで「国連持続可能な開発会議（リオ＋20）」が開催。持続可能な開発のための制度的枠組みやグリーン経済が中心議題となった。その一方で，当初，事前の交渉では SDGs の提案をこの会議の成果とすることが予定されたが合意は得られず，政府間交渉のプロセスが開始されることとなった[29]。

　その後の議論や交渉の末に，2015 年の「国連持続可能な開発サミット」において 2030 アジェンダが採択された。そのプロセスの土台となったのが，「気候変動枠組条約」と「ミレニアム開発目標」である。

(4) 気候変動枠組み条約

　1972 年開催の国連人間環境会議を契機に，地球環境問題への国際世論が高まりを見せていくが，1979 年に世界気象機関（WMO）が主催した第 1 回世界気候会議では気候変動が議論され，1985 年に国連環境計画（UNEP）などが主催した科学者会議[30]で地球温暖化が問題視されるようになった。その後，1988 年に，UNEP と WMO が気候変動に関する政府間パネル（IPCC）を設置し，気候変動枠組み条約に至る議論が本格化した。こうして 1992 年の国連環境開発会議（地球サミット）で「気候変動枠組み条約」が採択され，とくに先進国とされる締約国には，2000 年までに二酸化炭素などの温室効果ガスの排出量を 1990 年レベルにまで戻すことが目標として定められた。1997年に京都で開催された第 3 回締約国会議（COP3）では，先進国側の削減目標が具体的に明記された京都議定書が採択されたが，途上国側の削減目標は設定されないという課題を残した。その後も温室効果ガスの排出削減については，先進国側と途上国側で合意が得られない状態が長く続いたが，2015 年にパリで開催された第 21 回締約国会議（COP21）で，途上国を含むすべての締約国が排出削減に参加することが明記されたパリ協定が採択された[31]。

　こうした温室効果ガスの排出削減を柱とする気候変動対策は，SDGs の「目標 13」に「気候変動に具体的な対策を」として明記されている。しかし，

*27　地球サミットから 10 年後に開催されたという意味で「リオ＋10（リオプラステン）」と呼ぶこともある。

*28　「ESD の 10 年」という構想は，日本の NPO からの事前提案によるものであった。2002 年の国連総会では，「ESD の 10 年」を 2005 年から開始することが決議された。

*29　この策定のプロセスについては，以下に詳しい。南・稲葉（2020：33-73）。

*30　正式名称は「気候変動に関する科学的知見整理のための国際会議」。オーストリアのフィラハで開催されたことから，「フィラハ会議」と通称される。

*31　京都議定書の後継となったパリ協定第 2 条第 1 項では「世界全体の平均気温の上昇を工業化以前よりも摂氏二度高い水準を十分に下回るものに抑えること並びに世界全体の平均気温の上昇を工業化以前よりも摂氏一・五度高い水準までのものに制限する努力を継続する」（出典：外務省，2016）と規定されている。ただし，2021 年に英国のグラスゴーで開催された COP26 では，パリ協定で努力目標とされた「1.5 度目標」が実質的な目標に格上げされた。

＊32　2030 アジェンダにも，「国連気候変動枠組条約が，気候変動問題に対する世界的な対応を交渉するための主要な国際的かつ政府間のフォーラムであると認識している」との注釈が記載されている。(UN (2015a : 16) を筆者仮訳)。

＊33　1990 年のタイのジョムティエンで開催された「万人のための教育世界会議」にはじまり，環境と開発 ('92)，人権 ('93)，防災 ('94)，人口 ('94)，社会開発 ('95)，女性 ('95)，居住 ('96)，食糧 ('96)，成人教育 ('97) などに関する会議やサミットが国連や国連機関によって開催された。

＊34　それら 7 つのテーマとは，①平和と安全および軍縮，②開発と貧困撲滅，③環境の保護，④人権と民主主義およびグッドガバナンス (良い統治)，⑤弱者の保護，⑥アフリカの特別なニーズへの対応，⑦国連強化，である。

COP21 でのパリ協定の採択 (2015 年 12 月) が 2030 アジェンダの採択 (2015 年 9 月) 後に予定されていた。そのため，目標 13 のターゲット (具体目標) はやや具体性に欠け，3 つだけでの簡素な記述に留まり，その具体的な対策や取り組みは COP21 の結果に委任する形となっている[32]。

　とはいえ，SDGs の 17 目標のなかに気候変動が盛り込まれている意義は大きい。なぜなら，気候変動は，貧困 (目標 1) や飢餓 (目標 2) をはじめ，飲料水 (目標 6) や防災 (目標 11)，そして，海や陸の豊かさ (目標 14・15) などに直接関わる問題であり，そもそも SDGs にとって温室効果ガスの削減なくして，その達成を実現することはできないからである。

(5) 国連ミレニアム・サミットとミレニアム開発目標

　SDGs にはその前身があることは意外と知られていない。1990 年代に開催された地球的課題を主題とする一連のグローバル会議の成果と[33]，2000 年の「国連ミレニアム・サミット」で採択された「国連ミレニアム宣言」(以下，「宣言」) (国連広報センター，2000) を統合したものが，その前身となった「ミレニアム開発目標」(以下，MDGs) (表 1-1) である。

　一連のグローバル会議を通じて，従来の経済成長を優先した経済開発から，既述の持続可能な開発をはじめ，人間中心の開発 (人間開発) や社会の発展を重視した開発 (社会開発) といった「オルタナティブな開発」の考え方が重視されるようになった。また，「宣言」では，21 世紀に不可欠な基本的価値として，「自由，平等，連帯，寛容，自然の尊重」，そして「責任の分担」を掲げたうえで，7 つのテーマについて国際社会が取り組むことが合意された[34]。

　2015 年を達成期限とした MDGs は 8 つの目標を掲げ，飢餓や貧困の削減をはじめ，初等教育の就学率や幼児死亡率の改善などでは一定の成果をあげることができた。しかし，国や地域，また，性別によって達成状況が異なるなど，結果的に数億人単位の人々が「取り残される」こととなった。同時に，MDGs の期間中も温室効果ガスの排出量は増加し，地域紛争も解決の見通しが立たないなど，多くの課題が残される結果となった (UN, 2015b)。

　また，MDGs では，途上国に顕著な諸問題の解決が目標とされ，欧米や日本などの先進国が途上国を支援する態勢となっていた。そのため，これら先進国内の貧困や格差などの問題は取り組みの対象外であった。このように MDGs が残

表 1-1　国連ミレニアム開発目標

1	極度の貧困と飢餓の撲滅
2	普遍的な初等教育の達成
3	ジェンダーの平等の推進と女性の地位向上
4	幼児死亡率の引き下げ
5	妊産婦の健康状態の改善
6	HIV ／エイズ，マラリア，その他の疫病の蔓延防止
7	環境の持続可能性の確保
8	開発のためのグローバル・パートナーシップの推進

出典：国連広報センター (n. d.)

した成果と課題を引き継ぐ形で成立したのが SDGs である。

4. SDGs と ESD：私たち世界と教育を変革する

　2030 アジェンダのなかには，2030 年までの達成が公約された 17 のゴール（基本目標）と 169 のターゲット（具体目標）が明記されており，これらを合わせて「持続可能な開発目標」，すなわち SDGs と呼ばれている。その前身である MDGs と比べて SDGs では目標数が倍増したが，これは 2000 年代に入ってますます多様化し複雑化する地球的課題に対応したものといえる。しかし，その 17 目標には 2030 アジェンダの底流に流れる基本的な理念や価値観が反映している。その特徴として，「経済・環境・社会」の「3 つの側面」[*35]のほかに，本節では「5 つの P」を改めて確認しておこう。

　これら「5 つの P」とは 2030 アジェンダの前文に記載されており，17 目標の達成によってどのような世界を実現しようとするのか，そのビジョンや世界観が表明されている。すなわち，「人間 (People)・豊かさ (Prosperity)・地球 (Planet)・平和 (Peace)・パートナーシップ (Partnership)」である（図 1-1）。これらのうち，まず「人間」は「人権」と言い換えられるが，目標 1 から目標 6 までが対応する。その内容は「貧困と飢餓を終わらせ，すべての人々が尊厳と平等，そして健康な環境の下で，ひとりひとりが持てる潜在的な能力や可能性を発揮できるようにする」ことである。「豊かさ」とは「すべての人間が豊かで満たされた生活を享受することができ，また，経済や社会や技術が自然と調和しながら進歩すること」であり，目標 7 から目標 11 までが対応する。「地球」とは「現在世代と将来世代のニーズを満たすこと

*35　「3 つの側面」とは「経済」と「環境」と「社会」である。すなわち，ブルントラント委員会が提起した「経済」と「環境」の持続可能性の両立という，いわば "MDGs 型" の持続可能な開発ではなく，これに「社会」の持続可能性を鼎立させていくことが「2030 アジェンダ」のなかで強調されている。有限な地球資源の範囲内で経済を発展させるだけでなく，その経済発展によって，社会のなかに格差や分断や対立を招くのではなく，寛容や包摂をもたらすような社会づくりが，いわば "SDGs 型" 持続可能な開発の使命である。

図 1-1　持続可能な開発目標（SDGs）の 5 つの P と 17 目標　　出典：国連広報センター（2016）より筆者作成

ができるように，持続可能な消費と生産，天然資源の持続可能な管理，気候変動への緊急行動を含めて，地球を破壊から守る」ことであり，目標 12 から目標 15 が対応する。目標 16 が対応する「平和」とは，「恐怖や暴力のない平和かつ公正で包摂的な社会を育む」ことであり，「平和なくしては持続可能な開発はあり得ず，持続可能な開発なくして平和もあり得ない」としている。そして「パートナーシップ」には目標 17 が対応し，「地球規模の連帯の精神に基づき，とりわけもっとも貧しく脆弱な人々のニーズに焦点をあて，すべての国々やステークホルダーや人々の参加を得ていく」としている。

　こうした持続可能な開発を展開していくうえで，つまり，わたしたちの社会や地域を持続可能なものとしていくためには，教育が果たす役割が重要であるとの認識から，既述のとおり，2002 年の「国連持続可能な開発に関する世界首脳会議」において「持続可能な開発のための教育（以下，ESD）の 10 年」が提案された。それ以来，ユネスコが主導機関となって ESD の普及推進が図られてきた。2030 アジェンダが採択されてからも，ESD は SDGs の目標 4 のターゲット 7（SDG4.7）に明記されている。

　さらに，2019 年開催のユネスコ総会および国連総会では「持続可能な開発のための教育：SDGs 実現に向けて」（ESD for 2030）が採択された。このなかで ESD は質の高い教育にとって不可欠な要素であり，SDGs の 17 目標を実現する鍵であるとされている。そして，持続可能な社会の実現には，個人の行動変容（個人変容）が最重要であると同時に，社会構造の変容（社会変容）も不可欠であるとの認識が示されている。このように ESD は持続可能な開発という観点から地球的課題に取り組む分野横断的な教育活動であるだけでなく，多様な地球的課題の実現にとって必要不可欠な基幹的な活動であるとして，その目的や位置づけが更新されることとなった。

　現行の学習指導要領に明記された「持続可能な社会の創り手」の背景には，こうした ESD や SDGs に関する国際的な議論や動向があることを理解しておきたい。また，アジェンダ 2030 の表題には「私たちの世界を変革する」とある。"変革"とは，小手先の修正や部分的な改善ではなく，根本的かつ本質的な制度や内容の改革を意味している。持続可能な社会づくりや地域づくりに向けて，子どもたちが「持続可能な社会の創り手」として成長していくためには，「私たちの教育や学校を変革する」ことが不可欠である。

*36　2005 年から 2014 年までを「ESD の 10 年」とし，さらにその後継として 2015 年から 2019 年まで「ESD に関するグローバル・アクション・プログラム（GAP on ESD）」が実施された。

*37　目標 4.7 には次のように記載されている。「2030 年までに，すべての学習者が持続可能な開発を促進するために必要な知識や技能を習得することを，とりわけ，持続可能な開発と生活様式，人権，ジェンダー平等，平和と非暴力の文化の推進，そして，グローバル・シチズンシップのための教育のほか，文化多様性と持続可能な開発への文化の貢献の理解を通じて保証する」（UN, 2015a）。

*38　ESD については，日本ユネスコ国内委員会（2021），ESD for 2030 に関しては，ユネスコ（2023）を参照されたい。

執筆担当：湯本浩之

第2章
持続可能な開発と教育：
開発教育の歴史的展開と教育的特徴

　前章では"開発"をめぐる国際的な議論の経緯やその展開を概観し，その今日的な到達点として「持続可能な開発のための2030アジェンダ」やそこに明記された「持続可能な開発目標」(以下，SDGS)について確認した。本章では，"持続可能な開発"(以下，SD)を推進し，持続可能な未来や社会を実現していくための教育として，ユネスコが主導してきた持続可能な開発のための教育(以下，ESD)の概要を改めて確認する。そのうえで，本書が依拠している開発教育と呼ばれる教育活動について，その歴史的な経緯や展開をはじめ，その理念や目的，内容や方法などの特徴を紹介する。

1.「アジェンダ21」のなかの"持続可能な開発"と"教育"

　SDを推進していくうえで，教育が果たす役割が重要であることを指摘した議論の起点として，1992年開催の「国連環境開発会議」[*1](以下，地球サミット)で採択された「アジェンダ21」がある。これはSDに関する27の原理(principle)から成る「環境と開発に関するリオ宣言」を実行していくための行動計画書である。その第36章は「教育・意識啓発[*2]・研修の推進」と題され，その第3段落(36.3)は次のように記述されている。

　3.　教育は，学校教育[*3]や意識啓発，そして研修を含めて，人間と社会がその潜在能力を最大限に発揮するためのプロセスとして認識されるべきである。<u>教育は，持続可能な開発を促進し，環境と開発の問題に対処する人々の能力を向上させるうえできわめて重要である。基礎教育は，環境教育と開発教育の土台となるものであり，後者は学習の本質的な部分に組み込まれる必要がある。</u>学校教育と学校外教育[*4]の双方が，人々の意識を変え，持続可能な開発に関わる問題を評価し対処する能力をもつために必要不可欠である。また，持続可能な開発と軌を一にした環境や倫理に関する意識，価値観や態度，技能や態度を獲得し，<u>意思決定への効果的な市民参加</u>を達成するためにもきわめて重要である。これらが効果

*1　「国連環境開発会議」については，本書第1章第3節第3項を参照。

*2　原文には「public aware-ness」とあり，直訳すれば，「国民(の)意識」や「社会(の)認識」である。ここでは広義の「教育」という行為や活動の例示として記述されているため，「意識啓発」と訳出した。

*3　原文は「formal educa-tion」である。公的な制度(課程・教科書・教員・施設など)に基づく組織化された教育のこと。「フォーマル教育」という訳語が当てられることが多いが，ここでは便宜的に「学校教育」と訳出した。

*4　原文は「nonformal edu-cation」である。学校教育(formal education)の制度外で提供される組織化された教育活動(たとえば，自治体やNGO・NPOを含む民間事業者が提供する講座や教室など)を意味する。「ノンフォーマル教育」という訳語が当てられることが多いが，ここでは便宜的に「学校外教育」と訳出した。

＊5　「人間（の）開発（human development）」については，本書第 1 章第 2 節第 3 項を参照。

＊6　『われら共有の未来』については，本書第 1 章第 3 節第 2 項を参照。

＊7　27. の省略部分は以下の通り。
"持続可能な開発という概念は，絶対的な限界を暗示するものではなく，現在の技術や社会組織が課している環境資源の限界，そして，生物圏が人間活動の影響を吸収する能力の限界を示唆しているのである。しかし，経済成長の新時代への道を開くために，私たちは技術と社会組織を管理することも改善することもできる。本委員会は，世界に蔓延する貧困はもはや回避できない問題ではないと考えている。貧困はそれ自体が不正義ではあるが，持続可能な開発には，すべての人の基本的ニーズを充足し，すべての人々がより良い生活への願望を実現する機会を拡大していくことが必要である。貧困が蔓延する世界では，常に生態的な悲劇やその他の大災害に見舞われやすくなる。"
27. 28. ともに World Commission on Environment and Development (1987：8) を筆者仮訳，下線は筆者。

＊8　たとえば，英国では，1980 年代からワールド・スタディーズ，グローバル教育，開発教育などのなかで「グローバル・シティズンシップ」という視点が議論され始めていた。国連では 2012 年に，当時の潘基文（パン・ギムン）国連事務総長が開始した Global Education First Initiative のなかで，「グローバル・シティズンシップの育成」が優先課題として掲げられた。以来，ユネスコがグローバル・シティズンシップ教育（GCED）を推進している。SDGs のなかでは，目標 4.7 のなかにも明記されているほか，後述の「ESD for 2030」でも，ESD と GECD が目標 4.7 の中核であるとされている。

的であるためには，環境教育と開発教育が物理学的生物学的な意味と社会経済学的な意味での環境と，（精神的なものを含む）人間の開発[*5]とに関する双方の力学を取り扱い，すべての学問分野に統合されるべきであり，学校内および学校外での教育方法と効果的なコミュニケーション手段を採用すべきである。（United Nations, 1992：320 を筆者仮訳，下線は筆者）

　このように，教育は SD を推進していくうえで不可欠であり，学校教育だけでなく学校外教育にもその役割があることが明記されている。また，第 36 章では「環境教育と開発教育（environmental and development education）」という表現が随所にみられ，両教育への期待が高いことがわかる。そして，「後者（開発教育）が学習の本質的な部分に組み込まれる必要がある」と明記されていることは，"developmenr（開発および発展）"とは何か，そして，それを学ぶことの意義や役割を問い続けてきた開発教育の必要性をアジェンダ 21 が認識していることを示唆しているといえよう。

　この段落のなかで重要な表現をもうひとつあげるとすれば，それは「意思決定への効果的な市民参加」である。この表現は地球サミットの基調ともなったブルントラント委員会報告書『われら共有の未来（Our Common Future）[*6]』の「序章」の以下の段落での指摘を引き継いでいる。

　27．人類は，将来世代が自らのニーズを充足する能力を損なうことなく，現在世代のニーズを充足することができるように，開発を持続可能なものにする能力をもっている。（以下省略）
　28．必要不可欠なニーズを充足するには，大多数の人々が貧困層である国々が経済成長の新たな時代を迎えるだけでなく，その成長を維持するために必要な資源を貧困層が公平に分け合うことを保証する必要がある。このような公正さは，意思決定への効果的な市民参加を確保する政治制度と，国際的な意思決定の場でのより大きな民主主義によって支えられる。[*7]

　このように，SD においては国際的であれ国内的であれ，持続可能な未来や社会を実現するための政策や制度が民主的に決定され，そのプロセスに市民が参加していくことの重要性が指摘されている。「アジェンダ 21」の記述に戻れば，SD が要請する教育の目的とは，学校内であれ学校外であれ，「意思決定への効果的な市民参加」を実現するために，「持続可能な開発と軌を一にした環境や倫理に関する意識，価値観や態度，技能や態度を獲得」することともいえる。いいかえれば，SD のための教育，つまり ESD は，いわば"政治に参加する市民"の育成を必要としており，ESD は持続可能な開

発のためのグローバル・シティズンシップ（地球市民）教育と言い換えることもできる。[*8]やや結論を急げば，現行の学習指導要領が明記する「持続可能な社会の創り手」の育成とは，SD のためのグローバル・シティズンシップの涵養とそれに必要な知識や技能や態度の獲得する機会を子どもたちに提供していくことを学校教育や学校教員に要請しているといえよう。

2.　ESD の成果と課題：「ESD の10年」から「ESD for 2030」へ

　「持続可能な開発のための教育の 10 年」（以下，DESD）が施行されて以来，およそ 20 年が経過する ESD の成果と課題とは何だろうか。

　それらを日本国内に限定してみると，たとえば，日本政府が取りまとめた DESD の最終報告書『ジャパンレポート』（「国連持続可能な開発のための教育の 10 年」関係省庁連絡会議，2014：4-15）には，日本の ESD の特徴や成果として次の 5 点が指摘されている。すなわち，①政府によって ESD の目標と計画が策定されたこと，[*9] ②学校教育や③社会教育・地域において ESD が取り組まれたこと，[*10] ④政府だけでなく，NPO・教育機関・企業などが有機的に結合したこと，[*11] そして，⑤東日本大震災を契機として，持続可能な社会の構築への観点が重視されたことの 5 点である。その一方で，日本での DESD の課題については，次のように指摘された。

> ESD の取組の成果が一定範囲の生産者や消費者の行動の変化，人々の意識や行動の変容，一部の地域社会での変革に留まっていることや，中核となる組織や人材の有無，それらを支援する体制の有無により，大きな地域差が生じていることが挙げられる。また，学校教育においても一定の成果は見られるものの，取組が行われていても，一部分の学校での学習内容・指導方法の変化にとどまっていたり，また，各教育委員会やユネスコスクールを含む各学校においても ESD の理解や活動の程度に差があるという課題がみられるところである。
>
> （持続可能な開発のための教育に関する関係省庁連絡会議，2016：4）

　こうした課題を残しつつ，DESD は 2014 年に終了したが，国連は ESD のさらなる普及推進と，SDGs が盛り込まれた「持続可能な開発のための 2030 アジェンダ」（以下，2030 アジェンダ）への貢献を目的として，「ESD に関するグローバル・アクション・プログラム」（以下，GAP）を承認した。このなかで強調されている言葉をひとつ紹介すれば，それは "Transform"，すなわち「変容・変革する」である。[*12] たとえば，GAP では，ESD とは「全体的で

*9　たとえば，2008 年に閣議決定された「教育振興基本計画」は 5 年毎に改訂され，現在第 4 期を迎えているが，この間の各期の「基本計画」に ESD の推進が明記されている。また，日本政府は関係省庁間の連絡会議を設置して，ESD に関する「国内実施計画」をその都度に立案している。さらに，現行の「学習指導要領」でも「持続可能な社会の創り手」の育成という表現で ESD が反映されている。ESD を学校教育に導入した国は少なくないが，日本のように国内の教育政策のなかに明確に ESD が位置づけられていることは国際的にみても希有な試みであるという（永田，2015）。

*10　たとえば，文部科学省・日本ユネスコ国内委員会（2018）では，ユネスコスクール（2023 年 3 月現在で約 1,100 校）を ESD の推進拠点と位置づけている。今後は通常の学校でも ESD が実践されていくことが課題である。また，2014 年 10 月には岡山市で「ESD 推進のための公民館―CLC 国際会議」が開催され，国内外の公民館やコミュニティ学習センター（CLC）の経験や課題が共有された。

*11　たとえば，2003 年には，「ESD の 10 年」推進のためのネットワーク組織として，現在の「持続可能な開発のための教育推進協議会（ESD-J）」が発足。2015 年には，NPO，教育機関，地方自治体，産業界などの関係者が参加する「持続可能な開発のための教育円卓会議」（事務局：文科省・環境省）の第 1 回目以降，毎年開催されてきたが，2021（令和 3）年度以降は未開催である。

＊12　これは2030アジェンダの表題にある"Transform our world（私たちの世界を変革する）"とも呼応している。

＊13　ESDに対しては，当初からその目的や内容が曖昧であるとの指摘がなされてきた。「SDGs実現に向けて」とすることによって，その目的は明確となったが，同時に，国連の政策実現にESDの目的が限定されてしまったともいえよう。

＊14　前節で「アジェンダ21」や『われら共有の未来』のなかで，「市民参加」が重視されていたことを紹介したが，ESD for 2030でも「シティズンシップの実践（citizenship in action）」という表現で引き継がれている。

変容的な教育であるとして，学習者が「自分自身を変容させ，自分たちが暮らす社会を変革すること」，つまり"個人変容"と"社会変革"がこれからの教育に要請される役割であることを改めて強調している（UNESCO, 2014：11）。

　そして，このGAPが終了した2019年に国連は，2020年からの新たな実施枠組みとなる「持続可能な開発のための教育：SDGs実現に向けて」（以下，ESD for 2030）を承認した。この副題に「SDGs実現に向けて」とあるように，国連は現状のままではSDGsの期限までの実現が困難であるとの認識に立って，「より公正で持続可能な世界を構築する」ために「ESDを強化し，17のSDGsの達成に貢献」しようとしている（ユネスコ，2023：14）。このESD for 2030のなかでも，やはり「変容・変革」は重視されており，次の3つで構成される「大きな変革（big transformation）」に照準が定められている（同書，18を参考に，UNESCO（2020：16）を筆者仮訳，下線部は筆者）。

　①行動変容：持続可能な未来のために必要な根本的な変化は個人から始まる。ESDでは，学習者が現実に触れる機会を大切にし，学習者一人ひとりが持続可能性に向けた変容的行動をどのようにとるのか，また，学習者が持続可能な未来に向けた社会変革にどのような影響を与えるのかが重視されなければならない。すなわち，ESDの実践とは，シティズンシップの実践である。

　②構造変革：ESDは，持続不可能な開発に潜む深刻な構造的要因に注意を払わなければならない。経済成長と持続可能な開発との均衡を図ることが必要であり，ESDは，極度の貧困や脆弱な状況のなかでどのようにESDに取り組むかという構造的な視点をもつだけではなく，消費社会の価値観に代わる価値観を探求することを学習者に促すべきである。

　③テクノロジーの未来：ESDは，テクノロジーの進歩がもたらす機会と課題に対応しなければならない。一部の「古い」問題はテクノロジーによって解決されるだろうが，新しい課題やリスクも発生するだろう。批判的な思考と持続可能性という価値観が，これまで以上にESDと関連付けられるようになるが，それは持続可能性に関わる大多数の問題はテクノロジーで解決できると錯覚すると，ESDを教えることがますます困難な課題となってしまうからである。

　ESD for 2030はSDGsの17目標を実現することが目的として強調されがちではある。しかし，上記①のようにGAPで明示された学習者の「行動変容」（個人変容）や社会の「構造変革」（社会変革）を通じて，より公正で持続可能な未来や社会を構築しようとしていることに引き続き重点がおかれてい

る。このことには改めて留意しておきたい。[15]

3.　開発教育とは何か：欧州と日本における展開と現状

　第 1 節と第 2 節では，"持続可能な開発"と"教育"との関係や 2002 年のヨハネスブルグ・サミットで日本政府が提案した ESD のその後の展開について概観した。本節で紹介する開発教育は，1987 年のブルントラント報告書『われら共有の未来』のなかで"持続可能な開発"が提唱される以前から，"開発"問題に着目し，"教育"との関係を模索してきた活動である。なぜこのような教育活動が誕生したのか，その歴史的な経緯から紹介する。[16]

(1)　南北問題と「南」の国々への開発援助

　本書第 1 章第 2 節では，第二次世界大戦後の米国の外交政策や西欧列強からの独立を獲得した新興諸国に対する経済技術援助を中心とした開発援助[17]を補強する理論として"近代化論"が登場し，"持続可能な開発論"に至るまでの開発論の歴史的変遷が紹介されている。開発教育の発端もこうした開発論のなかに位置づけられるが，その直接的な契機となったのは，1960 年代に先進国から途上国への開発援助が展開されるようになったことである。

　米国と旧ソ連が政治的軍事的に激しく対立していた東西冷戦時代の 1960 年に，アフリカ州では 17 の独立国が誕生するなど，第二次世界大戦後から 1970 年代にかけて，西欧列強の植民地地域から 70 か国以上が独立した。しかし，これらの「南」の国々では，悲願の政治的独立が果たされたとはいえ，それによって深刻な飢餓や貧困の問題が解決したわけではなかった。

　その一方で，第二次世界大戦からの復興を遂げ，高度経済成長期を迎えていた欧米諸国や日本などの，いわゆる「北」の先進国との間には顕著な経済格差が生じ始めていた。英国の外交官で当時はロイズ銀行の会長であったフランクス (Franks, O.) は，この「南北」間の経済格差を米ソ間の「東西問題」と並ぶ重大な「南北問題」であると指摘。それ以来，この言葉は 1960 年代以降の国際情勢を議論する際のキーワードとなった。

　1960 年代に入り，国連や欧米諸国はこの「南北問題」の解決に取り組んでいくこととなった。たとえば，国連は 1961 年から「開発の 10 年」を開始して，「南」の途上国の年 5 ％の経済成長を目的とした経済援助を各国に呼びかけた。この「開発の 10 年」を提唱した米国大統領のケネディ (Kennedy, J. F.) は平和部隊[18]を創設し，技術指導を行う若者や専門家を途上国に派遣した。これと前後して英国やカナダなどでも同様のボランティア派遣団体が組織され，日本では 1965 年に日本青年海外協力隊が政府事業として発足した。[19]こうした国

*15　日本で推進されている現状の ESD が，個人や社会の変容に繋がっているのか否かは，ESD という教育活動の意義や学習の成果を評価するうえでも重要である。

*16　本節の記述では，湯本 (2022：416-419) から部分的に引用のうえ，加筆している。

*17　"開発援助"とは，途上国の経済や社会の"開発・発展"を支援するために，資本（資金）や技術を提供する援助活動を意味する。政府がこれを行う場合は，政府開発援助 (Official Development Assistance, ODA) という。"開発協力"という用語は，"援助"という供与者と受益者との非対称な関係ではなく，両者の対等な立場や関係を尊重する NGO などが使用することが多く，単に"海外協力"ともいう。"国際協力"という用語は，より広義であり，社会・経済分野に限らず，環境や平和，文化やスポーツなどさまざまな分野での国境を越えた協力活動を意味する。

*18　ケネディは 1960 年の大統領選挙のなかで，平和部隊 (Peace Corps) の創設を公約のひとつに掲げて当選。1961 年に大統領令に署名して平和部隊が創設された。英国では 1958 年に海外ボランティアサービス (VSO) が，カナダでは 1961 年にカナダ大学海外奉仕会 (CUSO) が，それぞれ NGO として発足している。

*19　1974 年に新設された当時の国際協力事業団 (JICA) に事業が移管されたのを機に"青年海外協力隊"と改称。さらに 2019 年からは，他のボランティア派遣事業とあわせて"JICA 海外協力隊"という総称も使用されている。詳細は JICA ウェブサイトの「JICA ボランティア事業の概要」を参照。

連や各国政府の取り組み以外にも，欧米諸国では非政府組織（以下，NGO）やキリスト教会などが海外での開発協力活動に乗り出していくこととなった。

(2) ボランティアたちの苦悩と海外協力の広報募金活動

その結果，先進国から途上国へ渡航した多くのボランティアや専門家は，自国とはまったく異なる環境のなかで飢餓や貧困の問題と向き合い，医療や教育，農業指導や村落開発などを通じて，過酷な生活を余儀なくされている人々の生活改善や収入向上を図る事業を試行錯誤したのである。他方，国連が提唱した「開発の10年」では，一部の途上国では一定の経済成長がみられた。しかし，急増する人口にその成果が減殺されるなどして，南北間の経済格差は拡大する結果となった。その反省から国連は70年代に第二次「開発の10年」を展開したが，これもまた大きな成果を得るには至らなかった[20]。途上国の人々の窮状の打開を見通すことができないこうした現実に，NGOなどの関係者やボランティアは苦悩を募らせることとなったのである。

さらに，かれらが任期を終えて帰国した後に待ち受けていたのは，かれらの無事の帰国を歓迎した家族や友人などの途上国に対する無知や偏見であり，海外協力やボランティア活動に対する無関心や無理解であった。途上国の飢餓や貧困などの問題解決のために海を渡ったかれらであったが，その原因が自分の身近なところにあることを痛感したのである。途上国の過酷な実状や海外協力の必要性に理解を求めて寄付を募る募金活動はやがて組織的となり，NGOやキリスト教会はそのための理解促進や資金調達を目的に，飢餓撲滅や貧困救済を標語に掲げた広報活動やキャンペーンを展開していった[21]。

(3) 広報募金・キャンペーンから開発教育へ

前項のような広報募金活動やキャンペーンを企画運営したNGOなどの関係者のなかには，海外事業のための活動資金を調達していくだけでは不十分だと考える者も少なくなかった。途上国の人々が直面する飢餓や貧困の問題は，世界の経済や貿易の仕組みにも起因している。そして，その恩恵を享受する先進国の人々が，途上国の飢餓や貧困の問題と自らの生活様式や消費行動との関係に気づき，これを問い直していくことが重要であると考えるようになったのである。寄付金を集めるのであれば，現地の悲惨な写真や映像を見せて，人々の感情や良心に訴求すればよかった。しかし，それでは人々の同情や憐れみを寄付に誘導しているに過ぎず，問題を生み出す制度や構造の変革や転換にはつながっていかない。そこで，一部の国連機関やNGOは，広報募金のための活動ではなく，飢餓や貧困の問題を解決していくための学習活動が必要であると認識するようになっていった。

*20　その背景には，第二次世界大戦後の世界の金融体制を維持してきたブレトンウッズ体制の崩壊（1971年），石油危機に伴う新国際経済秩序の樹立（1974年），そして，ベトナム戦争での米国の敗北（1975年）など，米国を中心とした戦後の国際的な政治経済体制の動揺があった。

*21　1960年代には，途上国の飢餓や貧困の問題を解決するための広報募金活動が世界各地で実施されるようになった。世界食糧計画（FAO）は「飢餓解放キャンペーン」を主導し，各国の政府やNGOがこれに呼応した。ベルギーでは現在のネットワーク運動体の「11.11.11」が発足。カナダでは「マイルズ・フォー・ミリオンズ（Miles for Millions）」というチャリティー・ウォーク運動が展開された。

　こうした活動は開発問題を取り扱う教育活動という意味で，やがて開発教育と呼ばれるようになっていく。1970 年代に入ると，英国では，ロンドンやバーミンガムなどの主要都市や地方都市でも開発教育センターと呼ばれる活動拠点が市民らによって設置され，学習会や研修会などが企画された。また，英国の旧植民地だったインドやケニアなどへのスタディツアーが企画され，これに参加した教員は，そこでの見聞や体験を教材化して授業で試みるようになった。オックスファム（Oxfam）やクリスチャンエイド（Christian Aid）といった開発 NGO も開発教育を積極的に展開した。こうして開発教育が教育現場にも徐々に拡がり，英国政府もこれを支援していくこととなった。[22]

　英国以外でも途上国への開発援助や開発協力に積極的であったオランダやスウェーデンなどの西欧・北欧諸国でも 1960 年代に開発教育が始まり，カナダやオーストラリアなどでは，各州に開発教育の協議会が設立されるほどの展開がみられた。そうした国々では政府もそのための予算や基金を確保して開発教育を支援した。また，国連機関の食糧農業機関（FAO）やユニセフが開発教育を積極的に実施した。1975 年には，第二次「国連開発の 10 年」の成否が各国国民の理解や支援に関わっているとして，当時の国連合同情報委員会が開発教育の振興を図るための共同行動計画を発表した。

　以上のように，欧米諸国では 60 年代から 70 年代にかけて開発 NGO や市民組織などが主導する開発教育が進展していくが，政府や国連機関などからの支援も受けながらも，開発教育は国連活動をはじめ，NGO 活動，そして教育現場のなかで展開されるようになっていった。その後，欧州では，人権教育や平和教育，環境教育や多文化教育，グローバル・シティズンシップ（地球市民）教育や持続可能性教育（ESD）などを鳩合する形で，グローバル教育という名の下で地球的課題に取り組む教育が展開されるようになっている。2001 年から組織化が始まった欧州グローバル教育ネットワーク（GENE）では，現在では欧州 20 数か国の教育省や国際開発省などが参加して，グローバル教育や開発教育に関する情報共有や政策評価などが行われている。[23]また，2006 年にはロンドン大学教育院（IOE）に開発教育研究センター（DERC）が開所され，英国をはじめ世界各地で実践されてきた開発教育やグローバル教育などに関する学術研究が実施されているほか，修士課程では開発教育とグローバル学習に関するコースも開講されている。[24]

（4）日本における開発教育の展開と現状

　上述の通り，欧米諸国では開発教育が普及するなかで，日本ではその普及が立ち後れていた。そこで 1979 年に在京の国連機関が開発教育シンポジウムを共催したことが契機となり，その参加者や関係団体を中心に 1982 年に

*22　1970 年代の英国では「ワールド・スタディーズ」という新たな教育運動が模索されていた。これは地球的課題をテーマとしたカリキュラム開発や教員研修を実施する研究プロジェクトで 90 年代まで継続した。その研究成果や実践経験は，英国のグローバル教育の基礎となり，開発教育に対しても多大な刺激や示唆を与えることとなった。同プロジェクトが公表した教員向けの指導書や論考集のうち，邦訳されているものは次の通り。フィッシャー＆ヒックス（1991），ヒックス＆スタイナー（1997），スタイナー（2011）。

*23　欧州グローバル教育会議が，2002 年にマーストリヒト（オランダ），2012 年にリスボン（ポルトガル），2015 年にザグレブ（クロアチア），2022 年にストラスブール（フランス）とダブリン（アイルランド）で開催されている。

*24　DERC では，研究紀要である *International Journal of Development Education and Global Learning* を編集発行しているほか，研究者のネットワーク組織である ANGEL（Academic Network on Global Education & Learning）の事務局も担っている。修士コースは現在，Global Learning MA と改称されている。

＊25　DEAR では発足以来，毎年夏に「開発教育全国研究集会（現在の d-lab〔ディーラボ〕）」を開催するほか，機関誌『開発教育』や情報誌『DEAR ニュース』を編集発行している。

＊26　参加型学習については，次節第 3 項を参照。

＊27　1992 年度から毎年全国数か所で「開発教育地域セミナー」を開催。2003 年度までに 44 都道府県で合計 64 回の同セミナーを開催した。詳細は湯本（2003：262-266，2008：317-320）を参照。

＊28　1980 年代に英国の NGO がフェアトレードを紹介するために開発した教材である。これを当時の神奈川県国際交流協会が翻訳し，日本語版の『貿易ゲーム』という小冊子として 1995 年に発行して以来，開発教育の定番ワークショップとして活用されてきた。この「ゲーム」のなかで参加者は「国際貿易」を疑似体験していく。ゲームが進行していくと，グループ間に貧富の格差が生じるように設計されており，南北格差と国際貿易との関連や公正な貿易のあり方を考えることができるシミュレーション・ゲームである。2001 年から発行されている『新・貿易ゲーム』では，オリジナルの「基本編」に加えて，今日的な問題を考える「応用編」が組み込まれている。

＊29　2001 年の 9.11 事件後に『世界がもし 100 人の村だったら』（池田香代子再話，マガジンハウス発行）がベストセラーとなった。この現代の寓話がもつ世界の多様性と格差というメッセージを疑似体験できるように，ワークショップ用に再構成した教材である。2003 年に発行して以来，データ等を改訂しながら，2023 年現在で第 6 版を重ねている。

現在の認定 NPO 法人開発教育協会（以下，DEAR）が発足した。しかし，民間の教育団体として発足したものの，当時の DEAR（ディア）の関係者には学校教員は少なく，青少年団体や開発協力に関わる NGO をはじめ，国連機関職員や青年海外協力隊経験者などが参集していたことが特徴的であった。

　こうして日本で開発教育が始まった 1980 年代には，「開発教育とは何か」を常に問いつつ，国内外の実践事例や教材などが徐々に共有されていった[25]。90 年代になると，従来の座学・講義型の講座や研修会に代わって，学習者や受講者が学習や研修の主体となる参加型学習[26]の理念や方法論に基づいたグループワークやワークショップが重視されるようになった。また，開発教育の普及推進を目的として，国際理解や国際協力などに取り組む各地の関係者や市民組織と DEAR が共催した「開発教育地域セミナー」[27]は，外務省もこれを資金的に支援した。こうして 90 年代から 2000 年代にかけては，地域での開発教育や参加型学習に広がりがみられるようになり，各地に開発教育や地球市民教育などの活動拠点となる団体が発足していった。

　2002 年から学校教育に「総合的な学習の時間」が導入されると，そのなかで「国際理解」が学習課題として例示されたことから，NGO 関係者や青年海外協力隊経験者などがゲスト講師として学校に招かれる機会が増大した。その一方，DEAR では『新・貿易ゲーム』（初版 2001 年）[28]や『ワークショップ版世界がもし 100 人の村だったら』（初版 2003 年）[29]といった参加型学習のオリジナル教材の制作発行に注力するようになった。こうした開発教育教材が学校現場や市民活動などのなかで活用されるようになったのも 2000 年代以降の特徴である。また，現在の国際協力機構（JICA）も 2000 年代に入ってから，教師海外研修や指導者養成研修をはじめ，出前講座や訪問学習を通じて，学校教育や市民活動における開発教育を支援している[30]。さらに，前述の通り，2005 年から「国連 ESD の 10 年」が開始され，2020 年からは ESD が ESD for 2030 へと更新されたことにより，SDGs の実現や ESD の今後一層の推進に向けて，開発教育が果たすべき役割は増大している。その役割を果たしていくことは今日の開発教育のひとつの課題である。

　しかしながら，開発教育を授業で実践する教員は以前と比較すれば増加したとはいえ，これを認知している教員や継続的かつ組織的に展開する学校などは全体からみればきわめて少ないのが現状である。その要因はさまざまであるが，たとえば，学校や教員の立場からすれば，"開発教育"という名称からは何を学習する教育活動なのかがわかりにくいこと，学校教育で長らく取り組まれてきた"国際理解教育"のほかにも"ESD"や"グローバル教育"，"シティズンシップ教育"や"地球市民教育"といった類似した用語も多く，その異同がわかりにくいことがあろう。また，開発教育だけでなく，ESD

などの地球的課題を取り扱う教育は，既存の教科教育の枠組みに当てはまりにくく，明確な解答が用意されている教育ではないこと，そして後述するように，その方法論が教科書中心の伝達型教育ではなく，学習者中心の参加型学習であるなど，従来の教科教育に慣れ親しんだ多くの教員には勝手の違いや敷居の高さを感じさせてしまうことも一因であろう。それよりも，多忙化する教員が課題山積の学校現場と窮屈な時間割のなかで，新たな授業に取り組む余裕がないというのが現実といえよう。逆に開発教育の普及推進を図ろうとする DEAR や市民組織などからすれば，自らの組織基盤が脆弱であることに加えて，学校と連携協力しようとしても公的な予算や支援制度が十分に整備されていないことが久しく課題となっていることも指摘できる。

4.　開発教育の教育的特徴

　開発教育という教育活動は，教育学のなかから理論的に生み出されたものではなく，国際会議の場でその実施が宣言されたものでもない。開発教育に取り組む組織や研究者などがその定義を試みることはあるが，開発教育に関する学術的な定義や国際的な基準が存在するわけではない。だからといって，開発教育に他と共有できる理念や目標，内容や方法がないわけではない。

　今後，地理総合と開発教育が協働していくうえで，開発教育という教育活動がどのような教育的特徴を有しているのかを理解しておくことは重要である。そう考えられることから，その特徴として以下の 5 点を紹介しておきたい。なお，以下で紹介する特徴は，日本での開発教育の普及推進に取り組んできた DEAR による定義や説明を参考としている。

(1)　開発教育の理念や目標

　DEAR では現在，開発教育を「私たち一人ひとりが，開発をめぐるさまざまな問題を理解し，望ましい開発のあり方を考え，共に生きることのできる，公正で持続可能な地球社会づくりに参加することをねらいとした教育活動」であると定義している[31]。そして，2022 年に発足 40 周年を迎えたことを機に，DEAR は組織としてのビジョン（めざす社会像）やミッション（使命や役割），バリュー（大切にしたい価値や姿勢），そして開発教育の学習目標を改めて提示している[32]（表 2-1）。

　表 2-1 にあるとおり，「持続可能な地球社会の実現をめざします」というビジョンは ESD のそれとも共通している。「ミッション」には「グローバル・シティズンシップを育みます」とあるので，開発教育は地球市民（グローバル・シティズンシップ）教育であるともいえる。そして「バリュー」で提示され

＊30　日本の政府開発援助（ODA）の基本方針を定めた「開発協力大綱」が，2023 年 5 月に，8 年ぶりに改訂された。このなかの「実施基盤の強化」策のひとつとして，「開発教育の推進」が明記されている。ODA に関する大綱は 1992 年に閣議決定されて以降，今回が 4 度目の改訂であるが，その都度，開発教育の強化や推進が盛り込まれている。

＊31　この定義は 2022 年 12 月の DEAR 40 周年を機に従来の定義に「持続可能な」が追記されて公表された。

＊32　DEAR のビジョンやミッション，開発教育の定義や学習目標については，DEAR のウェブサイト「DEAR について」を参照。

＊33　「変容的学習」とは，米国の教育学者のメジロー（Megirow, J.）が提唱した学習理論である。ESD のなかでも個人の意識や行動の変容（個人変容）と社会の制度や構造の根本的な改革（社会変革）がめざされている。2030アジェンダの標語も「わたしたちの社会を変革する」である。ただし，開発教育がメジローの理論からの影響を直接受けたわけではない。

＊34　「参加型学習」については，本節の第3項を参照。

＊35　ここでいう「批判的教育」とは，ブラジルの教育者で成人識字教育の取り組みで知られるフレイレ（Freire, P.）の教育思想や教育実践をさしている。フレイレは，西洋社会で発展した近代教育学を「銀行型教育」として批判し，これによって抑圧され，沈黙した人々を解放することが教育の役割であると指摘した。こうしたフレイレの教育思想は途上国で教育活動に取り組む NGO や国連機関などから支持され，開発教育にも影響を与えることとなった。

＊36　ここでいう「共同学習」とは，問題解決に向けた小集団（グループ）内での主体的な学び合いの学習論をさしている。その手法としてはグループワークが重視され，その源流は19世紀の英国で始まった YMCA やセツルメントの運動である。日本では戦前からすでにキリスト教青年会（YMCA）が野外活動のなかで実施していたが，戦後になって民主化政策の一環として実施された青少年団体の指導者講習会のなかでグループワーク論が紹介された。これを機に，50年代に青年団のなかで共同学習として発展したほか，公民館などでの社会教育の分野にも拡がった。こうしたグループワークの素地のあった青少年団体や NGO にとって，開発教育は受け入れやすかったといえる。なお，特別支援教育における「交流及び共同学習」とは文脈や内容を異にしている。なお，「青年団と共同学習」については，田中（2008：162-165）を参照。

＊37　詳しくは，山西・上條・近藤（2008）を参照。

表 2-1　DEAR のビジョン・ミッション・バリュー・学習目標

ビジョン	共に生きることのできる公正で持続可能な地球社会の実現をめざします
ミッション	「知り・考え・行動する」グローバル・シティズンシップを育みます
バリュー	「変わる・変える」：わたしが変わり社会を変える 「参加する」：一人ひとりの社会への参加を大切にする 「対話する」：お互いの意見や気持ちを聴き合い対話を進める 「問う」：わたしたちのあり方・開発のあり方を問う 「つながる」：様々な人とつながる連帯する
学習目標	1.　世界の多様性：開発を考えるうえで，人間の尊厳を前提として，世界の文化や人々の歴史・ルーツに目を向け，多様性を理解し尊重する。 2.　開発問題の現状と原因：グローバル化した社会各地に存在する貧困・格差の歴史や現状を知り，その原因や構造を理解する。 3.　グローバルな課題の関連性：開発をめぐる問題は，環境，平和，人権，ジェンダー，文化などのグローバルな課題と密接に関連することを理解する。 4.　開発問題と私たちのかかわり：私たち自身がグローバルにもローカルにも開発をめぐる問題に深く関わっていることに気づく。 5.　私たちの参加：公正で持続可能な開発を実現するための様々な実践を知り，社会に参加するスキルと態度を培う。

出典：開発教育協会（2022）

ているキーワードからは，開発教育が変容的学習であり[*33]，参加型学習であり[*34]，批判的教育や共同学習でもあること[*35][*36]がうかがえる。そして，「学習目標」をみれば，開発教育は，国際理解教育や多文化教育をはじめ，環境教育や平和教育，人権教育やジェンダー教育などの要素をもつとともに，地球的課題に取り組む多様な教育実践の理念や目標を共有しており，そうした実践や研究との連携や協働が可能であることを示唆している。

(2) 開発教育の内容

　当初の開発教育は，飢餓や貧困，南北格差や海外協力などの開発問題を理解し，自ら海外協力を支援し，これに参加していくことを目的としていた。しかし，1990年代に国連が，開発・環境・人権・平和・女性といった地球的課題に関する一連の国際会議を主催したことを背景に，DEAR では従来の開発問題にとどまらず，上記表 2-1 の「学習目標3」にあるように，「環境，平和，人権，ジェンダー，文化など」の諸課題やそれらとの関連性を理解することを学習内容に含めるようになった。さらに，地球的課題と日本国内の地域的課題との間には密接な関連性や重層性があることから，同じく「学習目標4」にあるように，グローバルな視点だけでなくローカルな視点にも立った学習を指向するようになっている[*37]。

　そして開発教育では，学習の成果が学習者個人の意識や価値観，態度や行動の変容を通じて，社会問題の解決や社会課題の実現，すなわち社会の変革に繋がっていくことを期待している。SDGsは「わたしたちの社会を変革する」ことを要請しているが，社会の変革を政治家や専門家だけに委ねるわけにはいかない。子どもも大人も含めた学習者一人ひとりが，社会を構成する市民（citizen）として，自らの意見を発し，それを共有し，議論して，公的な政策や方針に反映させていくことが必要である。こうした意味で開発教育では，"市民性"や政治的な"力"を獲得していくことも学ぼうとしている。「学習目標5」の「社会に参加するスキルと態度」とは，グローバルかつローカルな視点を備えた"シティズンシップ"と言い換えることができ，DEARではこれを育むことをミッションとして掲げている。

(3) 開発教育の方法・教材

　従来の学校では，教科書や教員を中心として，知識や規範を児童や生徒に伝達しようとする"伝達型教育"が採用されてきた。それに対して，開発教育では，学習者や受講者の参加や協働，対話や省察を重視した"参加型学習"が重視される。2007年に改正された学校教育法第30条では，いわゆる「学力の三要素」のひとつとして「主体的に学習に取り組む態度」が示されている。しかし，開発教育がいう"参加"とは，"主体的に学習に取り組む"，すなわち，学習への主体的な参加にとどまらず，それをさらに現実の社会問題の解決や社会課題の実現へと応用して，国内外で展開されている多様な社会活動へ参加していく"社会参加"や，上記の"市民性"や政治的な"力"を獲得して市民として政治に参加していく"政治参加"を意味している。こうした"参加"を通じて「共に生きることのできる公正で持続可能な」社会づくりや地域づくりのための学習論として採用するのが"参加型学習"であり，そのための教材が"参加型学習教材"である。

　それでは，実際の参加型学習とはどのようなものだろうか。それを象徴するキーワードとして，"グループ"，"アクティビティ"，"ファシリテーター"の3つをあげておこう。"グループ"は参加型学習が行われる基本単位であり，通常は5から6名の学習者や受講者で構成される。たとえば，講座の参加者やクラスの人数がたとえば30名であれば，5つから6つのグループに分かれて，一連の"アクティビティ"が行われる。"アクティビティ"とは学習活動という意味であり，その授業や講座での学習目標や学習内容に応じた多様な活動が展開される。その際には，ブレインストーミングやランキング，あるいはロールプレイやフォトランゲージといった学習手法[*38]で構成された参加型の学習教材が活用されることが多く，そうした学習教材の実例が本書の

*38　そのほかにも，部屋の四隅，シミュレーション，イメージマップ，タイムライン，などがある。詳しくは，西・湯本（2012）や八木（2017）を参照。

＊39　ワークショップの基本構成は、「導入→展開→省察」である。「導入」では参加者や受講者の不安や緊張を解きほぐすために「アイスブレイキング」を行うことが多い。「展開」でテーマ性のある一連のアクティビティを実施して、その最後に「学び」や「気づき」を言語化して定着を図ったり、参加者間で共有したりして、学習意欲の継続や具体的な実践への動機付けを図る。この「省察」を開発教育では「ふりかえり」と呼んでおり、重視している。

＊40　開発教育のワークショップはその楽しさややわかりやすさ、教材や手法に関心が集まることが多い。しかし、アクティビティを実施しさえすれば、学びや気づきが深まるわけではない。ファシリテーターの力量や経験によっては、"伝達型のワークショップ"にもなりかねない。そうならないためにも、ファシリテーターとしての「質」や「スキル」が問われることになる。

＊41　開発教育でも知識の獲得は、問題を理解するうえで重要である。そのため、ワークショップのなかには、レクチャー（解説）や事例紹介、資料映像の視聴などがしばしば組み込まれる。

第2部で、また、実際の授業例が第3部で紹介されている。こうしたグループ単位でのアクティビティが組み合わされた学習プログラムを開発教育では"ワークショップ"と呼んでいる[39]。そして、そうしたアクティビティやワークショップを進行し、学習者の学びや気づきを促進する役割を果たすのが"ファシリテーター"である。学校で授業を計画し、児童生徒を指導するのは有資格者の"教員"であるが、開発教育の講座や研修会にはそうした"ティーチャー"はおらず、進行役や促進役としての"ファシリテーター"が重要な役割を果たしている[40]。学校の授業のなかで開発教育を実践する場合は、教員がこのファシリテーター役を兼任するか、あるいは外部からファシリテーターを招いて教員と役割を分担するなどの対応が考えられる。

　いずれにせよ、開発教育が学習の主題や課題として取り扱う"問題"には"正解"がない。仮にあったとしてもそう簡単にみつかるものではなく、その"問題"を解くための文法や方程式も存在しない。そうした"正解のない問題"を解くためには、"一人で考える"だけでは限界があり、複数名での議論や作業のなかで多様な立場や意見、経験や価値観に接しながら、共通理解や合意形成を図ることが大切である。ワークショップはそうした民主的な学び合いを深めていくには有効なひとつの方法論ではないかと考えられる[41]。

5.　おわりに

　2015年に2030アジェンダが国連で採択され、SDGsの達成が公約された。そしてその達成には教育の果たす役割が重要だとして、2020年からESDはESD for 2030へと更新された。それと並行して、現行の学習指導要領では、子どもたちを「持続可能な社会の創り手」として育成していくことが学校や教員に要請されている。すなわち、「わたしたちの世界を変革していく」ために、教育や学校、そして教員には新たな課題が突きつけられている。その課題とは「持続可能な開発」や「持続可能な社会づくり」に向けた教育や学校のあり方を問い、必要な変容と変革を促すことである。

　そのためには、地球的課題に取り組んできた多様な教育活動との連携協力が不可欠ではないか。高校の「地理総合」が求めている学習内容や学習方法は、開発教育と共通する部分が少なくない。とくに「内容」の「B. 国際理解と国際協力」は開発教育そのものともいえる。地理総合と開発教育（あるいはESD）とが今後有機的に協働していくことは、学習指導要領の要請や期待に応答するだけに留まらず、持続可能な社会づくりに向けた学校教育の新たなあり方や方策を提示することに繋がっていくのではないだろうか。

執筆担当：湯本浩之

第**3**章

SDGs 時代の地理教育の課題と展望
～世界観・生き方にまで迫る SDGs 学習をめざして～

1. はじめに：「人類は野蛮」なのか？

図 3-1 『ガラスの地
　　　 球を救え』

出典：手塚（1996）

　漫画家の手塚治虫（1928-89）は，亡くなる直前『ガラスの地球を救え：21 世紀の君たちへ』を著わし，子どもたちへ地球の未来を託した（図 3-1）。私たちは彼の思いをどう受け止めればよいのだろうか。

(1) 人新世はどんな地質時代になるのか

　手塚はこの著作のなかで，「これまでもいまも，人類はまだ野蛮時代なのかもしれないと思うことがあります。……なんとしてでも，地球を死の惑星[*1]にはしたくない。未来に向かって，地球上のすべての生物との共存をめざし，むしろこれからが人類のほんとうの "あけぼの" なのかもしれないとも思うのです」（1996：20-21）と述べ，「自然への畏怖をなくし，傲慢になった人類には必ずしっぺ返しがくると思います。いまこそ，全地球レベルで，超長期的，何百年何千年という視点から，地球を考える必要があるのです」（1996：25）と指摘している。

　手塚のこの著作の初版（1989 年）から 30 年後の 2020 年 4 月，ようやく日本の小学校教科書に持続可能な開発目標（以下，SDGs）が登場した。その一方で依然として世界情勢に着目すれば「人類はまだ野蛮時代」のままである。[*2]

　地質年代の名称も，安定した自然環境のなかで人類が繁栄できた時代であった**完新世**（沖積世）が終わり，人類の活動が自然環境を大きく破壊しつつある時代としての**人新世**に入った[*3]（以下文中での太字表記は筆者の強調である）。このままでは人類は，地球史において野蛮で最悪な生命体として歴史に残るのは明白になった。

　本章では手塚のいう "野蛮時代" が終わって，"あけぼの" に近づくためにも，それに深くかかわる今後の地理教育のあり方を考察してみたい。

*1　正確には，「人間を含む生命（の一部）が生存できない」意味で「死の惑星」なのであり，多くの生命体は生き残ると考えられる。したがって手塚が「死の惑星」と呼んだのは「人類の都合」と考えられる。

*2　減らせない CO_2 排出量，選挙を無視するクーデター，核で威嚇しての領土拡大する大国，安全より国益を優先する原発増設，拡大する貧富の格差，後退する民主主義など，21 世紀に入り「人類の野蛮レベル」はさらに高まっている。

*3　極端に地球環境への負荷が増えるのは 20 世紀中旬である。したがって地質時代の名称では，それ以前の "完新世"（地球環境安定期）とは区別する意味で，"人新世（Anthropocene）" と呼ばれるようになった。

＊4　わが国に"Sustainable Development"が紹介された初期の出版物では「永続的発展」と訳されていた（レッドクリフト, 1992）。その後 SDGs が登場すると「持続可能な開発」の訳が一般的となった。
　なお,「持続可能な開発」の用語については, ESD 開発教育カリキュラム研究会（2010：vii-ix）を参照されたい。

2.　"サステイナブル" の意味をどう学ぶのか？

　地球を "サステイナブル＝持続可能な" 惑星と認識するのは大きな誤りである。なぜなら, 地球は空間的にも時間的にも "永続的に持続する惑星" ではないからである。[*4] 私たちの宇宙誕生は約 138 億年前で, 太陽系に地球が生まれたのは約 46 億年前とされる。そして宇宙には太陽が属する "天の川銀河" を含み, 遥かに遠い未来には "宇宙の終焉" が訪れる。これが宇宙の一生の真実である。宇宙や地球という惑星の寿命から "サステイナブル" や "SDGs" を改めて考えてみることも, 参考になるのではないだろうか。

(1) "サステイナブル" の語源からわかること

図 3-2　Sustain の語源を考える
出典：清水・すずき（2018：110）

　サイステイナブル（持続可能な）の英語 Sustainable には Sus（下に）＋ tain（保つ）＋ able（できる）, すなわち「下から支えて持ちこたえる」という意味がある（図 3-2）。文字通り, 私たちの足下は地球（大地）に支えられている。しかし実際の地球は, 小さく弱くすぐに壊れる**ガラスの地球**なのである。仮に地球の直径を 100cm としたら, 大気圏は約 1mm しかない（永井, 2022：23）。こんなわずかな空間で二酸化炭素（以下, CO_2）を排出し続けるのは, 窓を閉めた体育館内で, 自動車のエンジンを噴かすのと同じ "集団的自殺行為" である。巻き込まれた人間以外の地球生命体にとっては大迷惑である。

　この "地球と大気の接触面" では, 20 世紀には人類の野蛮な活動が活発化し,「過剰な開発」（西岡, 2007：129）が進んだ。その結果, 温暖化と気候変動が**持ちこたえられない水準**にまで深刻になった。20 世紀末には, 気候変動枠組み条約（1992 年）が締結され, 温室効果ガスの排出量を 2000 年までに 1990 年の水準に戻す（努力目標）が示された。しかし現時点（2023 年）では目標実現には至っていない。

　その後, 気候変動（温暖化）への対応と "持続可能な開発" の両立を訴えて, 国連では 2015 年 9 月「17 の目標」から成る SDGs が決議された。[*5]

＊5　どうして目標は 17 だけなのか, また目標 1 から目標 17 の優先順位や対象地域はどうするのか, が示されていない。しかも何を対象として「持続可能な開発」をめざすのかが曖昧である。たとえば「人間社会の持続」なのか,「地球環境全体の持続」なのかが明確でない。さらに具体的な持続期間をどう目標設定するのか。10 年間なのか 100 年間なのか, あるいは 1000 年間なのか。もちろん永続的（永遠）な持続という目標設定は不可能である。

　こんな地球を宇宙から観察している知的な生命体がいるとしたら,「地球のシステムが機能不全の問題を抱えていることに気づくだろう。そして彼らは地球には生命が存在し豊かな生物圏があるが, 何らかの大量絶滅のまっただ中にあると推測しているはずである。なぜ地球ではこんなことが起きているのか, 彼らは不思議に思っているかも知れない」（ガフニー＆ロックストローム, 2022：24）。

　私たち**地球表面に生息する人類**には見えにくいことだが, **地球を外側から**

観察している彼らには，それがよく見えるからである。

　極論をいえば，"地球環境を持続させる最良の方策"は，人類が滅亡することである。問題の原因をもたらす人類が消滅すれば，地球上の人間以外の生命体はきっと"大喜び"するだろう[*6]。しかしそれでは知的生命体を自認している人類は"地球を死の惑星"にした責任を果たすことなく，"野蛮"のまま，始まったばかりの人新世を超短期間で終わらせることになる。これでは私たちは，手塚（1989）からのバトンを放棄したことになる。

(2) 仏教の思想から学ぶ

　仏教には**万物流転**という用語がある。すべてのものは必ず滅び，何一つとして永遠・不変・常住なものは存在しないという意味である。「死」についての講義で知られるイェール大学のシェリー・ケーガンは，私たち人間は誰もが，人生には死，すなわち避けようのない最期が待っていることを知り，「死に直面しながら生きる」（ケーガン，2018：229）からこそ，一度の人生を有意義に生きようとするエネルギーが発生するのであると述べている。同様に地球という惑星にも必ず死（終焉）があるから，"全ての命を大切にしよう"，"未来に美しい自然環境を残そう"という学習者の意識変化が生まれて来ると考えられる。私たちは SDGs 学習を通して，**地球環境が永遠には持続できない**ことを認識する機会にしていきたい。

　また，サステイナブルには前述のように"持ちこたえられる"という概念が含まれる（図3-2）。もし学習者がこれを鵜呑みにして"地球環境には限界がなく"，地球環境へさまざまな負荷が発生しても，"持ちこたえられる"と誤解してしまうのは大きな過ちである。現状のままでは"地球は持ちこたえられない"が正しい世界認識であり地球への理解である。

　これらの大前提を学ばないで，17 目標の学習に終始するだけでは，学習者に正しい科学知識が伝わらず，**地球は永遠であり人間は万能**であるという間違った世界観や生き方が生じてしまう危険がある[*7]。SDGs 学習がこのような落とし穴に陥ることがないように，教える側（教員）と学ぶ側（学習者）の双方がサステイナブルという概念を正しく理解しておきたい。

3. 地域で比較した「SDGs の17目標」の達成レベル

　本節では，開発教育で重要なポイントになっている「開発の対象は誰なのか？」（西岡，2007：118-130）というテーマを，SDGs の 17 目標に当てはめて検討してみたい。その際には**地理教育の手法を応用**して，地球上の地域（場所）ごとの"目標の達成レベル"に関して，世界全体を地域ごとに広い視点

*6　仮に SDGs の最終目標を「地球環境全体の持続」にするのなら，人間社会の終焉＝人類滅亡は，地球環境全体の持続にとって，プラスになってしまう。しかし，人間も生態系構成メンバーとすれば，地球史上の人間活動は"自然環境の一部分"となり，人類は自然環境破壊を何も起こしていないともいえる。

*7　地理学の歴史を振り返れば，環境論においては"決定論"と"可能論"のせめぎ合いがあった（人文地理学会，2013：26-29）。
　SDGs を支持する側の考えは環境可能論に近いといえる。これまでの歴史では環境可能論が，環境問題を拡大してきたといわれている。したがって SDGs 学習でも人間の能力を過信してしまわないための対応が大切になる。

から比較し考察していくことにする（表3-1）。

(1)「SDGs の 17 目標」では何を最優先にするのか

　2023 年現在での SDGs の目標達成レベルは，地球全体でみれば「均一」ではない。したがって，SDGs の「17 目標」（達成期限は 2030 年 12 月 31 日までと設定）について，「達成レベル＝恩恵の程度」を推定して地域比較することで，各地域の課題と目標の本質を把握することが可能になる。

　表3-1 では，横枠において●印が多いほど地球全体の課題であると考えられる。その結果，目標 13 から目標 15 が，地球全域すべての地域で●印がつ

表 3-1　「SDGs17 目標」を「地域別の達成レベル」で考えてみよう

考え方	世界の地域ごとにみた現時点での目標の達成レベルと目標実現後の恩恵の程度 ①それぞれの目標は，現時点でどの程度目標を達成しているのか（達成程度の地域差） ②その目標が実現すれば，その地域ではどれぐらい恩恵を受けるか（恩恵の地域差）								
凡例	●：まだ目標達成度が非常に低く，目標実現で将来大きな恩恵を受ける地域といえる。 ○：目標達成度はまだ中程度であり，この目標実現でさらにこれから恩恵を受ける地域といえる。 △：ある程度の目標達成がみられ，この目標の実現ではあまり恩恵をうけない地域といえる。 ×：すでにかなりの程度まで目標が達成されていて，この目標が実現しても恩恵が少ない地域である。 －：判断できない項目（南極には国家や都市域がない。17 はすべてに当てはまり地域比較できない。）								

	表の見方・ポイント： それぞれの目標の開発の対象が，人類社会なのか地球全体なのか。目標には人類社会だけを持続可能にしようという経済目標が含まれていないか。地球上の全生命体と自然環境に，恩恵を与える目標になっているのか。現時点ですでに目標達成度に地域差が存在する場合は，どのように教えればよいのか。	アジア州	アフリカ州	ヨーロッパ州	アングロアメリカ	ラテンアメリカ	オセアニア州	南極大陸	何を持続可能にするのか	
									人類	地球
1	貧困をなくそう	●	●	×	×	○	△	－	◎	
2	飢餓をゼロに	●	●	×	×	○	△	－	◎	
3	すべての人に健康と福祉を	●	●	△	△	●	△	－	◎	
4	質の高い教育をみんなに	●	●	×	×	○	○	－	◎	
5	ジェンダー平等を実現しよう	●	●	△	△	○	△	－	◎	
6	安全な水とトイレを世界中に	●	●	×	×	○	△	△	◎	
7	エネルギーをみんなにそしてクリーンに	●	●	○	○	●	○	－	◎	
8	働きがいも経済成長も	●	●	×	×	○	○	－	◎	
9	産業と技術革新の基盤をつくろう	●	●	△	△	○	○	－	◎	
10	人や国の不平等をなくそう	●	●	○	○	●	○	－	◎	
11	住み続けられるまちづくりを	○	●	×	×	○	△	－	◎	
12	つくる責任つかう責任	○	●	●	●	○	△	－	◎	
13	気候変動に具体的な対策を	●	●	●	●	●	●	●		◎
14	海の豊かさを守ろう	●	●	●	●	●	●	●		◎
15	陸の豊かさも守ろう	●	●	●	●	●	●	－		◎
16	平和と公正をすべての人に	●	●	○	○	●	●	－	◎	
17	パートナーシップで目標を達成しよう	－	－	－	－	－	－	－	◎	

備考：表中の●○△×－は，筆者の考えであり厳密な基準で判断したものではない。また，人類と地球欄の◎も同様である。あくまで参考例にしてほしい。
出典：コール（2022：3）をもとに，加筆して筆者が作成。

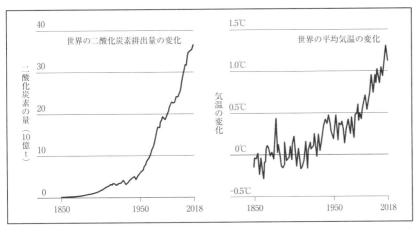

図 3-3　二酸化炭素排出量と世界の平均気温の変化　　出典：ゲイツ（2021：37）

き「目標達成度」が低く，かつ地球全体に大きな「恩恵」がある目標であることがわかった。そして目標 13 から目標 15 の共通点は「CO_2 増大と温暖化」に関わるものである。

　図 3-3 の 2 つのグラフは，「世界の二酸化炭素排出量の変化（左）」と「世界の平均気温の変化（右）」であり，相互に密接にリンクしている。よく見れば **1950 年以後 20 世紀後半に CO_2 増大と気温上昇が著しい**。実はこの時期が"人新世に入った時期"に重なるので説得力がある。このグラフから筆者も CO_2 削減を SDGs では最優先にすべきだと確信するようになった。

　たとえば，SDGs の「目標 1：貧困をなくそう」や「目標 2：飢餓をゼロに」を優先すべきだという意見がある。たしかに，貧困や飢餓の撲滅は重大な課題である。しかしながら，これらの課題は"地球の一部分に限定された人間社会の課題"でしかない。したがって"地球全体の持続的な開発"にとっては，**それほど優先度の高い課題ではない**と考えることもできる。

　これまで筆者自身も「地球規模の課題」や「開発教育の目標」を学ぶなかで，貧困や飢餓を最優先することの重要性を訴えてきた（たとえば，西岡（1996：202-203））。なるほど 1970 年代当時から 90 年代の状況は，そうだったかもしれない。しかしそれから約半世紀が経過した現在"気候変動は待ったなし"になった。これを「このまま放置すれば，地球上の物理システムは完新世の平衡状態を脱して暴走してしまう恐れがある」（ガフニー＆ロックストローム，2022：107）。そうなると，**貧困・飢餓・健康・福祉・教育・平等・安全・生きがい・経済成長などの目標（項目）**は，すべてその根底から覆されてしまうことになる。

（2）地球環境はすべてに優先して守る必要がある

　20 世紀は「人間社会の豊かさの持続」が人類の重点目標であった。そし

て SDGs の目標1から目標12が，2030年末までに達成できないなら「人間社会への損害」は大きくなるだろう。けれどもあえて批判を覚悟でいえば「地球環境全体に与える悪影響」は極めて少ない。なぜなら目標1から目標12は，"人間中心の利益" や "人類優先の社会存続" のための目標にすぎないからである。

そうであるのなら，現時点2023年では，**地球環境全体に与える損害の回避**を，"個人の利益" や "一国の利益（国益）" よりも優先するべきである。すなわち一人ひとりの人間の生存も，一国の利益や繁栄も，突き詰めていけば，「地球という場所（宇宙の中で奇跡的な環境）があるから，私たちの生存そのものが可能なのである」（西岡，2007：143）。"宇宙において奇跡的な環境である地球" を少しでも長い期間 "サステイナブル" させなければならない。

これまで20世紀後半の開発教育では**地球の一部分の課題**，すなわち "経済格差の解消" や "貧困の撲滅" などが注目された。そして現在，21世紀の SDGs 教育では**地球全体の課題**，すなわち "環境問題" や "温暖化対策" を最優先しなければならない時が来たのである。なぜなら**残された時間は少ない**からである。そのために21世紀後半に必要な世界観・世界認識は，国家や人間社会のみの利益（国益）を越えた価値観に基づくべきである。したがって SDGs における，**地球環境全体に与える損害の回避**に関わる目標（表3-1では，目標13〜15）が最優先されることで，長期的には "地球全体の利益（地球益）" の確保に結びつくのである。この点では "開発教育の目標" は SDGs の方向につながっていくと筆者は考えている。[8]

4. 地理総合における「大観して理解する」を考える

従来の地理学・地理教育では地球表面（地表面）を部分的に「地域区分」して，その地域（部分）を説明し記載するという手法が用いられてきた。しかしこれでは，"地球全体に対する視点や認識" が教えられず「時代遅れ」になっている。その対策には，これまでグローバル教育や開発教育が重視してきた地球的視野（global perspective）の地理総合への活用が，これまで以上に不可欠になったのである。[9]

(1) これまでの世界観・世界認識を打ち破る

21世紀に入る時点で，地理学・地理教育が扱うべき地球規模の課題は，従来の地域区分の領域（範囲）を越えてしまった。つまり "地球全体に対する視点や認識" に立脚しないと，議論が成立しなくなってきた（西岡，2016：104）。新たな地理学・地理教育が発展できないのはこのためである。

*8 開発教育協会でも気候危機や地球温暖化の問題の重大性を認識しており，機関誌『開発教育』の67号（開発教育協会，2020）で「気候危機と私たち」を特集したほか，参加型学習教材として『気候変動：開発教育アクティビティ集3』（開発教育協会，2020）を発行している。

*9 第2章の側注＊22でもみたようにグローバル教育の出発点のひとつであり，開発教育にも多大な影響を与えた取り組みに，1970年代に英国で始まったワールドスタディーズ・プロジェクト（World Studies Project）がある。そのなかで強調されたことのひとつが地球的視野（global perspective）である。これは，国際社会のなかの諸問題を国益という観点や国家間の関係から認識・分析するのではなく，国益や国境を超えた視点や立場から，人類共通かつ地球規模の問題として認識し，分析することの重要性を指摘したものである。ワールドスタディーズでは，そうした視点を習得することが学習課題のひとつとされた。なお，このプロジェクトに関しては，以下を参照されたい。フィッシャー＆ヒックス（1991），ヒックス＆スタイナー（1997），スタイナー（2011）。

このような閉塞感のなかで，地理学・地理教育がヒントにできるものとして，バックミンスター・フラー（Fuller, B., 1895-1983）やケネス・ボールディング（Boulding, K. E., 1910-93）が提唱した「地球をひとつの運命共同体（乗り物）とみる**宇宙船地球号**の概念[*10]」（玉井ほか，2023：6）や，ジェームズ・ラヴロック（Lovelock, J., 1919-2022）が主張した「地球を整合性のあるひとつの生命システムとしてとらえる**ガイア理論**」（ラヴロック，1989：10）に注目していきたい。[*11]

2022 年 4 月から高校で必履修科目として登場した地理総合の学習指導要領「内容」の「B（2）地球的課題と国際協力」には，「ア（ア）…<u>地球的課題の各地で共通する傾向性や課題相互の関連性</u>などについて**大観して理解すること**」（下線と太字は筆者）とある。

ここで新たに加えられた "大観し理解する" という概念は，上記の "地球的視野" に通じるものと考えることができるが，従来の地理学・地理教育の手法であった，地球表面を地域区分し，部分的に考察する「地理的なものの見方・考え方」とは大きく異なる概念・視点である。すなわち "大観" は，文字通り解釈すれば，大きく観察する，大きく捉えることであり，**地球を全体（球体）として理解する**という意味になる。そして "宇宙船地球号" や "ガイア理論" にも結びついた考え方になっている。

しかし "大観" は従来の地理学・地理教育の用語ではなじみの薄い用語である。どちらかといえば "政局を大観する" など，空間認識よりも人間活動など，世の中の動きを大きく捉えるというニュアンスがある。

これに類似した既存の地理用語としては，鳥瞰図や俯瞰図で使用されてきた鳥瞰や俯瞰がある。これは文字通りの意味として，鳥の視点で上空または高所から地表を見下ろして描いた地図（地表の一部）という意味である。

これに対して "大観" は，鳥瞰や俯瞰と区別した空間認識として，さらに上空から地球を球体として認識することと，筆者は考えたい。これは地球を離れて，地球外の宇宙から地球全体を捉えた視点であるといえる（**図 3-4**）。

したがって，従来の地理学・地理教育で用いてきた世界地図の視点を大きく越えた空間認識である。いいかえれば前述の宇宙船地球号やガイア理論で地球を理解していく視点である。筆者は "大観" を，**地球を球体としてありのままのスケールで，空間認識する地理的なものの見方・考え方**と定義したい。

この俯瞰に関しては，故安倍晋三首相（当時）が「地球儀を俯瞰する外交」を公表している。[*12] また，『外交青書 2019』でも，第 2 章に「地球儀を俯瞰する外交」として記載されている（外

図 3-4　月面から見た地球

出典：NASA Digital Library

*10　"宇宙船地球号" という概念は，米国の発明家であり思想家でもあったバックミンスター・フラーが 1950 年代に構想したものだという。その後，米国の国連大使であったスティーブンソンが国連で「われわれはみんな，小さな宇宙船に乗った乗客だ」と演説し，米国の経済学者であるボールディングがこの概念を経済学に応用して，「宇宙船地球号の経済」と題する論文を発表した。詳しくは，フラー（2000）を参照されたい。

*11　ラヴロックは，私たちの住むこの惑星を，単なる物体でなく，ギリシャ神話で大地の女神を意味する "ガイア" と呼んだ。この女神は宇宙全体からみて，健康なのか？それとも病気なのか？残念だが確実に病気であり，しかもその病状は深刻であるようだ。女神の病気の原因を作った人類は，これまでの愚行を謙虚に反省しなければならない。そして "女神ガイア" の健康回復を願って，他の生命体とともに共存していく "処方箋" を，探す責務があるだろう。はたして SDGs はその処方箋となれるのだろうか。

*12　詳しくは，首相官邸ホームページ「地球儀を俯瞰する外交」を参照されたい。

務省，2019：25-141，**図3-5**）。

　しかし，これは地理学・地理教育の概念からは大きな誤りである。なぜなら**地球儀は地球を俯瞰して作製**された教材であるからである。ゆえに一度俯瞰で作製された地球儀を再び俯瞰することは用語からも不適切である。なぜなら俯瞰を重ねれば細部が見えなくなってしまうという欠点が生じる。わが国の外交政策が細部を無視した大まかな（大国中心）外交では困る。したがって今後は**地球儀**ではなく**地球**を俯瞰する外交に修正してほしい。もしくは今回の新学習指導要領にしたがい，**地球を大観する外交**に修正してもらえれば，将来の地理教育の発展につながり大歓迎である。

図3-5　地球儀を俯瞰する外交
出典：外務省（2019：25）

(2) 地理教育と開発教育の連携

　地球規模の課題は，政治・経済問題にも密接に関連する。したがって，世界政治・経済を大観し理解できれば，地理教育で政治・経済問題にまで，踏み込んだ課題学習が可能になる。開発教育に政治教育の側面があること（西岡，2007：113，152）を思えば，地理教育と開発教育がより深く連携でき，双方の交流発展になるだろう。筆者が考えている「大観し理解する」の具体例を2つあげたい。

　第一は，2020年11月に米国が地球温暖化防止会議（パリ協定）から離脱したことである。ドナルド・トランプ大統領（当時）のような“自国利益優先政治”では，地球規模の課題は解決できない。地球の将来を担う政治家には「大観し理解する」の視点を失ってもらっては困る。

*13　ムハンマド・A・ファリスは，シリア人初の宇宙飛行士。1987年に旧ソ連の宇宙ロケット「ソユーズTM-3」に搭乗。宇宙ステーション「ミュール」に滞在して，無事に地球へ帰還した。

　第二は，シリア人宇宙飛行士のムハンマド・A・ファリス[*13]（Faris, M. A., 1951-）の言葉，「宇宙から見た地球は例えようもなく美しかった。**国境の傷跡**などはどこにも見当たらなかった」（高井，2009：112）である。世界地図や地球儀には国境が描かれているが，実物の地球には**国境は見えない**のである。

　このように“大観”する能力，いいかえれば，総合的に地球を認識する能力がなければ地球規模の課題は解決できないことが，わが国の学習指導要領に記載されたのである。これは今後の地理教育やSDGs学習に積極的に取り入れてほしい視点である。このような私たちの生活舞台である地球を“大観し理解する”という視点や認識が浸透することで，将来の人類の世界観や生き方に“良い変化”が生じることを期待したい。その意味で地理総合には大きな期待が寄せられている。

5.　目標4：「質の高い教育をみんなに」の視点で地理教育を考える

(1)　SDGs は「アリバイ作り」ではない

　経済学者の斎藤幸平 (2020：4) は、「SDGs はアリバイ作り[*14]のようなものであり、危機から目を背けさせる効果しかない」と述べている。

　けれども地球の将来を担う、次世代の子どもたちや若者の前で、SDGs の欠点探しや問題点を指摘しても人類の責任を果たしたとはいえない。それどころか議論から逃げてしまうことになる。

　高校では地理総合が 2022 年 4 月から必履修科目になった。しかし地理学は文系・理系の接着剤であり、空間科学であるため、多くの社会科教員からは "地理は苦手" であるとか、"地理は教えにくい" という声をよく聞く。けれども社会科教員が地理分野や SDGs 学習から逃げていては敗北である。

　長年地理教育に関わってきた筆者としては、教員と学習者が "同じ視点からの地球（空間）認識" に立つことを SDGs では最優先にしてもらいたい。

　SDGs がアリバイ作りに利用されてはならないのである。そして、地球益のためには、共通理解に基づいた世界観・世界認識を、地理教育の分野から拡大していく必要がある。世界観・世界認識を学習者に定着させるためには、地理教育が大きな役割を果たすのである。これは SDGs の目標 4「質の高い教育をみんなに」とつながっている。最後に "質の高い教育" とは何であるかについて筆者の考えをまとめたい。

(2)　地理教育と SDGs 教育の共通点

　ブラジルの教育者パウロ・フレイレ (Freire, P., 1921-97) は、貧困に苦しみ人権を奪われてきた民衆に対して "識字教育"[*15] を実施した。そして「被抑圧者の大きな役割は、自らの解放のみでなく抑圧する者もともに解放することだ」(フレイレ、2011：23) とした。さらに「人間は世界を離れ、現実と離れて存在するわけではないので、運動もまた、人間と世界の関係から始まらなければならない。したがって出発点は、常にこの場所この瞬間に、人間とともになければならない」(フレイレ 1979：90) と述べている。それゆえに教育の対象は人間であり、「開発」の対象も国家ではなく人間なのである。

　日本では地理教育を重視した教育者であった吉田松陰 (1830-59) が、「地を離れて人なく、人を離れて事なし。故に人事を論ぜんと欲せば、先ず地理を見よ」(山口、2009：157) と述べている。このフレイレと吉田松陰の教育思想には、人間（地球人）の生活舞台である地球を捉えて "人間と世界の関係" を重視する共通点があり、SDGs 教育にも結びついている。

　本章で述べたように SDGs には、すべての地球人（人類）が同じ視点・認

*14　ここでいう「アリバイ作り」とは、企業や国家が SDGs に積極的に取り組んでいるふりをして良いイメージづくりをすること、いわゆる "SDGs ウォッシュ" である。すなわち、実体を伴わないかけ声だけの SDGs を批判した指摘である。

*15　パウロ・フレイレが生まれ育ったブラジル北東部は、植民地時代の大土地所有制度が残る保守的な土地柄であった。フレイレ自身は公務員の家庭に生まれたものの、1929 年の世界恐慌の影響から逃れることはできず、一家は飢餓や貧困を経験する。その後、フレイレは大学卒業後に中学校教師を経て、州政府の職員として農民に対する教育文化活動を担当。そうした活動を通じて、フレイレは搾取され抑圧され、文字までも奪われた農民たちが「沈黙の文化」のなかに押し込まれていることを発見する。それを克服する手段として、フレイレは成人を対象とした識字教育を試みる。フレイレの識字教育の目的は、単に文字の読み書きを覚えることではなく、農民たち自身が自分たちの置かれた状況やその原因を明らかにしていくこと、すなわち「意識化」が大切であるとして、主体的な学習や学習者相互の対話を重視した。こうした成人識字教育の実践から、フレイレは教師中心の伝統的な「銀行型教育」に代わる「課題提起型教育」を提唱した。フレイレの理論や実践は、学習指導要領が謳う「主体的対話的で深い学び」の原点であるともいえよう。なお、詳細については、伊藤 (1979) を参照されたい。

識の世界観を共有する空間認識教育が必要になる。そのためには SDGs と地理教育の強い連携が不可欠となる。

(3)「質の高い教育」としての SDGs 教育をめざして

　現在進行中の SDGs 教育が，10 年後に「アリバイ教育」や「危機から目を背けさせる教育」だったと批判されないためにも，この連携は重要である。なぜなら「人間は自分を特別に偉いものだと思って，何の罪悪感もなく他の生き物の命を奪い，地球環境を破壊してきた」(梅原，2003：128) からである。それにもかかわらず「人間は地球全体のことを思うことができる唯一の生きもの」(稲盛，2001：81) でもある。私たちは野蛮な人間の傲慢さを反省し，同時に，人間の存在理由を再確認しなければならない。

　私たちが住む現在の地球は "持続不可能な惑星" であり，"持続不可能な" 真実を受け入れることが重要である。そうすることで全地球の生命のひ弱さに目を向けることができ，"生命への畏敬" 認識が高まるのである。そして "生命への畏敬" こそが **SDGs を考える教育** の原点になる。そのためには地理教育の "大観し理解する視点" に立った世界観形成と，**生き方に迫る SDGs 教育** が今こそ必要である。

執筆担当：西岡尚也

第4章
地理教育における参加型学習と
開発教育教材の意義と課題

1. 新学習指導要領と地理教育

　2018年告示の学習指導要領（以下，新指導要領）に基づく授業実践が2022年4月より高等学校（以下，高校）においてスタートした。そこでは，これからの時代に求められる21世紀型の学力[*1]を，資質・能力と規定し，「知識・技能（何を知っているか，何ができるか）」「思考力・判断力・表現力等（知っていること・できることをどう使うか）」「学びに向かう力・人間性等（どのように社会・世界と関わり，よりよい人生を送るか）」の3つの柱で示されている。このことは，①「習得・活用・探究」の学習プロセスが明確な形で示されたこと，②価値や態度の形成を含めた多面的な能力の育成が試みられていること，③「社会の現状を理解するための学び」から「社会と自分との接点を見出し，社会のあり方や自身の生き方について考えていくための学び」への転換が促されていること，を意味する。そして，3つの資質・能力の育成を促すために「主体的・対話的で深い学び」の実践が推奨されている。

　高校地理教育においても，3つの資質・能力の育成を目指し，地理的課題への探究的な問いを重視した主題学習で構成される「地理総合」が必履修科目として新設され，授業実践がすでにスタートしている[*2]。この科目は，「社会的事象の地理的な見方・考え方を働かせ，課題を追究したり解決したりする活動を通して，広い視野に立ち，グローバル化する国際社会に主体的に生きる平和で民主的な国家及び社会の有為な形成者に必要な公民としての資質・能力を育成する」ことが目標となっており，「持続可能な社会づくりを目指し，環境条件と人間の営みとの関わりに着目して現代の地理的な諸課題を考察する科目」として，また「グローバルな視座から国際理解や国際協力の在り方を，地域的な視座から防災などの諸課題への対応を考察する科目」として位置づけられている。いわば，グローバル化に伴う自然環境ならびに社会環境の変化の激しい現代世界の状況を踏まえ，課題の解決を通して持続可能な社会のあり方について，自分たちの足もとから考え，創造するための未来志向的な性格をもった科目といえる。

*1　「21世紀型スキル」とも呼ばれており，「他者との対話の中で，テクノロジーも駆使して，問題に対する解や新しい物事のやり方，考え方，まとめ方，さらに深い問いなど，私たち人類にとっての知識を生み出すスキル」（白水，2014：207）と定義できる。

*2　本章で取り上げる「地理総合」の概要等については，文部科学省（2018：35-75）を参照されたい。

　「地理総合」が上述のごとく，持続可能な開発目標（以下，SDGs）を意識しながら社会参画と自己実現を目指す科目として位置づけられるのであるならば，内容知と方法知の双方における「革新」が図られる必要がある。そこで本章では，地理教育，そしてそれと親和性の高い開発教育の目的とねらいを踏まえ，両者の共通項について明らかにしたうえで，学習方法と学習教材の二点に絞り，開発教育の主軸となる参加型学習の導入と関連教材の活用が「地理総合」の実践ないしは地理教育にとっていかなる意義をもつのか，それとともに，それらが地理教育の目的やねらいとの整合性からいかなる課題を抱えているのかを論じていきたい。そして，そのことを踏まえ，「地理総合」の授業実践に関わる今後の展望についても若干ではあるが言及していきたい。

2. 地理教育と開発教育との関係

(1) 地理教育の目的とねらい

　地理教育の目的について，国際地理学連合・地理教育委員会（IGU-CGE）が1992年に制定した「地理教育国際憲章」では，「現代と未来に生きる有為でかつ活動的な市民を育成するために，現代世界が直面する主要な問題の解決へ向けて全ての世代の人々がそれらの問題に関心を持つこと」（中山，1993：106）と規定されている。また，同憲章をESD（持続可能な開発のための教育）の観点から再構成した2007年制定の「ルツェルン宣言」[*3]では，「人間─地球エコシステムの概念に基礎を置いた」（大西，2008：34）地理教育のあり方が提唱されている。これらのことから，地理教育の本質は，地球環境問題をはじめとする現代的諸課題の解決と持続可能な社会の形成へ向けて，当事者意識をもって主体的に参加・行動する市民の育成にあることが理解できる。

　このことに関連して，地理教育の親学問である地理学について，同憲章では，「場所の特質並びに人類の分布，地表面上に生じ，展開する諸現象の分布について説明・解釈する科学」（中山，1993：106）と定義づけられている。また，上記の定義に基づきながら「位置と分布」「場所」「人間と自然環境との相互依存関係」「空間的相互依存作用」，そして「地域」の5つの概念をもとに現代的諸課題を分析・考察するプロセスを追認することが求められており，こうしたプロセスは，第1節で述べた「地理総合」の目標にも掲げられている「地理的な見方・考え方」と合致するものである。

　以上述べた地理教育の目的や地理学の定義を踏まえるならば，地理教育のねらいについて以下のように解釈できる。

①人間や自然環境を含めたあらゆる地理的諸事象を場所
　の特質や地域的差異を踏まえながら空間的に分析・考
　察すること。

②諸事象の分析・考察の過程を通じて分布のパターンを
　読み取り，そこから地理的概念や地理的諸課題を発見
　すること。

③諸課題の解決を通じて人間と自然環境とのより良い関
　係を構築するための手がかりを得ること。

④人間と自然環境との関係を踏まえ，持続可能な社会を
　形成するための担い手としての能力を身に付けること。

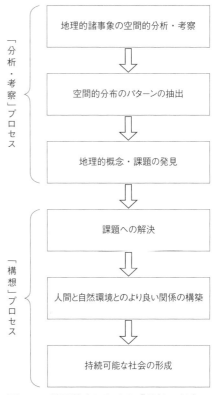

図 4-1　地理教育における「分析・考察」
　　　　プロセスと「構想」プロセス

　まさしく，図 4-1 に示すように，地理的事象や地域性
についての空間的な「分析・考察」プロセスを通した地理
的概念や課題の発見とともに，課題解決，そして持続可能
な社会の形成へ向けた「構想」プロセスをたどることで，
市民性を養うことに地理教育の独自性があるといえるだろ
う。

(2) 地理教育と開発教育との共通項

　一方，開発教育については，「私たち一人ひとりが，開発をめぐるさまざ
まな問題を理解し，望ましい開発のあり方を考え，共に生きることのできる
公正で持続可能な地球社会づくりに参加することをねらいとした教育活動」
(開発教育協会，2022) と定義づけられる。この「開発」という言葉については，
歴史上，その意味合いが多岐に渡ってきたが，開発教育が欧米で始まった
1960 年代以降，「開発」とは主に「経済開発」を指していた。具体的には
「南北問題」，すなわち，「南」の途上国と「北」の先進国との間の経済格差と，
それによって生じる諸問題への対応策としての途上国側の経済力向上を意味
してきた。1970 年代に入ると，先進国側の過剰開発とそれへの是正策として，
自然環境の保全と経済開発の推進とのバランスが強調されるようになった。
その後，人間の尊厳や多様性の尊重とともに，自然環境との共生を軸にした
生活の質的改善のために必要とされる諸条件の整備，人々のもつ潜在的な可
能性が最大限に発揮されるための機会の担保といった「人間開発」，そして，
それを可能にするための法律やインフラなどの社会基盤の整備に代表される
「社会開発」の重要性が指摘されるようになっている。こうして今世紀に入
ってから現在に至るまで，「開発」の定義が経済や環境，人権や平和を軸に
「持続可能な開発」という括りで幅広く解釈されるようになったといえる。

＊4 開発教育協会（2022）より。開発教育協会では，設立40周年を迎えた2022年12月に，開発教育の定義や学習目標のほか，ビジョンやミッションをなどを改訂した。詳しくは，以下のウェブサイトを参照されたい。https://www.dear.or.jp/infomation/11060/

こうした「開発」をめぐる議論の変遷を踏まえ，開発教育協会（以下，DEAR）では，開発教育の「学習目標」を以下の5点に集約している[4]。

①世界の多様性：開発を考えるうえで，人間の尊厳を前提とし，世界の文化や人々の歴史・ルーツに目を向け，多様性を理解し，尊重する。

②開発問題の現状と原因：グローバル化した社会各地に存在する貧困・格差の歴史や現状を知り，その原因や構造を理解する。

③グローバルな課題の関連性：開発をめぐる問題は，環境，平和，人権，ジェンダー，文化などのグローバルな課題と密接に関連することを理解する。

④開発問題と私たちのかかわり：私たち自身がグローバルにもローカルにも開発をめぐる問題に深く関わっていることに気づく。

⑤私たちの参加：公正で持続可能な開発を実現するための様々な実践を知り，社会に参加するスキルと態度を培う。

まさに，第1節で述べた新指導要領の掲げる「社会と自分との接点を見出し，社会のあり方や自身の生き方について考えていくための学び」そのものである。人間と自然環境を基軸にあらゆる諸問題を学習のテーマに据え，それへの空間的考察を試みることで解決への道を模索する地理教育，開発をめぐる諸問題を学習テーマに据え，それへの構造的理解を試みることで解決への道を模索する開発教育。バックボーンはそれぞれ異なるものの，「現代的諸課題について知り，その背景・要因について考え，解決のために行動する」というように，持続可能な社会の形成へ向けた一連の探究的な学びのプロセスを重視することに両者の共通項があるといえる。

3. 地理教育と参加型学習

(1) 参加型学習とは

「地理総合」は，第1節でも触れたように，グローバルとローカルそれぞれの視座から現代的諸課題を考察し，その解決とともに，持続可能な社会の形成をねらいとして新設された科目である。このことは，開発教育の掲げるカリキュラムの理念「地域を掘り下げ，世界とつながる」の5つのストラテジー「①地域を掘り下げる，②人とつながる，③歴史とつながる，④世界とつながる，⑤参加する」（山西，2010：44-49）にも合致するものである。そして，地理教育，開発教育の双方の最終目標が社会形成ないしは社会参画へ向けての能力の育成にあるのなら，学習手法も学習者の「主体的・対話的で深い学

び」を促す参加型学習を採用する必要がある。

　参加型学習については，「学習者が，単に受け手や聞き手としてではなく，その学習過程に自主的に協力的に参加することをめざす学習方法」（西・湯本，2012：7）と定義され，学習者の緊張を解き，その場の雰囲気を和ませるなかで，学習者のもっている知識や経験，個性や能力を引き出し，相互の意見交流や相互理解を促進すること，その過程で学習者が新しい発見をしていくことを重視する所に特徴があるといえる。すなわち，教師による一方的な知識の伝授ではなく，学習者である生徒たち相互の学びのプロセスのなかで教師の支援を受けながらも自分なりに解答を見出していく学習スタイルとして位置づけられる。参加型学習の具体的な手法については，ゲーム，シミュレーション，ロールプレイ，ランキング，プランニング，フォトランゲージなどの手法がそれに該当する。*5

（2）地理教育における参加型学習導入の意義と課題

　「地理総合」では，「地図や地理情報システム（以下，GIS）を用いて，調査や諸資料から地理に対する様々な情報を適切かつ効果的に調べまとめる技能を身に付ける」「考察，構想したことを効果的に説明したり，それらを基に議論したりする力を養う」というように，地理的技能の定着を図るための学習目標が設定されている。そこでは，地図や写真，統計などの地理情報を収集し，読み取り，その結果をまとめ，成果について発表し，内容を深めるための議論を展開する探究型の学習プロセスが重視されている。そのような学習プロセスにおいては，地理的諸事象や諸課題考察のための地形図や主題図等の読み取り，調査・観察結果や統計資料の分析のためのGISの活用など地理的技能を駆使した学習活動の展開がなされ，これらの活動に討論や発表などの協働の学びが加わることで，地理授業における参加型学習が成立する。

　参加型学習を地理授業の実践に導入することで期待できる効果として次の4点をあげることができる。

①学習活動において生徒たちの主体性が発揮される場面が多く，授業の活性化につながる。
②生徒たちが疑似体験を通じて諸課題の現状について具体的に認識しやすくなり，問題の本質への気づきが容易になる。
③生徒たち相互の学び合いから多様な価値観を尊重する態度が養われるとともに，異なる価値観を認め合いながらも，共通の課題に対処する能力が身に付く。
④主体的・対話的な学びのプロセスのなかで新たな概念や法則等を発見す

＊5　第2章第4節第3項を参照。参加型学習の各種アクティビティについての詳細は，西・湯本（2012：10-41）を参照されたい。
　なお，開発教育協会のウェブサイト「やってみよう！参加型学習」内の「基本的な11のアクティビティ」（https://www.dear.or.jp/activity/465/）も併せて参照されたい。

　　ることで，生徒たちのさらなる追究意欲を喚起する。

　　参加型学習の地理授業への導入によって，内容知に偏ったこれまでの地理教育に方法知の視点が重視されることになり，市民性育成をねらいとした地理教育を確立する意味において意義あるものと筆者は考える。ゆえに，今後は「何を学ぶのか」という視点と同様に，「いかなる方法で学ぶのか」という視点を強調しながら学習単元を構成する必要があるだろう。

　　参加型学習の重視に伴い，調査や発表などの形態をとる学習方法が高校現場において今後増えていくことが予想される。だが，これらの学習は，活動主義的傾向や内容面においての希薄化に陥りやすいという欠点を抱えており，それを防ぐためにも，単元設定にあたって地理教育の理念に則った学習目標を明確化していくことがこれまで以上に求められる。

4. 地理教育と開発教育教材

(1) 開発教育教材集の特徴と課題

　　第2節第2項で示した開発教育の学習目標①から⑤は，最終目標でもある社会参画へと至る学習の手順そのものを示すとともに，開発教育が「①世界の多様性，②開発問題の現状と原因，③グローバルな課題の関連性，④開発問題と私たちのかかわり，⑤私たちの参加」の5つの領域から構成されていることを示すものと理解できる。これに関連して，**表4-1**はDEARで発行されている主要教材集と①〜⑤の領域，そして「地図やGISで捉える現代世界」を除く「地理総合」の学習内容である「ⅰ. 国際理解」「ⅱ. 国際協力」，そして「ⅲ. 持続可能な地域づくり」との対応関係を示している。ここから開発教育と「地理総合」とが密接な関係にあること，「地理総合」の実践に開発教育教材を採り入れることの有効性について理解することができる。

　　なお，**表4-1**に示す教材集は，テキスト，ワークシート，写真・統計・シナリオ，読み物といった各種資料がパッケージ化されている。テキストにはそのテーマ（単元）を構成する複数の小単元とそれに対応した数時間分の授業の展開例や進行手順が示されており，教師はそれに沿って各種資料を駆使しながら授業を展開することで，一定の学習効果を得ることができるよう編集されている。

　　その一方で，これらの教材集は地理授業の実践を想定して作成されたものではないため，地理教育の目的やねらいとの整合性をつけるべく，教材内容を精選したり，新たに付加したりする必要性も生じてくる。また，一つひとつの小単元がワークショップ形式を基本としているがゆえに，実施時間も

表 4-1　DEAR 発行主要教材集と開発教育の領域・「地理総合」の学習内容との対応関係

DEAR 発行の主な教材集（発行年：初版＝最新版）	開発教育の領域	「地理総合」の学習内容
・世界がもし 100 人の村だったら（2003＝2020 年）	②③④	ii
・写真で学ぼう！世界の食卓（2010＝2017 年）	①	i
・写真で学ぼう！フードマイレージ（2010＝2016 年）	③④	ii
・たずねてみよう！カレーの世界（2003＝2012 年）	①	i
・水から広がる学び（2014 年）	③④	ii
・パーム油のはなし（2002＝2018 年）	②③④	ii
・コーヒーカップの向こう側（2005＝2021 年）	②③④	ii
・スマホから考える世界・わたし・SDGs（2018 年）	②③④	ii
・18 歳選挙権と市民教育ハンドブック（2016＝2017 年）	④⑤	iii
・豊かさと開発（2016 年）	②③④	ii
・新・貿易ゲーム（2001＝2021 年）	②③④	ii
・子どもとできる創造的な対立解決（2010＝2014 年）	④	ii iii
・「援助」する前に考えよう（2006＝2014 年）	②③④	ii
・もっと話そう！エネルギーと原発のこと（2012 年）	③④	ii iii
・パーム油のはなし 2（2020 年）	②③④	ii
・開発教育基本アクティビティ集 2「難民」（2019 年）	②③④	ii
・開発教育基本アクティビティ集 3「気候変動」（2020 年）	③④	ii
・開発教育基本アクティビティ集 4「プラスチックごみ」（2020 年）	③④	ii
・開発教育基本アクティビティ集 5「服・ファッション」（2022 年）	②③④	ii
・レヌカの学び（2004＝2011 年）	①	i
・18 歳成人とキャリア教育（2023 年）	⑤	iii
・Social Action Handbook（2017 年）	⑤	iii

60 分から 90 分とかなり長めに設定されており，1 単位時間 45 分から 50 分の授業時間を標準とする日本の学校教育の現場での授業展開に則していないという問題点が存在する。その場合，教材内容を現場の状況に合わせて取捨選択せざるをえず，教材活用の効果という観点からみて課題が残る。

(2) 地理教育における開発教育教材活用の意義

改めて教材について定義すると，授業を成立させるための重要な要素のひとつであり，生徒たちの学習内容への理解を促すための素材であるとともに，彼ら彼女らの学習活動を促すための仕掛けとして位置づけられる。地理教育の場合，このことに加え，「地図の読図や作図，衛星画像や空中写真，景観写真の読み取りなど地理的技能を身に付けることができるよう（中略）教科用図書「地図」を十分に活用するとともに，地図や統計などの地理情報の収集・分析には，地理情報システムや情報通信ネットワークなどの活用を工夫すること」（下線部筆者）という新指導要領「地理総合」の「内容の取扱い」

に示された文言より，地理的技能育成との関わりから教材の位置づけがなされている。

　それでは，地図や統計を多用する地理授業に開発教育教材を導入した場合，いかなる成果が期待できるのか。たとえば，グローバル化をテーマに授業内容を構成した場合，地理教育の視点では，ヒト，モノ，資本，情報を指標に世界諸地域間の結びつきの様相を空間的に把握し，その特性について考察し，そこから課題を発見することが主たる目的となる。そこに開発教育の視点を採り入れると，グローバル化によって生じる諸課題を環境や人権など多方面から考察することで，いかなる影響が私たちの生活に及ぼされるのかを把握するとともに，地球的視野に立脚しながら望ましい解決策について考えていく。そして，最終的には，持続可能な社会の構築へ向けての政策提言へと至るプロセスをたどる。このことは，社会認識と市民的資質の統合を意味するものであり，社会科地理教育の視点に立脚すれば，望ましい授業実践のあり方を提示しているといえる。

5.「地理総合」の実践に向けての今後の展望

　グローバル化の進展に伴い，気候変動，資源の枯渇，国家間の紛争や経済格差，感染症の拡大などの現代的諸課題は深刻の度を増している。一方，国内においても，自然災害，少子高齢化，地域格差などの諸課題が噴出している。ゆえに，人々が安心・安全に生活を営むことのできる持続可能な社会空間をどのように構築していくのかが今後の課題として位置づけられる。

　SDGsが叫ばれている今日，生徒たちがこうした諸課題を自分事として受け止め，それらを実現し，持続可能な未来を構築するために地球市民としての自覚をもちながら，自らのライフスタイルと社会の改善に向けてのささやかな取り組みへとつながる学習が現代的諸課題を学習内容として扱う「地理総合」に求められているといえる。その際，開発教育の視点や方法を採り入れることで，学習内容に深みが増し，多様な学習方法が駆使されるとともに，生徒たち一人ひとりの学習成果を見取るプロセスを重視した活発な授業展開がなされ，実践そのものがより豊かさを増すことになるだろう。

執筆担当：泉　貴久

第5章
『持続可能な開発のための地理教育に関するルツェルン宣言』を読み解く

1. はじめに：「ルツェルン宣言」とは

　国際地理学連合地理教育委員会 (International Geographical Union (IGU), Commission on Geographical Education (CGE)) は，2007 年に「持続可能な開発のための地理教育に関するルツェルン宣言 (Lucerne Declaration on Geographical Education for Sustainable Development)」(以下「宣言」) を公表した。[*1] これは 2005 年から開始された国連の「持続可能な開発のための教育の 10 年」に対する IGU-CGE の立場や見解を表明したものであり，「宣言」では地理教育が持続可能な開発のための教育 (Education for Sustainable Development, 以下，ESD) へ貢献してきたこと，そしてこれからも ESD に対して重要な存在であることを指摘するとともに，今後の地理教育の方向性について説明したものとなっている。

　「宣言」は次の 3 章で構成されている。すなわち，以下の 3 つである (大西, 2008)。

A）持続可能な開発のための教育への地理学の貢献
B）持続可能な開発のための教育に対する地理カリキュラムの開発基準
C）地理学が進める持続可能な開発のための教育における情報通信技術 (ICT) の重要性

　「A」では ESD のこれまでの流れと，それへの地理教育の関わりが説明されている。持続可能な開発の基礎概念として「"人間－地球"エコシステム」[*2] を据えて，その相互作用を捉えることのできる地理学が重要な役割を果たすこと，学際的な協働が必要とされるなか，地理学がそれらを有機的に結びつけることができることに言及されている。

　「B」では学校教育における地理教育のカリキュラムへ持続可能な開発を取り入れ教育する際の基準が示されている。とくに価値観や態度の育成と知識やその現象の現れる過程を理解するために，適切な地理的なテーマが必要

*1　本書「資料編」に日本語の仮訳を掲載している。「宣言」の原文 (英語版) や各国語訳は，以下を参照されたい。https://www.igu-cge.org/2007-declaration/
　なお，本 URL に掲載の「2007 Declaration Fulltext – English (pdf)」は，2007 年 7 月に開催され，「宣言」が採択された「ルツェルン・シンポジウム」の会議報告書となっており，その末尾 (243-250 頁) に「宣言」が収録されている。

*2　"人間－地球"エコシステム ("Human-Earth" eco-system) について，「宣言」は，次のように説明している。
　"持続可能な開発のための教育に対して本委員会の持つ視点は，「人間－地球」エコシステムの概念に基礎を置く。「eco」はギリシアの語「oikos」に由来し，家庭を意味する。人間が生き抜くという観点からみると，家庭は得るより多くのものを消費すべきではない。生態学は，家事の科学とみなすことができる。我々は，自然，文化と社会と経済を含む「人間－地球」エコシステムの家庭を維持する必要がある。" (大西，2008 : 34)

であることが指摘されている。

　そして，「C」では ESD における ICT の重要性が指摘されている。とくに紙地図ではなくデジタルの地図の活用や地球規模での意見交換ができることなど，新たな教育の方法を導入するべきであることが指摘されている。

　日本でも地理教育の観点から「宣言」に対していくつかの検討が試みられている。梅村松秀 (2019) は，それらの研究を，次の 3 つのカテゴリに分類することができると指摘している。

　1) ESD と地理教育の関わりの観点から検討したもの (中山・和田・高田，2012)
　2) 地理教育のカリキュラムが概念的なものに移行しつつあることを指摘するもの (金，2012)
　3) 「人間 – 地球」エコシステムを ESD の観点から地理教育で取り上げるもの (阪上，2018)

　これらを踏まえて，梅村 (2019) は ESD における「人間 – 地球」エコシステムを地理教育などから考えるにあたり，システムアプローチやホリスティックヴィジョンなどの活用方法やその意義について議論している。このように，教科としての地理のあり方を考える際に，ESD といった概念を下敷きに地理的な現象を議論することの重要性が指摘されいる。

　これからの社会のあり方を地理という教科から考える場合，ESD の視点が必要不可欠であり，その取り上げ方を検討する必要があると考えられるようになってきている。「宣言」は地理教育の国際的な意見交換のうえで成立した ESD という概念を地理教育で考えるための考え方である。これからの地理教育における ESD のあり方を考えるための手がかりとなるものである。

　では日本における地理教育の動向に視点を移すと，2022 年から高等学校地理歴史科では地理総合と歴史総合が必履修科目として新設された。地理総合では，「1. 地図や地理情報システムで捉える現代世界」「2. 国際理解と国際協力」「3. 持続可能な地域づくりと私たち」が大項目として設定された。その意味するところは，持続可能な地域づくりが大きな項目となり，知識を理解することを中心にする学習から，知識を活用して社会課題の解決を志向することが重要であるとする科目として設定がなされたということである (井田，2019)。これらのことから地理総合では ESD に関わる考え方が反映されている部分が少なくない。たとえば，地理教育界での知識重視から，知識の活用や地理的な思考へと学びの内容が移行したこと，課題を解決するという社会の今後のあり方を検討するという教育内容が入ってきたことがそれだと

いえる。そして，これらの日本の学習指導要領をみると，「地理教育国際憲章」や「宣言」を参考にしていると考えられる点がある。

　そこで，本章では 2007 年に採択された「宣言」を取り上げ，そこにみられる ESD の内容，とくに地理総合に反映された内容を取り上げて解釈し直してみたい。

2. IGU の地理教育に関する憲章と宣言

　「宣言」の整理に入る前に，国際地理学連合 (IGU) が公表してきた地理教育に関わる憲章や宣言には次のようなものがある（大西，2022）。

　まず 1992 年に，IGU は「地理教育国際憲章 (International Charter on Geographical Education)」（以下「憲章」）により，地理教育に必要である教育内容やその理念を提示した[*3]。たとえば，地理教育を実施するなかで取り上げるべき地理学の概念として，米国の地理教育の五大テーマである「位置と分布」「場所」「人間と自然環境との相互作用」「空間的相互作用」そして「地域」が取り上げられた。平成 30 年度告示の『高等学校学習指導要領』をみると，「地理総合」の「目標」に「(2) 地理に関わる事象の意味や意義，特色や相互の関連を，位置や分布，場所，人間と自然環境との相互依存関係，空間的相互依存作用，地域などに着目して……」という記述があり，五大テーマを意識した視点の構成となっている[*4]。

　この「憲章」は 2016 年に改訂がなされた。これは，ICT の普及や社会の多様性などを反映させることや，地球規模からローカルまで，自然環境から人文社会現象まで，地域の課題を考えるときに地理教育が重要であることが改めて説明されるという改訂であった（大西，2016）。

　地理教育委員会 (CGE) は，他にもこれまでいくつかの宣言を策定している（表 5-1）。2000 年には「文化多様性のための地理教育の国際宣言」，2007 年には「ルツェルン宣言」，2015 年には「地理教育研究についての国際宣言」が公表された。

*3 「1992 年憲章」の日本語訳は中山 (1993) を，「2016 年憲章 (改訂)」の日本語訳は大西 (2016) をそれぞれ参照。なお，「憲章」の原文 (英語版) や各国語版は，以下を参照されたい。
〈1992 年憲章〉
https://www.igu-cge.org/1992-charter/
〈2016 年憲章 (改訂)〉
https://www.igu-cge.org/2016-charter/

*4　平成 29 (2017) 年告示の『中学校学習指導要領』の「地理的分野」にも同様の記述がある。

表 5-1　IGU 地理教育委員会の憲章・宣言

公表年	憲章・宣言名	大会	日本語訳
1992 年	地理教育国際憲章	IGU ワシントン大会	中山 (1993)
2000 年	文化多様性のための地理教育国際宣言	IGU ソウル大会	
2007 年	持続可能な開発のための地理教育に関するルツェルン宣言	IGUCGE ルツェルン大会	大西 (2008)
2015 年	地理教育研究についての国際宣言	IGU モスクワ大会	
2016 年	地理教育国際憲章 2016	IGU ペキン大会	大西 (2016)

出典：大西 (2021)

　　これらの憲章や宣言には地理教育の理念や地理教育を通じて児童や生徒が培うべき地理的概念，そして地理教育実践上の課題を国際的に共有するねらいがあった。そして憲章の 2016 年の改定において，地理教育は地域の課題を考える能力を育成するうえでは重要であるにもかかわらず，不十分な公的取り組みの国が多く，そして各国の文脈によった地理教育のあり方をそれぞれが探求して情報交換をすることの重要性が指摘されている。

　　そのなかで「宣言」は ESD における地理教育の重要性を明確に示そうとしたものである。地理教育には ESD という言葉が生まれる前から，地域開発を検討したり，自然環境と人間の関係を考えてきた。それらをさらに具体的な地域の課題として捉えることも行ってきた。そう考えると，持続可能な開発の問題意識は地理教育のなかに存在していた。ただ，その意識が十分には整理されてこなかったともいえる。それをわかりやすい形で整理し，共有することで，地理教育が ESD とこれまでも，そしてこれからも関わっていくものであると考える手がかりが「宣言」である。

　　では，次に「宣言」について，2022 年度から高等学校で始まった地理総合の内容と関連させながら整理したい。

3.「ルツェルン宣言」と地理総合

　　前述のように 2022 年から実施された高等学校地理歴史科の地理総合は「宣言」と対応する部分が少なくない。先にも示したとおり，地理総合では，「1.地図や地理情報システムで捉える現代世界」「2. 国際理解と国際協力」「3.持続可能な地域づくりと私たち」が大項目として設定された。それらの大項目と「宣言」の類似点の一部を対応させてみたい。

(1) 地図や地理情報システムで捉える現代世界

　　この大項目では，「宣言」で示されている「C. 地理学が進める持続可能な開発のための教育における情報通信技術（ICT）の重要性」との関連性を指摘できる。「C.」には「地理学の ESD のための ICT の潜在的価値と可能性」という項目がある。そこでは，地図は印刷メディアだけではなく，ICT を通じて活用することが一般的になること，さらに地理情報システム（GIS）や位置情報を取得する全球測位衛星システム（GNSS, Global Navigation Satellite System）[*5] なども地理教育に付加価値を与えるものであるという見解が示されている。さらに ICT はさまざまな人々とコミュニケーションをとり，協働を高めて ESD を進めていくうえで重要なツールであることが指摘されている。ICT を活用しながら地図を介してさまざまな事象を共有するとい

*5　全球測位衛星システム（GNSS）について，「宣言」のなかでは GPS（Global Positioning System）と記載されている。

う点で，地図と GIS の活用は ESD にとって必要不可欠だと指摘できる。

(2) 国際理解と国際協力

　国際理解と国際協力に関して，「宣言」のなかではさまざまに言及されている。たとえば，「A．持続可能な開発のための教育への地理学の貢献」のなかでは，「持続可能な開発を実行する地理的能力」という項目が設定されている。そこでは，「地理的技能」として，ローカルから世界規模まで地理的なトピックスを探求するための実践的な社会スキルの必要性が指摘されている。加えて，「態度と価値観」では国際的な課題と問題の解決を「世界人権宣言」に基づいて考えることができる態度の育成の重要性にも触れられている。さらに「B．持続可能な開発のための教育に対する地理カリキュラムの開発基準」では「地理的テーマを選ぶための基準」という項目があり，そこでは現代世界の主要な問題として，地球温暖化や人口問題など，国際的な課題を多様な視点で考察することが重要であるとされている。他にも国際理解と国際協力の要素を「宣言」から見出すこともできる。

　国際理解と国際協力は ESD を基盤に置いた地理教育を行う際，必要不可欠な項目であることから，「宣言」を参照しなくとも，地理総合に反映されるべき内容である。たとえば，今後の地理総合の授業づくりに向けては，本書が提案している開発教育の蓄積してきた実践的な知見や経験は，現場の教師にとって大いに参考となろう[*6]。ただ，持続可能な開発を地理教育カリキュラムのなかに位置づけることが明示されたこの「宣言」は，学習指導要領に明瞭な形で国際理解や国際協力を入れ込む時の論理的なバックボーンになったと考えられる。

*6　「開発教育」については，本書第 2 章を参照されたい。

(3) 持続可能な地域づくりと私たち

　この大項目では「自然環境と防災」ならびに「生活圏の調査と地域の展望」を取り上げることになっている。

　災害は自然環境と人間生活の接点で発生する。これは「宣言」の「A．持続可能な開発のための教育への地理学の貢献」のなかで言及される「人間－地球」エコシステムの枠組みで捉えることが可能な現象である。また，地域の展望を考えることも当然ながら ESD の一部となる。

　ほかにも，「B．持続可能な開発のための教育に対する地理カリキュラムの開発基準」で，「地理的地域を選ぶ基準」や「学習アプローチの選択基準」として，日本では地域の持続可能性を考える場合，防災が重要な観点になる。「宣言」を参照しなくとも自然環境を踏まえて地域のあり方を考えるという視点は組み込まれるものではあるものの，「宣言」の考え方と対応するよう

な視点を設定しているともいえる。

⑷ 地理総合の内容と IGU や CGE

　中学校や高校の現行の学習指導要領をみると，そこには「憲章」や「宣言」と対応する内容が盛り込まれている。すなわち，国際的に議論を重ねた地理教育の内容や ESD に関する視点に対応した学習指導要領になっていることがわかる。さらに言い換えれば，学習指導要領という視点から見ると，日本の地理教育は日本だけの孤立した内容ではなく，世界の地理教育の潮流をくみ取った内容になっているといえる。

4. おわりに：「ルツェルン宣言」が求めるもの

　「宣言」は地理教育を通じて地球環境問題，社会的・経済的な課題などの理解を深め，持続可能な未来を築くための知識，スキル，態度を育むことを私たち教師に求めている。とくに地理学の学際性が多様な視点から事象を捉えることを可能とするため，地理教育が他の教科と連携しながら，持続可能な開発を検討する必要があることを指摘している。つまり，地理という教科の守備範囲の広さ，柔軟性が重要であるということである。地理という学問の視点は多様な現象を捉えることができる。地理という教科はこれからの社会を考えるために学校教育では中心的な役割が期待されているということである。

　さらに「B. 持続可能な開発のための教育に対する地理カリキュラムの開発基準」のなかで，カリキュラムはグローバルにコンセンサスを求めるよりは，地域や国によって多様性があるものだとする立脚点を示している。しかしながら，地理教育の目標に価値や態度といった側面だけでなく，知識，空間的な過程，応用などでもバランスを考えて教育をする必要があることが指摘されている。そして，持続可能な社会を考えるための課題やその課題の捉え方を用意して教育をするように，カリキュラムの設計者や教師に要求している。

　教師は持続可能な開発を教材に導かれて授業するのではなく，自ら目標や理念を理解して教育プログラムを主体的に運営することが求められるものであるということである。地理の教師は専門知識とそれらを適切に生徒へ伝えるスキルが必要とされる。持続可能な開発を学生時代にじっくり学ぶ機会を多くの人たちがもっているわけではない。しかしながら，これからの社会を考えるためには，ESD の視点は重要である。そして，ESD の観点から捉えるべき国際的課題，社会的課題は次々と変化する。さらに，ICT の発展，

GIS がインターネット上で動き，協働しながら地域のデータを構築すること
ができるようになってきた。地図の上でさまざまな情報と意見を交換しなが
ら地域課題を検討することが可能になってきた。変化する事象を捉え，新た
な技術を活用して授業を行うためには教師も学び続ける努力が必要となる。「宣
言」はそのようなことまでも要求するような宣言である。「宣言」をみると，
「C.」の ICT の重要性のところで，生涯学習のなかでも ICT を活用するこ
とで学び続けることが可能であることが指摘されている。

　また，持続可能な社会の実現に向けて，持続可能な開発目標（SDGs）を達
成するためには，社会を構成するだれしもが，地球や地域が直面する多様な
問題を学び続け，その解決策を考え続ける必要がある。2019 年には，ESD
が「持続可能な開発のための教育：SDGs 実現に向けて（ESD for 2030）」へ
と更新されることになった。[*7]持続可能な社会の実現にとって，教育が果たす
役割が重大であることを国際社会は再認識するとともに，とりわけ ESD に
は 2030 年までの SDGs 実現への多大な貢献が期待されることとなった。こ
のことは，ESD の今後のさらなる展開のために地理教育が果たすべき役割
がさらに増大していることを意味している。

　このように，「宣言」は，持続可能な開発を学ぶために，地理を中心として，
さまざまな形でだれしもが学び続けることが重要であることまで指摘したも
のである。そのように考えると，地理という教科の広さと柔軟さを十分に活
用して作成された宣言であり，地理は持続可能な開発に関わるさまざまな学
問や実践を結びつける重要な接着剤であることを改めて感じさせてくれる宣
言である。

*7 「ESD for 2030」につい
ては，本書の第 1 章第 4 節お
よび第 2 章第 2 節を参照され
たい。

執筆担当：大西宏治

"development" の意味を考える

＊1　出典の中村 (1994) のほか，たとえば，以下を参照されたい。ESD 開発教育カリキュラム研究会（編）『開発教育で実践する ESD カリキュラム』学文社，2010年。同書の「はじめに」のなかで「持続可能な開発」や「開発・発展」の用語について検討されている（同書，vii-ix）。

＊2　ジュリアス・ニエレレ (1922-1999)。小学校教員を経て政界入りしたため，スワヒリ語で「先生」を意味する「ムワリム」と呼ばれた。旧ソ連や中国とは異なる独自の共同体主義に根付いた社会主義政策を導入したが，経済的には失政を招いた。しかし，その清廉潔癖な政治姿勢は国民から支持され，退陣後も「建国の父」として親しまれた。

＊3　国連開発計画 (UNDP) は，1990年から年次報告書のなかで，「（開発は）一人ひとりの幸福や福祉の向上に結びつくものでなければならない」とする「人間開発」を提唱。これはインド出身の経済学者であるアマルティア・セン (Sen, A.) の「ケイパビリティ理論」に基づくものだが，「軍備拡充による国家の安全保障ではなく，持続可能な人間開発による人間の安全保障」の重要性を指摘している。詳しくは，国連開発計画『人間開発報告書 1994（日本語版）』（国際協力出版会，1995年）を参照されたい。

＊4　国連は1995年に「世界社会開発サミット」を開催。貧困撲滅，雇用，社会的統合などの社会問題が包括的に議論され，「社会開発」とは，貧富の格差や社会的弱者の排除など，経済成長が生み出しやすい社会の矛盾や弊害を是正しつつ，社会の発展を促すものであるとした。

1. 日本語の「開発」のニュアンス

　本書の随所で言及されている「持続可能な開発」は英語の sustainable development の訳語であるが，この development を日本語で "開発" と訳すのか，それとも "発展" と訳すべきなのか，これまでも議論となってきた。では，development の意味をどのように考えればよいのだろうか。日本語の "開発" の意味は，一般的に "経済開発" と理解されてきた。しかし，経済学者の中村尚司 (1994：5) は「人間の経済活動に基づく永続可能な社会発展」と解釈した[*1]。いずれにせよ，development education を "開発教育" と表記する際にも，その「開発」の意味には注意が必要になる。

2. development がもつもうひとつの意味

　Development には "経済開発" とは異なるもうひとつの意味がある。すなわち，「開発（と）はまず最初に人々を解放することであり，最終的には社会を変革する」という意味である（パーキンス，1989：2）。すなわち，人々が解放されてはじめて社会変革も可能となるのである。

　たとえば，初代タンザニア大統領のジュリアス・ニエレレ (Nyerere, J.) は，development の意味を「あらゆる人々が平等の権利と等しい機会を持ち，不正を被ることなく，搾取せず，また搾取されもせず，隣人同士が平和に生きられるような，そして個人が贅沢な生活をする以前に，徐々にではあっても確実に皆が基本的な生活水準を高めていけるようなそういう社会を建設することだ」（モリッシュ，1991：6）と説明している。ここには2つのレベルでの "開発" が含まれている。

　第一は "個々の人間の開発" であり，平等の権利（人権）と等しい機会の獲得のための開発がそれである[*3]。第二は "社会の開発" である[*4]。平等の権利（人権）と等しい機会が保障されてはじめて社会の開発が付随して実現していくという意味である。これらの意味は，これまで日本で行なわれてきた "人権学習" や "同和問題学習" などの手法や視点と重なる部分も多い。

3. 開発教育のめざす開発とは："個人レベル" から "地球レベル" の開発へ

　これまで個人の贅沢な生活を実現してきた "北" の先進国の住民にとって，"南" の途上国の住民は，搾取の対象でしかなく，権利（人権）や機会を共有する同じ地球人としての "隣人" や "地球市民" ではなかった。正しい人権への認識が "北" の住民には欠如していたのである。

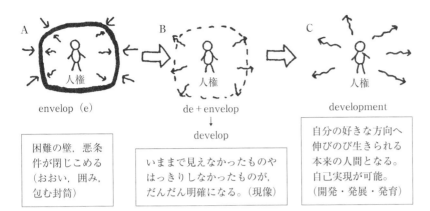

envelop（e）
困難の壁，悪条件が閉じこめる（おおい，囲み，包む封筒）

de + envelop
↓
develop
いままで見えなかったものやはっきりしなかったものが，だんだん明確になる。（現像）

development
自分の好きな方向へ伸びのび生きられる本来の人間となる。自己実現が可能。（開発・発展・発育）

図5-1　「個人レベルの開発」　　　　　　出典：西岡（1996：74）

参考文献
・中村尚司（1994）「サステイナブル・ディベロプメントとは：新しい社会システムの試行をめざして」『開発教育』No.27，開発教育協議会。
・西岡尚也（1996）『開発教育のすすめ：南北共生時代の開発教育』かもがわ出版。
・パーキンス，ハーヴィー・L.（編）（1989）『アジアにおける開発の手引（第二版）』三好亜矢子（編訳），日本クリスチャン・アカデミー関西セミナーハウス。
・モリッシュ，M.（1991）『第三世界の開発問題』保科秀昭（訳），古今書院。
・本書の第1章第2節「開発論の変遷」（5-7頁）や第17章の「学びのメモ：「開発」をめぐる考え方」（127頁）を参照。

　現代世界は，相互依存・共存・共生の社会である。つまり，一国が繁栄する“国家レベルの開発”を追求する時代は，もはや終わったのである。環境問題をはじめ，南北問題から波及して発生する地球規模の諸問題を解決することの方が，だれが考えてもはるかに“一国の利益”よりも大切である。すなわち人類の生存も一国の繁栄も，突き詰めていけば，地球という場所・空間があるからこそ“私たちの生存”そのものが可能なのである。

　こうした地球レベルの開発が成功するためには，地球に住む同じ住民としての意識変革，共存・共生の価値観（地球市民意識）が，どこまで育つかがポイントになる。つまり，地球レベルの開発とは，環境と開発の共生が可能な「持続可能な開発」が理想となる。

　これまでの人類の歴史は，国家レベルの開発（一国の利益追求）の歴史であった。残念であるが国家レベルの開発には，地球規模の共存・共生の価値観は含まれていなかった。したがって国家レベルの開発の追求は，「持続可能な開発」には結びつかず，二度の世界大戦という結果に終わった。この反省からも，開発教育がめざす“開発”とは，国家レベルの開発ではなく，個人レベルの開発である。そして，個人レベルの開発（**図5-1**）を追求することが，最終的には，地球レベルの開発（地球全体の利益）に集約されていくのである。

　個人の開発とは，個人（人権）の自己実現が可能となる状態にまでdevelopmentすることである。これはdevelopの語源を考えれば容易に理解できる。つまりde + envelopがそれであり，envelopには“おおう”“つつむ”“封筒”などの意味がある。すなわちde-envelopmentとは“おおいを取り去る”こと，つまり“解放”であり，それは単なる物理的な解放ではなく，人間性や人権のすべての“解放”を意味すると考えられる（西岡，1996：75）。

執筆担当：西岡尚也

"途上国"とはどのような国なのか？：教科書のなかの"途上国"を再確認する

1. いろいろな"発展途上国"の定義や基準

地理総合で取り扱う地球的課題の一つとして，"南北問題"への取り組みがある。これは，"北"の"先進国[*1]"と"南"の"途上国[*2]"との間の経済格差やそれに付随する諸問題を意味している。各社の教科書のなかでは発展途上国と記述されることが多いが，世界人口の8割以上の人々が暮らす発展途上国とはどのような国家なのか，もう一度確認しておきたい。

"発展途上国"という用語に明確な定義は存在しないが，国際的には，いくつかの基準が存在している。たとえば，経済協力開発機構（OECD）の開発援助委員会（DAC）が公表している「政府開発援助（ODA）受取国リスト」に掲載されている国・地域を"発展途上国"とするのが一般的である。さらに，このリストには，国連が定める**後発開発途上国[*3]**と世界銀行が定める**低所得国・中所得国[*4]**が含まれ，最新のリストには141か国が掲載されている。

2. 地理教科書のなかの発展途上国

多様な定義や基準をもつ"発展途上国"が，地理の教科書のなかでどのように扱われてきたのか確認してみよう。ここでは高等学校地理B（帝国書院），中学校地理分野（帝国書院）の旧課程教科書2冊（各2009年発行）と，高校地理総合（帝国書院・二宮書店各2冊・東京書籍・第一学習社・実教出版各1冊），中学校地理分野（帝国書院・東京書籍各1冊）の新課程教科書（各2022年発行）の合計11冊の内容を比較してみた。約10年間の出版年の差であるが，ここに記載された発展途上国から，社会科教員が世界をどう捉え，**南北問題**の授業を展開させていくかのヒントがありそうである。

1）旧課程の地理教科書のなかの発展途上国

旧課程の教科書では，発展途上国が次のように画一的に記述されていた。「先進国が工業製品を輸出しているのに対して，発展途上国がおもに輸出しているのは食料品や原料・燃料である」。「経済的に豊かな先進国に対して，貧しい発展途上国」。「発展途上国では一般に出生率が高い」。「発展途上国の大都市はスラムが存在するところもある」。「ストリートチルドレンと呼ばれる子どもたちが存在する」。こうした一面的な記述からは，発展途上国がもつ社会や文化の多様性を生徒が理解することには難しい。

2）新課程の地理教科書のなかの発展途上国

これに対して，新課程の教科書のほとんどが，地球的課題としての経済格差の

*1 "先進国"は"先進工業国"とも表記されるため，鉱工業を中心とした産業が高度に発達した国と考えがちである。しかし，"先進国"のなかには，オランダやニュージーランドのような"農業先進国"や，北欧諸国のような"福祉先進国"もある。"先進国"の多様性についても理解を図っていきたい。

*2 "途上国"はかつて"後進国"，"未開発国"，"低開発国"と呼ばれた時代もあった。他方，"途上国"のなかには，工業化が進んだ"新興国"や天然資源に恵まれた"資源国"もある一方で，"開発"がとくに遅れた"後発開発途上国"と呼ばれる国々もある。このように"途上国"の間にも経済格差が生じており，これを"南南問題"という。一口に"途上国"といっても，その様相は多様であることにも留意したい。また，近年では「グローバル・サウス」という用語が"途上国"の総称として用いられている。「サウス」とは地理的に「南」に位置していた"途上国"を意味していたが，そのなかにも富裕層が生まれ，"先進国"内の貧困層が拡大する現在では，グローバル資本主義の恩恵から取り残された国々や地域や人々を強調する意味がこの用語には含まれている。

*3 国連では，1人あたりの国民総所得（GNI），健康や教育に関する人的資源指数，そして経済的な脆弱性に関する指数に基づいて，"開発"がとくに遅れた国々を「後発開発途上国」と認定している。その数は，2022年現在で46ヵ国。

*4 世界銀行では，1人あたりのGNIに基づき，世界の国々を「低所得国」「低中所得国」「高中所得国」「高所得国」の4つの所得グループに分類している。「低所得国」の大半と「低中所得国」の一

視点から，発展途上国を経済発展の水準が低く，経済成長の途上にある国であると説明している。また，具体的な国・地域をあげた場合には，その国内や地域内で「経済格差などの問題を抱えている」と記述されている。このように，旧課程に多くみられた"その国全体で経済発展が進んでいない"とする表現や，発展途上国に対する偏見やステレオタイプを助長するような記述が減少した点は大いに評価できる。しかし，近年における"現代世界の変化"は多様かつ急激であり，短期間で価値観も大きく変容している。それは発展途上国も例外ではない。したがって，主体的・対話的で深い学びを進めるには，従来のような"教科書の文章内容"に追随するだけでは"現実の世界の姿を知る・見る"ことは困難になってきている。

3. 世界地図やデータマップを活用した発展途上国の授業展開を

このように日々刻々と急激な変化を遂げる発展途上国だからこそ，より正しく"現実の世界の姿を知る・見る"ためには，最新データで描かれる世界地図やデータマップを活用し，**地理的な見方・考え方**の力を伸ばすことが重要となる。そのためにも，世界を**多角的な視点**で捉えることが不可欠である。

発展途上国という用語や概念は，開発教育の重要な学習テーマである貧困や格差の問題を検討する上で不可欠である。そして，本書の「教材編」で紹介されている開発教育の教材のなかには，発展途上国に住む人々の姿が映し出されるアクティビティ（学習活動）が多く，日本に住む私たちの生活とのつながりを実感することができるものが少なくない。

地理総合の授業では"人々の多様な生活や文化"を知り，世界が相互につながり，支えられていることを学ぶ機会を学習者に提供していかなければならない。"持続可能な社会づくりにかかわる一人"としての自覚を，大人も子どもも，教員も児童・生徒ももてるような授業をめざしたい。

そのためには，すべての社会科教員が発展途上国をきちんと理解し，児童・生徒とともに学びあうことが，私たちのめざす「持続可能な社会」に確実に近づくことになる。地理教育と開発教育の両方からのアプローチを続け，これからも発展途上国に向き合っていきたい。

部は「後発開発途上国」に認定されている。

参考資料

地理総合の「地球的課題と国際協力」を扱う際の資料として，外務省が毎年発行する『開発協力白書：日本の国際協力』（通称：ODA白書）を利用したい。ウクライナ情勢のなかでの日本のODAをはじめ，「質の高い成長」や「平和で安全な社会の実現」，「地球規模課題への取り組み」や「人間の安全保障」など，ODA事業の内容やその実績が課題別に報告されている。こうした資料から世界の厳しい現実に対する日本のODAの成果や課題を批判的かつ建設的に議論していく機会としたい。すなわち発展途上国や地球的課題への関心を拡げ，社会科教育の目的である「平和で民主的な公民」の育成に結びつけていきたい。

検索キーワード

以下の資料を入手する場合は，二重引用符内のキーワードで検索。
・「DACのODA受取国リスト」"DAC List of ODA Recipients"
・「世銀の所得グループ」"World Bank Country and Lending Groups"
　日本語ページは"世界銀行グループ加盟国の所得水準別分類"
・『開発協力白書』"外務省　開発協力白書"

執筆担当：黛　京子

第1部　引用・参考文献

ESD 開発教育カリキュラム研究会 (2010)『開発教育で実践する ESD カリキュラム：地域を掘り下げ，世界とつながる学びのデザイン』学文社。

井田仁康 (2019)「『地理総合』とは何か」『学術の動向』24 巻 11 号，10-14 頁。

伊藤周 (1979)「解説：パウロ・フレイレの人と教育思想」パウロ・フレイレ『被抑圧者の教育学』小沢有作・楠原彰・柿沼秀雄・伊藤周 (訳)，亜紀書房。

稲盛和夫 (2001)『哲学：人間は何のために生きるのか』PHP 出版。

梅原猛 (2003)『梅原猛の授業：道徳』朝日新聞社。

梅村松秀 (2019)「『持続可能な開発のための地理教育に関するルツェルン宣言』の再読：『人間―地球』エコシステムが提起すること」『地理科学』74 巻 3 号，116-126 頁。

大西宏治 (2008)「持続可能な開発のための地理教育に関するルツェルン宣言 (全訳)」『新地理』55 巻 3/4 号，33-38 頁。

大西宏治 (2016)「IGU 地理教育憲章 2016 (全訳)」井田仁康 (編)『教科教育における ESD の実践と課題：地理・歴史・公民・社会科』古今書院，285-295 頁。

大西宏治 (2021)「日本地誌学修の新たな方向性：地理教育国際憲章の視点」『新地理』69 巻 3 号，153-156 頁。

大西宏治 (2022)「日本地誌学習の新たな方向性：IGU の憲章とふるさと学習」『地理』67 巻 9 号，31-37 頁。

開発教育協会 (2022)「発表！ミッション・バリュー・5 つの目標」。

外務省 (2014)『2013 年版政府開発援助 (ODA) 白書：日本の国際協力』。

外務省 (2016)「協定 (和文 (PDF))」『パリ協定』。

外務省 (2019)『外交青書 2019 (令和元年版第 62 号)』日経印刷。

カーソン，レイチェル (1962=1974)『沈黙の春』青樹簗一 (訳)，新潮文庫。

ガフニー，オーウェン＆ロックストローム，ヨハン (2022)『地球の限界：温暖化と地球の危機を解決する方法』戸田早紀 (訳)，河出書房新社。

環境と開発に関する世界委員会 (1987)『地球の未来を守るために』大來佐武郎 (監修)，福武書店。

気象庁 (2023)『気候変動監視レポート 2022：世界と日本の気候変動および温室効果ガス等の状況』。

金玹辰 (2012)「地理教育の世界的動向：カリキュラム分析を通して」『E-Journal GEO』7 巻 1 号，82-89 頁。

ゲイツ，ビル (2021)『地球の未来のために僕が決断したこと：気候大災害は防げる』山田文 (訳)，早川書房。

ケーガン，シェリー (2018)『「死」とは何か：イェール大学で 23 年連続の人気講義』柴田裕之 (訳)，文響社。

厚生労働省 (2020)「2019 年国民生活基礎調査の概況」。

国立社会保障・人口問題研究所 (2019)「2017 年社会保障・人口問題基本調査『生活と支え合いに関する調査』報告書」。

「国連持続可能な開発のための教育の 10 年」関係省庁連絡会議 (2014)『国連持続可能な開発のための教育の 10 年 (2005 ～ 2014 年) ジャパンレポート』。

国連広報センター (2000)「国連ミレニアム宣言」(2000 年 9 月 27 日プレスリリース)。

国連広報センター (2016)「SDGs を広めたい・教えたい方のための『虎の巻』」(UNDPI "Transforming Our World: 2030 Agenda for Sustainable Development" 日本語版)。

国連広報センター (2022)「世界人口は 2022 年 11 月 15 日に 80 億人に達する見込み (2022 年 7 月 11 日付国連経済社会局プレスリリース・日本語訳)」。

国連広報センター (n. d.)「ミレニアム開発目標 (MDGs) の目標とターゲット」。

国連 WFP 協会 (2022)『国連 WFP 協会年次報告書 2021』。

コール智子 (2022)「別冊：おとなのための解説書」『おやこで話すはじめての SDGs』日本能率協会マネジメントセンター。

サイード，E. W. (1978=1986)『オリエンタリズム』今井紀子 (訳)，平凡社。

斎藤幸平 (2020)『人新世の「資本論」』集英社。

阪上弘彬 (2018)『ドイツ地理教育改革と ESD の展開』古今書院。

持続可能な開発のための教育に関する関係省庁連絡会議 (2016)『我が国における「持続可能な開発のための教育 (ESD) に関するグローバル・アクション・プログラム」実施計画 (ESD 国内実施計画)』。

清水健二・すずきひろし (2018)『英単語の語源図鑑』かんき出版。

首相官邸ホームページ「地球儀を俯瞰する外交」。

シューマッハー，E. F. (1973=1986)『スモール イズ ビューティフル』小島慶三・酒井懋 (訳)，講談社学

術文庫。

白水始 (2014)「新たな学びと評価は日本では可能か」P. グリフィン・B. マグゴー・E. ケア (編)『21 世紀型スキル：学びと評価の新たなかたち』三宅ほなみ (監訳)，益川弘如・望月俊男 (編訳)，北大路書房。

人文地理学会 (編) (2013)『人文地理学事典』丸善出版。

スタイナー，ミリアム (編) (2011)『グローバル・ティーチャーの理論と実践：英国の大学と NGO による教員養成と開発教育の試み』岩崎裕保・湯本浩之 (監訳)，明石書店。

世界銀行 (2018)「世界の貧困に関するデータ」。

世界銀行 (2019)「よくあるご質問 (FAQs)：国際貧困ラインの改定について」(2019 年 11 月 13 日)。

世界経済フォーラム (2023)『第 18 回グローバリスクレポート 2023 年版』。

高井次郎 (2009)『魂を熱くさせる宇宙飛行士の言葉』彩図社。

田中治彦 (2008)『国際協力と開発教育：「援助」の近未来を探る』明石書店。

玉井義浩ほか (2023)『現代社会 (改訂版)』山川出版社。

鶴見和子 (1996)『内発的発展論の展開』筑摩書房。

手塚治虫 (1996)『ガラスの地球を救え：21 世紀の君たちへ』(知恵の森文庫・未来ライブラリー) 光文社 (単行本初版 1989 年)。

永井智哉 (2022)『子ども SDGs 版地球がもし 100 cm の球だったら』世界文化社。

永田佳之 (2015)『国連 ESD の 10 年の成果と課題』Kindle 版，みくに出版。

中山修一 (1993)「地理教育国際憲章 (全訳)　1992 年 8 月制定　国際地理学連合・地理教育委員会編」『地理科学』48 巻 2 号，104-119 頁。

中山修一・和田文雄・高田準一郎 (2012)「持続発展教育 (ESD) としての地理教育」『E-journal GEO』7 巻 1 号，57-64 頁。

西あい・湯本浩之 (編) (2012)『開発教育実践ハンドブック：参加型学習で世界を感じる (改訂版)』開発教育協会。

西岡尚也 (1996)『開発教育のすすめ：南北共生時代の国際理解教育』かもがわ出版。

西岡尚也 (2007)『子どもたちへの開発教育：世界のリアルをどう教えるか』ナカニシヤ出版。

西岡尚也 (2016)「宇宙からの地球認識をどう教えるのか：宇宙時代の地理教育における地球認識の考察」『沖縄地理』第 16 号，99-106 頁。

日本ユニセフ協会 (2022)「イエメン史上最悪の飢餓，飢饉レベル 5 倍増かユニセフ・FAO・WFP 共同声明」。

日本ユネスコ国内委員会 (2021)『持続可能な開発のための教育 (ESD) の手引』(令和 3 年 5 月改訂)。

農林水産省 (2023)「最新の食品ロス量は 523 万トン，事業系では 279 万トンに」。

フラー，バックミンスター，R. (2000)『宇宙船地球号操縦マニュアル』芹沢高志 (訳)，筑摩書房。

ヒックス，デイヴィッド＆スタイナー，ミリアム (編) (1997)『地球市民教育のすすめかた：ワールド・スタディーズ・ワークブック』岩崎裕保 (監訳)，明石書店。

フィッシャー，サイモン＆ヒックス，デイヴィッド (1991)『ワールド・スタディーズ：学びかた・教えかたハンドブック』国際理解教育センター・資料情報センター (編訳)，めこん。

フレイレ，パウロ (1979)『被抑圧者の教育学』小沢有作・楠原彰・柿沼秀雄・伊藤周 (訳)，亜紀書房。

フレイレ，パウロ (2011)『被抑圧者の教育学 (新訳)』三砂ちづる (訳)，亜紀書房。

南博・稲葉雅紀 (2020)『SDGs：危機の時代の羅針盤』岩波新書。

モラン，エドガール (1993)『祖国地球：人類はどこへ向かうのか』菊池昌実 (訳)，法政大学出版会。

文部科学省 (2018)「高等学校学習指導要領 (平成 30 年告示) 解説 地理歴史編」。

文部科学省・気象庁 (2022)「IPCC 第 6 次評価報告書第 1 作業部会報告書：政策決定者向け要約 (暫定訳)」。

文部科学省・日本ユネスコ国内委員会 (2018)『ユネスコスクールで目指す SDGs：持続可能な開発のための教育』。

八木亜紀子 (2017)『開発教育基本アクティビティ 1：世界とのつながり』開発教育協会。

山口幸男 (2009)『地理思想と地理教育論』学文社。

山西優二 (2010)「「地域を掘り下げ、世界とつながる」カリキュラムと学びのデザイン」ESD 開発教育カリキュラム研究会 (編)『開発教育で実践する ESD カリキュラム』学文社。

山西優二・上條直美・近藤牧子 (編) (2008)『地域から描くこれからの開発教育』新評論。

ユネスコ (2023)『持続可能な開発のための教育：ロードマップ』。

湯本浩之 (2003)「日本における『開発教育』の展開」江原裕美 (編)『内発的発展と教育：人間主体の社会変革と NGO の地平』新評論，253-285 頁。

湯本浩之 (2008)「開発教育協会の国内ネットワーク事業」山西優二・上條直美・近藤牧子 (編)『地域から描くこれからの開発教育』新評論，316-326 頁。

湯本浩之 (2016)「さまざまな開発論」田中治彦・三宅隆史・湯本浩之 (編著)『開発教育と SDGs：持続可

能な開発のための学び』学文社。

湯本浩之（2022）「開発教育協会の組織事業の概要と今後の課題」宇佐美耕一・小谷眞男・後藤玲子・原島博（編）『世界の社会福祉年鑑 2022』旬報社，416-436 頁。

ラヴロック，J.（1989）『ガイアの時代』スワミ・プレム・プラブッダ（訳），工作舎。

ラヴロック，J.（1979=1984）『地球生命圏：ガイアの科学』星川淳（訳），工作舎。

レヴィ＝ストロース（1962=1976）『野生の思考』大橋保夫（訳），みすず書房。

レッドクリフト，マイケル（1992）『永続的発展：環境と開発の共生』中村尚司・古沢広祐（監訳），学陽書房。

ロストウ（1960=1961）『経済成長の諸段階』木村健康・久保まち子・村上泰亮（訳），ダイヤモンド社。

ローマクラブ（1972=1972）『成長の限界』大來佐武郎（監訳），ダイヤモンド社。

Dag Hammarskjöld Foundation（1975）What Now: The 1975 Dag Hammarskjöld Report on Development and International Cooperation, Development Dialogue,1975 No.1/2.

UN（1973）The Report of the Conference of the Human Environment.

UN（2015a）Transforming our World: The 2030 Agenda for Sustainable Development.

UN（2015b）The Millennium Development Goals Report 2015.

UN（2023a）The Sustainable Development Goals Report 2023 Special Edition.

UN（2023b）"Secretary-General's press conference - on climate,"（27 July 2023）

UNEP（2018）Single-Use Plastics: A Roadmap for Sustainability.

UNESCO（2014）"UNESCO Roadmap for Implementing the Global Action Programme on Education for Sustainable Development."

UNESCO（2020）"Education for Sustainable Development: A Roadmap"

United Nations（1992）"Agenda 21."

World Bank（2022）"Fact Sheet: An Adjustment to Global Poverty Lines".

World Commission on Environment and Development（1987）Our Common Future. New York: Oxford University Press.

※参考資料はウェブサイトのみで公開されているものも含まれる。URL は省略しているので，各資料名で検索されたい。なお第2部以降は URL をできるかぎり明記している。最終アクセス日はいずれも 2024 年 2 月 20 日である。

第 2 部

教 材 編

第6章
メンタルマップ
～頭のなかの世界地図～

1. 教材の概要

(1) 教材の特徴

　世界には6つの大陸（六大陸[1]）があって，その間に3つの大きな海（三大洋）があります。また，世界は陸上のみならず，海にまで国境が引かれ，190以上の国と地域に分かれています。さらに，1年中，常夏の地域もあれば，−70℃を超える極寒の地も存在します。他方，経済的に恵まれた国もあれば，そうでない国も数多くあります。しかし，物質的・精神的な豊かさは，必ずしも経済水準に比例するとは限りません。この地球上にはさまざまな現象が繰り広げられており，実に多様な生活文化が各地で育まれています。

　以上のように，地理的要因がもたらした世界各地の生活文化や地球的課題をテーマとする地理の学習の前提として，正しく世界を認識していることの重要性について異を唱える人はいないでしょう。

　地域性を伴って生起している地理的事象を理解するうえは，それがどこに，どのように分布しているかといった，場所や分布などの概念が重要になります。また，地理的事象はその地域の地形や気候，産業などのさまざまな事象が関連しあっているため，それぞれの事象を位置づけるためのベースマップ（基本図）や世界像が生徒にしっかりと定着していることが求められます。その状態を見取ることができる教材が「メンタルマップ」です。

(2) 教材の目的・ねらい

　「メンタルマップ」とは，「頭のなかの地図」のことで，学習者が認識している世界像（地図）ということもできます。「認知地図」や「イメージマップ」などと称されることもあり，地理学のみならず，心理学や哲学においても研究対象とされてきました[2]。当然ながら，「メンタルマップ」は教材として販売されているものではなく，目の前の生徒自身が生み出す教材となります。

　たとえば，次頁の「図6-1」は，高校2年生が4月時点で作成したメンタルマップを筆者がトレースしたものですが，左側のメンタルマップは六大陸

*1　中学校段階で七大陸と教わってくる生徒もいる。この場合，ヨーロッパ大陸とアジア大陸のように，ユーラシア大陸が分割されてしまっているようである。これら2つの大陸は，かつて古生代までは別々の大陸だったが，衝突してひとつの大陸となった。ロシアのウラル山脈はその名残である。また，オーストラリア大陸をオセアニア大陸とするなど，大陸名と州（地域）名が混同しているケースも見られる。

*2　中村豊・岡本耕平(1993)『メンタルマップ入門』古今書院，146頁。

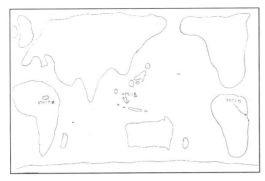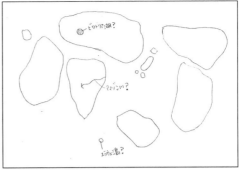

図 6-1　生徒作成のメンタルマップ（高校 2 年生 4 月時点）

出典：両図ともに生徒作成のものを筆者がトレースして再現

本教材のキーワード
・メンタルマップ（頭のなかの地図）
・世界像（イメージ）
・海陸分布

と三大洋の配置，大陸の形状，配置のバランスがよく描けています。一方で右側のものは，ユーラシア大陸の南側に 2 つの大陸が見られます。どちらかがアフリカだと推測できますが，もうひとつはインド？あるいは新大陸でしょうか。アマゾン川も内陸に向かって流れています。

　なお，「メンタルマップ」は，描画時点での学習者の世界認識を示すものであるので，年間の授業のなかで何度か描いてもらうと，認識の深化を見て取れるかもしれません。ただし，描く時の気分や時間配分等によって，抜けがあったり，距離感が異なっていたりと，同一人物であっても描かれる地図は変わってしまうことがあるので，描かれた地図だけをもって，当該生徒の世界認識と決めつけてしまうのは早計です。むしろ，描かれた地図と実際の地図を見比べて，認識のギャップに気づいたり，新たな発見をしたりすることに重きを置いた方が教材としての価値があるように思います。そして，この機を逃さず，六大陸と三大洋，大陸名と州（地域）名の違い，経緯線の種類など，中学校段階までの基本事項をおさらいして，しっかりと定着させたいところです。

2.　教材の使い方・進め方

(1) 本教材の進行例

　筆者は，自身の地理や世界史の最初の授業で「メンタルマップ」を描いてもらっています。1 年間，世界の諸事象を学ぶうえでの，生徒の頭のなかのキャンバス（ベースマップ）がどうなっているのかを確認するためです。もちろん，成績には入れません。以下に示すようなやりとりで進行していきました（表 6-1）。

　まず，担当者の自己紹介や科目ガイダンスの後，白紙を配付して，「何も見ずに世界地図を描いてみよう！」と呼びかけます。たいてい，教室からは

表6-1　本教材の進行例

時数		内　　　容
Ⅰ	導　入	**0.　科目ガイダンス** 　担当者自己紹介，地理で何を学ぶか，シラバス提示，評価基準説明など。
	展開①	**1.　メンタルマップの作成「何も見ずに世界地図を描いてみよう」** 「大陸の位置関係，形，半島や島々など正確にわかる部分は正確に表現してみよう」
	展開②	**2.　地理的基礎知識の確認** 「六大陸と三大洋の正式名称を書き出してください」 「描き終わった人は，自分の世界地図に以下のものを描き足してみてください。 　アマゾン川，ビクトリア湖，スラウェシ島……」
Ⅱ	展開③	**3.　一筆書きの世界地図** ・六大陸と三大洋の正式名称の確認 　→北極に大陸を描く生徒，太平洋も大西洋も「太」になっている生徒もいる。 　→余談「北極と南極の氷：どちらが融けるとよりマズイ？」大陸氷床と海氷の違い。 ・アマゾン川，ビクトリア湖，スラウェシ島の位置確認……すべて赤道直下に分布。 　→流域面積世界最大河川，世界最長河川，アルプス・ヒマラヤ造山帯と環太平洋造山帯，熱 　　帯地域の分布，植民地支配の経緯などを補足説明。
	展開④	**4.　世界地図上に引かれるいくつかの線** ・赤道（緯度0度），本初子午線（経度0度），日付変更線（経度180度付近） 　→日付変更線をずらしたキリバスの事例，時差の仕組み ・南北回帰線（南北緯23.4度），南北極圏（南北緯66.6度） 　→夏至と冬至，春分と秋分，白夜と極夜

悲鳴が聞こえてきますが……。そして，「大陸の位置関係，形，半島や島々など正確にわかる部分は正確に表現してみよう」と補足します。机間巡視をするなかで，筆が進まない生徒には「これは朝鮮半島？インドはどこ？」など，ヒントとなるような声掛けをしていきます。10分ほど経つと，個人差はありますが，世界地図は完成していきます。続いて，「六大陸と三大洋の正式名称を書き出してください」と指示します。ここでも悲鳴が聞こえてきますが，「大丈夫。答えは今皆さんが描いたでしょう」と間髪入れずに挟みます。そして，「描き終わった人は，自分の世界地図に以下のものを描き足してみてください。アマゾン川，ビクトリア湖，スラウェシ島……」と自然地名を黒板に書いて指示します。「アマゾン川って，アフリカ？　南米？」「ビクトリアって名前は欧米だよね」などが生徒から聞こえてきますが，これは個人作業。「自分のイメージを描くように」と注意します。筆者のこれまでの経験ではスラウェシ島の位置がわかる生徒はほぼ皆無でした。ここで教科書を配付[*2]すると，生徒は自ずと世界地図を確認し始めます。世界地図に対して，少しだけ前のめりになってくれている証拠です。1時間目の授業はここまでです。

　次の時間は種明かし（世界地図の基礎の解説）をします。まずは，「一筆書きの世界地図」（図6-2）を紹介します。図のように，ヨーロッパから始まり，

*2　本校では，教科書は年度当初の授業で担当教員から配付する形式をとっている。すでに生徒の手元にある場合は，「指示があるまで教科書・地図帳を開かないこと」と注意しておき，緊張感（あるいはゲーム性）をもたせるのがよいだろう。

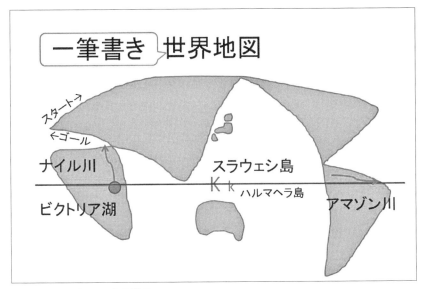

図 6-2　一筆書きの世界地図

南北アメリカ大陸を描き，太平洋を取り囲むようにユーラシア大陸を描いたら，アフリカ大陸を加えて，ヨーロッパに戻る。ここまで描くと「おぉー！」と歓声が起きることでしょう。同時に「あれ？何か足りないぞ」という声も聞こえてきます。そういう声が聞こえてきたら，手早くオーストラリア大陸と日本列島を書き加えてあげましょう。ひと笑い起きたら，世界地図の完成です。併せて六大陸と三大洋の正式名称を確認します。

　続いて，アマゾン川，ビクトリア湖，スラウェシ島の位置を世界地図上に位置づけます。「アマゾン川は何で世界一？」と問うと，「流域面積」という答えは比較的すぐ帰ってきますが，意味をはき違えて理解している生徒が多くいますので，集水域であることを補足説明しましょう。また「世界最長」という答えが返ってきたら，ナイル川を書き加えて，「ナイル川の水源にあるのがビクトリア湖」と続けます。スラウェシ島（インドネシア）は，アルファベットのKのような形をしており，近くのハルマヘラ島も小文字のkのような形をしています。太平洋プレートとユーラシアプレート，インド・オーストラリアプレート，フィリピン海プレートの複数のプレートの圧力が四方向からかかり，複雑な形に隆起した島であることを付け加えます。本題はここからで，「実はこの3つは赤道直下にあります」と，世界地図に赤いチョークで赤道を書き加えます。一筆書きの世界地図を描く際は，赤道の位置がしっかり位置づくように意識して描くことに留意しましょう。[*3]

(2)　本教材を展開・応用するには

　一筆書きの世界地図を生かして，地図上に引かれたいくつかの線について

*3　慣れないうちは大陸配置のバランスを意識して描いてみよう。赤道はまだしも，回帰線，極圏まで意識して描画するのは至難の業なので細部にこだわりすぎないようにしたほうが無難である。
　ただ，一筆書きの世界地図は，中学・高校の地理の教科書に記載されることがあるほど，教材として有能である。1年間の授業のさまざまな場面で活用してみよう。
　たとえば，一筆書きの世界地図をベースマップに，地震・火山が多い変動帯の分布をマッピングすると太平洋を取り囲むように環太平洋造山帯が，ユーラシア大陸の南端を貫くアルプス・ヒマラヤ造山帯が浮かび上がってくる。両者の合流地点に，スラウェシ島やハルマヘラ島が位置することも容易に見て取れる。

**学びのメモ：
北極点は"きたない"!?**

　地図上に引かれたいくつかの線を確認するなかで，北極点についての逸話を紹介してもよいでしょう。

　「北極点ってきたないらしいんだよ。どうしてだと思う？」と繰り出してみると，「自転の関係」とか「不法投棄が横行している」などの回答がでてくるでしょう。

　一通り予想回答がでてきたら，「北極点に立つと，そこから見える景色はすべて南になるんだよね」とヒントを出すと，「あ！」と気がつく生徒が出てくるでしょう。何を隠そう，北極点にはもうそれ以上の北はない（きたない）のです。

　説明を続けましょう。赤道は緯度0度をぐるりと地球を1周しています。世界地図の左端で線は途切れてしまいますが，再び地図の右端から線が続きます。それをふまえて，ヨーロッパの西端にイギリスを書き加えて，本初子午線（経度0度）を書き込みます。「このまま本初子午線に沿って北上していくとどうなるか？」と意地悪な質問をすると，数人が南極方面から線が出てくると……。ひと笑い起きたら，180度付近に日付変更線を描き加えましょう。本初子午線は一直線なのに，日付変更線はなぜところどころ屈曲しているのかなど，時差の話題を振ってもよいでしょう。また，一筆書きの世界地図では再現は難しいかもしれませんが，南北回帰線（23.4度），南北極圏（66.6度）に触れ，夏至や冬至などの仕組みに触れるなどの発展も考えられます。回帰線や極圏は気候の学習で再び出会うことになりますので，この段階で触れておくことでスモールステップでの認識の積み上げが可能になります。

3.「地理総合」の目標や内容との関連

　「地理総合」の学習は，学習指導要領の「内容A」の「地図や地理情報システムで捉える現代世界」から始まります。地図についての基礎基本を科目の冒頭で学び，年間の授業のなかで他の大項目においても地図の利活用が求められているのです。

　ぜひ，年度当初の授業で，生徒の世界認識状態の確認ということで，メンタルマップを描かせてみてほしいと思います。日本列島周辺しか描けない生徒から，事細かに海岸線を再現しようとする生徒まで，教室内に多様な世界認識の生徒がいることが確認できると思います。

　また，「内容A」の「内容の取扱い」について，「(2)ア(ア)」に「今後の学習全体を通じて地理的技能を活用する端緒となるよう，地図や地理情報システムに関する基礎的・基本的な知識や技能を習得する」と記載があるように，地図を用いた学習は当然ながらこの単元だけではありません。後続の単元では，世界地図だけでなく，取り上げる地域に応じて，大陸・州レベル，国レベル，県や市町村レベル，学校周辺など身近な地域レベルなど，取り扱う地図スケールが変わります。当然，授業で取り上げられる地域の大半は，知らない地域や訪れたことがない地域が多いでしょうから，地域の概略を地図帳で確認したり，模式図を用いて位置関係を把握させたりなど，学習内容に入る前に生徒個々人のなかにベースマップをつくることは欠かせません。

　そして，生徒に返却したメンタルマップは，ノートの表紙の裏側やファイルの一番前にファイリングさせるなど，必ず生徒に1年間保管させるようにしたいところです。年度当初に描いたメンタルマップは，その時点での生徒

の世界像の記録です。1年間地理の学びを進めていくなかで，世界全体や諸地域についての地理的認識を養ううちに，メンタルマップも成長していくことでしょう。学期末や学年末にもう一度メンタルマップを描いてもらい，年度当初のものと見比べさせてください。多少なりとも，地理的認識の深化が見て取れるのではないでしょうか。

　さらに，このメンタルマップは，本書で紹介している開発教育教材を使ったワークショップ型授業の導入として実施することも有効でしょう。たとえば，『地球の食卓』（第8章）や『「援助」する前に考えよう』（第10章）などを行う場合に，まず世界地図を思い描きながら，世界にはどのような国々があるのか，また，「先進国」や「途上国」の存在や相互の位置関係を自分の描いたメンタルマップ上で確認しておくことは，それに続く学習活動への動機付けとなるでしょう。

4. 実践者としての所感・コメント

　筆者はこれまで自身が受けもった地理や世界史の授業の年度当初にメンタルマップを描かせてきました。いわば教材を生徒自身が作成するようなものです。地図については熱狂的なマニアがいる一方で，毛嫌いしている生徒も少なくありません。1年間，地理を学んでいくうえで地図は不可欠なものであるので，年度当初に地図アレルギーは払拭させておきたいものです。生徒自ら地図を描く作業は，その第一歩になると考えています。本章で紹介した進行例は，筆者なりの工夫の足跡です。何も見ずに自分自身のイメージを描く段階（メンタルマップ）から実際の世界地図を簡略化して描く段階（一筆書きの世界地図）へと展開するプロセスは，作図の難易度としては難から易へと作図のハードルが下がる形となるでしょう。作図した地図に情報を書き込んでいくことで，より地図としての意味をもつものに進化していきますし，何よりも学習の達成感も変わってくるでしょう。そして，さまざまな情報を地図上の「場所」に位置づけて，「場所」がもつ複数の情報のつながりを考えるというプロセスは，地理情報システム（GIS）の考え方そのものです。ぜひとも描いてもらったメンタルマップは，その後の授業の教材として利活用していきましょう。

☆身に付けたい知識
・地球上の大陸と海洋の分布，形状と大きさ，主要な緯線経線の配置など，世界地図に関する基礎的な知識。

☆身に付けたい思考力・判断力・表現力
・地理的事象がどこに，どのように生起しているかといった場所や分布に関する概念を用いて考察し，表現する力。また，そうした事象を位置づけるためのベースマップ（基本図）や世界像をしっかりともつことに留意する。

参考文献
・西岡尚也（2007）「頭の中の世界地図」『子どもたちへの開発教育：世界のリアルをどう教えるか』ナカニシヤ出版，10-31頁。
・開発教育協会（編）（2012）「イメージマップ：頭の中にあるものを絵にしてみる」『開発教育実践ハンドブック：参加型学習で世界を感じる〔改訂版〕』開発教育協会，36-37頁。

執筆担当：今野良祐

第7章
ピーターズ・マップ
〜「正しい世界地図」とは？〜

どんな教材？

タイプ：地図・フォトランゲージ

サイズ：59 cm × 84 cm

対象：小学3年〜大人

人数：個人・1グループ（3〜6人）以上何人でも

所要時間：30分以上

＊1　ピーターズ・マップについては，以下を参照。
〈The Peters Projection Map〉
https://www.oxfordcartographers.com/our-maps/peters-projection-map/

1. 教材の概要

(1) 教材の内容・特徴

　「ピーターズ・マップ（The Peters Projection Map）[1]」（**図7-1**）とは，ドイツの歴史学者であるアルノ・ペーターズ（Arno Peters, 1916-2002, 以下では英語読みの「ピーターズ」と表記）が1973年に発表した新しい世界地図のことです。世界を公正に表現した地図ということで，正積図法を採用したものになっています。ただ，まったく新しい世界地図というわけではなく，1855年にスコットランドの聖職者であるジェームズ・ガル（ゴール）が発案したものに酷似していることから，「ガル（ゴール）＝ピーターズ図法」の世界地図と称されることもあります。

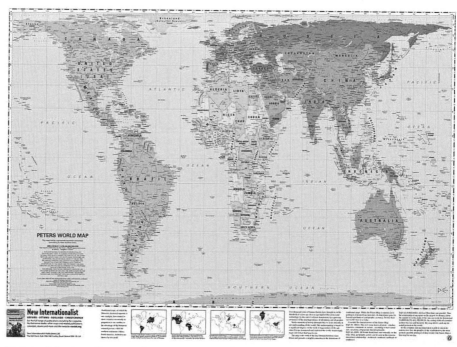

図7-1　ピーターズ・マップ　　　　　　　© Huber Kartographie GmbH（www.kartographie.de）

これまで日本の学校教育でも教材や地図帳などで目にすることが多かったメルカトル図法[*2]による世界地図は，赤道の位置を地図の中心よりも下方にずらしてヨーロッパが中心となるようになっており，さらには高緯度が拡大されて先進国が実際以上に大きく描かれています。ピーターズは，メルカトル図法は「白人を過大評価し，当時の植民地支配者にとって有利なように世界の姿を歪めている」とし，一方で低緯度に位置する途上国については「特に有色人種の土地に関しては完全に誤った姿を示している」と指摘して，「ピーターズ・マップ」こそが真に公正な世界地図であることを主張しました。[*3]

世界地図における南北問題の是正を主張したピーターズの思惑通り，『ナショナル・ジオグラフィック』(National Geographic)[*4] や『ニュー・インターナショナリスト』(New Internationalist)[*5] などの国際報道雑誌，ユネスコやユニセフなどの国連機関，そして，オックスファム(Oxfam)などの開発教育にも熱心な開発NGOがピーターズ・マップを好んで採用しました。しかし，地図製作の門外漢であったピーターズの世界地図が注目されるなかで，地理学者たちは「ピーターズこそ世界の姿を歪曲して伝えている」[*6] と批判し，この地図は大きな論争をよぶことになりました。

(2) 教材の目的・ねらい

球体である地球の表層を平面の地図に変換する際には，面積・距離・方位・角度・大陸の形などの地図の要素をすべて同時に正しく表現することができません。必ずいずれかの要素を犠牲にして，いわば"ウソ"を表現しなければならないのです。語解を恐れずにいえば，地図は正しくないのです。地図を多用して地理を学んでいくうえでは，このような地図の約束事を頭に入れておくことは，必須のことです。

2. 教材の使い方・進め方

(1) 本教材の進行例

本教材の進行にあたっては，第6章で紹介した「メンタルマップ」の実践をふまえたものを想定しています(表7-1)。生徒に描いてもらった「メンタルマップ」で注目すべき点が，大半の生徒がユーラシア大陸，北アメリカ大陸の北部が大きく描かれるメルカトル図法を模したような世界地図となっていることです。そして，アフリカ大陸や南アメリカ大陸はユーラシア大陸や北アメリカ大陸よりも小さく描くほうが，バランスがよく感じられます。こうした世界認識は，教科書や世間一般で用いられる世界地図がメルカトル図法またはその亜種であるミラー図法が主流であり，それらに認識が左右され

*2　ゲラルドゥス・メルカトルが1569年に考案した正角図法。緯線と経線が直線で互いに直交しており，高緯度ほど面積が拡大されてしまう。地図上で任意の2地点を結んだ直線(等角航路)と経線との角度である舵角がわかれば，羅針盤を用いて航海が可能になることから大航海時代における海図として重宝された。ただし，このルートは，最短距離ではない。

*3　ジェリー・ブロトン『世界地図が語る12の歴史物語』西澤正明訳，バジリコ，2015年，455頁。

*4　「地理知識の普及と増進」を目的に1888年に設立された非営利団体ナショナル・ジオグラフィック協会の会員誌として創刊。自然や科学，地理や歴史などに関する多様なメディアを制作している。

*5　英国の開発NGOであるオックスファム(Oxfam)とクリスチャンエイド(Chirstian Aid)によって1973年に創刊。途上国問題や南北問題をはじめ，今日では環境や人権など多様な地球的課題を独自な視点から紹介している。

*6　ブロトン，前掲書，458頁。

表7-1　本教材の進行例

時数		内　　　　　容
Ⅰ	導入	0.　メンタルマップ返却
	展開①	1.　面積・距離・方位などのイメージ（メンタルマップの応用） ・面積の大きい順，東京からの距離が近い順，東京からの方位 2.　メルカトル図法の世界地図で面積・距離・方位を確認[7] ・「なぜイメージと世界地図で認識のギャップがあるのか」 3.　統計データ等で正確な情報の確認 ・「なぜ世界地図と実際の間にズレが生じるのか」
	展開②	4.　ミニ地球儀で正確な面積・距離・方位を調べよう ・ミニ地球儀の作成，自作の地球定規で距離・方位を測定[8] ・「世界地図と地球儀のズレはどのように生じるのか」
Ⅱ	展開③	5.　球面から平面への変換…地図投影法 ・地図の要素のすべてを正確に表すことはできない ・さまざまな地図投影法によって正確に示される地図の要素が異なる 　→面積を正しく表現…正積図法 　→距離と方位を正しく表現…正距方位図法 　→角度を正しく表現…正角図法
	展開④	6.　世界を正しく表現する試み⁉—ピーターズ・マップ— ・メルカトル図法の高緯度が拡大される地図上の南北問題を批判 ・ピーターズ氏が面積比を正しく示した正積図法を開発 ・世界中でピーターズ・マップをめぐって賛否両論
	まとめ	ピーターズ・マップから私たちが学ぶべきことは何か

*7　あえてメルカトル図法の世界地図を使用する。生徒がよく目にするであろう地図であることと，わざとミスリードをして，「ピーターズ・マップ」の主張を体感することを意図している。

*8　埼玉大学教育学部人文地理学研究室谷謙二教授（故人）のホームページ（https://ktgis.net/serviceglobe/index.html）で公開されている地球儀作成キットを利用した。

ていることの表れであると推測できます。第6章で併せて紹介した一筆書きの世界地図も，逆三角形を基調とした世界地図になっているため，高緯度が大きく表現される仕様になっていることに留意が必要です。

　「メンタルマップ」では世界全体のイメージを描き表してもらいました。次は，主要な国・都市についてのイメージクイズにチャレンジしてもらいます。**図7-2**に示す三題を提示し，まずは頭のなかのイメージから，次に世界地図という流れで正解を確認していきます。

　解答はまさに十人十色です。そして世界地図との認識のギャップの大きさにどよめきや拍手が起こるでしょう。「なぜこんなにもイメージと世界地図で認識のギャップがあるのか？」，本時の探究課題のひとつ目です。次に，統計データから面積や距離などの数値を公表すると，これまた世界地図でみた正解とは異なっていることに驚嘆します。そこで問いかけます。「なぜこんなにも世界地図と実際の間にズレが生じるのか？」，これが探究課題

Q1.　面積の大きい順は？
　ブラジル……851㎢，オーストラリア……769㎢
　インド……328㎢，グリーンランド（デンマーク領）
　……216㎢，　アラスカ州（米国）……148㎢
Q2.　東京から近い順は？
　ロンドン（英国）……約10,000km
　ニューヨーク（米国）……約11,000km
　ケープタウン（南アフリカ）……約15,000km
　リオデジャネイロ（ブラジル）……約19,000km
Q3.　東京からの方位は？
　ロンドン（英国）……北北西
　ニューヨーク（米国）……北東
　シドニー（オーストラリア）……南南東

図7-2　イメージクイズの内容

の２つ目です。世界地図は当然正しい情報が示されていると思っている生徒が多いでしょうが，その認識がこの段階で崩れていきます。

さらに続けます。世界地図の元となっている地球と世界地図とのギャップを確認するために，埼玉大学教育学部の谷謙二教授（故人）のホームページにて公開されている地球儀づくりの素材を利用して実際にミニ地球儀を作成します（図7-3）。舟形多円錐の世界地図[*9]をボールに貼り付けていく様子は，まさに地球から世界地図を投影する逆の手順を踏んでいることになります。

図 7-3　ミニ地球儀の作成の様子

ミニ地球儀が完成したら，目視で面積の大小の確認，地球定規で距離・方位を測定します。探究課題の２つ目と関連して，「世界地図と地球儀のズレはどのように生じるのか」と問いかけます。これが探究課題の３つ目です。

ここで衝撃の事実を紹介します。

「実は地球を正しく表現した世界地図は存在しません!?」

世界地図の元となっている球体の地球を平面の地図に変換する際に，必ずいずれかの要素に歪みが生じてしまうのが世界地図の特性です。つまり，地図の要素である陸地の形状，面積，距離，角度，方位などを，すべて同時に正確に表現することはできないことを確認します。そして，正積図法，正距方位図法，正角図法など，球体を平面に変換するための地図投影法について教科書をもとに整理します。私たちは世界地図の利用に際して，用途に応じた世界地図を使い分けなければならないのです。私たちの日々の学びにおいて，そのことについてはあまり関心が払われているとは言い難い現状があります。

最後に，欧米などの先進国が大きく描かれ，低緯度地域の途上国が矮小化されて描かれているメルカトル図法を批判し，世界を平等に描いたとされる「ピーターズ・マップ」を紹介します。メルカトル図法は正角図法に分類され，航路を決定する舵角を割り出すのに便利な大航海時代に重宝されたものという歴史的経緯があります。しかし，角度を正確に表すために，高緯度になるにつれて拡大されて表現されてしまい，グリーンランドが極端に大きく描かれるという，いわゆる「グリーンランド問題」が生じてしまいます。一方で，「ピーターズ・マップ」は正積図法に分類され，大陸や国の面積比が正しく描かれた世界地図になっています。それだけではなく，南北問題の是正の願いを込めた「ピーターズ・マップ」の利用について，多方面から論争が引き起こされたのです。

[*9]　舟形多円錐の世界地図の赤道にひもを合わせて，90度間隔でしるしをつけて目盛りをつけていく。いわゆる地球定規の作成である。地球は厳密には回転楕円体であり，自転の遠心力によって水平方向に膨らんでいるが，地球1周（赤道延長および子午線延長）はいずれも約40,000キロメートルとされている。したがって，経緯度90度分（地球1周の4分の1）で約10,000キロメートルの距離になる。

本教材のキーワード
・地図投影法
・地球儀
・メンタルマップ（世界認識）
・地図上の南北問題
・ピーターズ・マップ

「ピーターズ・マップ」を正積図法のひとつとして取り上げるというよりも，ピーターズが世に問いかけたこと，私たちが世界地図をもとにどのように世界を認識していたかというメタ的な内容を教材とすることで，地図に隠された南北問題をあぶりだすことができ，地理の授業がより開発教育的な実践になることでしょう。

(2) 本教材を展開・応用するには

ピーターズが主張した正しい世界認識を助けてくれるツールはウェブ上にも多々あります。たとえば「The True Size Of」[10]は，メルカトル図法をベースマップに，世界各国の正しい面積比を示してくれる世界地図です。また，人口やGDPなど，さまざまな統計データを現したカルトグラム（変形地図）がみられる「World Mapper」[11]のように，南北格差を視覚的にわかりやすく示してくれるものもあります。

3. 「地理総合」の目標や内容との関連

学習指導要領の「地理総合」の最初の単元である「内容A　地図や地理情報システムで捉える現代世界」では，年間の授業を通して利活用することが求められている地図や地理情報システムの基礎について学びます。事例として方位や時差，日本の位置と領域，国内や国家間の結び付きなどのトピックについて，地図をもとにした内容理解が求められています。さらに，「内容の取扱いについて」の「(2)ア(ア)」では，「「現代世界の地域構成を示した様々な地図の読図」については，様々な地図の読図によって現代世界を地理的な視点から概観するとともに，球面上の世界の捉え方にも習熟するよう工夫すること」と指摘されています。すなわち，地図の利活用についての知識・スキルを身に付けるとともに，地図の基になっている球面上の世界，つまりは地球についての正しい認識が不可欠です。球体である地球の姿を正しく表現した平面の地図は存在しないということとともに，扱う地図が正しく表現している要素，歪んで表現されている要素をしっかりと理解して読図や作図に取り組む必要があります。地理を学ぶうえでは非常に重要な事柄なのですが，私たちの日々の学びにおいて，そのことについてはあまり関心が払われているとは言い難い現状があります。それほど，わたしたちの身の回りには，メルカトル図法の世界地図が蔓延しているのです。たとえば，地理の授業でたびたび登場する「地理院地図」[12]や「Open Street Map」[13]では，表示範囲を広げて小縮尺の世界地図にするとメルカトル図法の世界地図が表示されます。かつては「Google Maps」もそうでしたが，今では「Google Earth」のよう

---

*10 〈The True Size Of〉
https://www.thetruesize.com

*11 〈World Mapper〉
https://worldmapper.org/

☆身に付けたい知識
・球体である地球を平面である地図に変換する際に，面積・距離・方位・角度・大陸の形などの地図の要素をすべて同時に正しく表現することができないという世界地図表現の基礎的知識。

☆身に付けたい思考力・判断力・表現力
・世界地図のもつ表現上の限界や特徴を踏まえたうえで，地図上の地理的分布を分析する思考力。

*12 「地理院地図」
https://maps.gsi.go.jp/

*13 〈Open Street Map〉
https://www.openstreetmap.org/

に世界地図ではなく地球儀が表示されるようになりました。地形図のような生活圏を示した地図（大縮尺の地図）では，ユニバーサル横メルカトル図法を採用して地図製作が行われています。通常，メルカトル図法のような円筒図法は地球に対して南北方向に円筒で包んで，地球の中心部から光を当てて円筒に投影されたものが地図になります。したがって，低緯度は地表面と円筒が接触または近い距離にありますが，高緯度に行くにつれて，地表面と円筒の間に距離ができ，実際よりも拡大されて投影されてしまいます。

　「ピーターズ・マップ」を教材として利用することで，強烈なインパクトとともに地図の約束事についての再認識を促し，南北問題や地球的課題の学びへの意識づけにも貢献できるでしょう。

4. 実践者としての所感・コメント

　米国のテレビドラマ「The West Wing（邦題：ザ・ホワイトハウス）」シーズン 2 の第 16 話において，「平等社会のための地図を作る会」という団体が，メルカトル図法の地図は世界を不平等に描いているとして，すべての公立学校にピーターズ・マップを導入すべきであると大統領補佐官にロビー活動を行うという一幕が描かれました。[14]ドラマでは提案は一蹴されるという結末でしたが，2017 年 3 月にこんなニュースが飛び込んできました。

　　　「米ボストンの公立学校，ピーターズ図法による世界地図を導入へ」[15]

　そこで，筆者が「私たちも普段使いの世界地図を『ピーターズ・マップ』にしよう」と生徒に呼びかけると，かれらは怪訝そうな顔をします。ピーターズのメッセージに共感しつつも，普段使いの地図としては二の足を踏んでしまうようです。現に教科書への記載がなく，GIS（地理情報システム）ソフトのベースマップに整備されていないなど，正積図法の代表格として「ピーターズ・マップ」を積極的に利用するには，まだまだ課題が山積していますので，無理強いをする必要はありません。むしろ，ピーターズが世に問うたこと，そして世界地図を用いる際の留意点に意識を向けることで，後続の地図を用いた地理学習への礎を築くということに主眼を置く方が賢明かもしれません。

執筆担当：今野良祐

本教材の入手先

ピーターズ・マップは，New Internationalist のオンラインショップ「ethicalshop」のほか，開発教育協会でも購入できる。
〈ethicalshop〉
https://ethicalshop.org/books-2/peters-laminated-map.html
〈開発教育協会〉
https://www.dear.or.jp/books/1315/

参考文献

ピーターズ・マップの開発経緯や影響等については，以下の書籍に詳述されている。
・ジェリー・ブロトン（2015）『世界地図が語る 12 の歴史物語』西澤正明（訳），バジリコ，568 頁。
・ジェレミー・ブラック（2001）『地図の政治学』関口篤（訳），青土社，254 頁。
・マーク・モンモニア（1995）『地図は嘘つきである』渡辺潤（訳），晶文社，196 頁。

*14　BS テレ東「ザ・ホワイトハウス 2」
https://www.bs-tvtokyo.co.jp/whitehouse2/story16.html

*15　財経新聞 2017 年 3 月 25 日配信
https://www.zaikei.co.jp/article/20170325/359773.html

第 8 章
写真で学ぼう!「地球の食卓」
～食べ物から世界が見えてくる!!～

どんな教材？

タイプ：フォトランゲージ・ランキング・クイズ等

対象：小学生～大人

人数：個人・1グループ（4～6人）以上何人でも

所要時間：1アクティビティあたり45～50分

*1 本教材は，P・メンツェル & F・ダルージオ『地球の食卓：世界24か国の家族のごはん』(TOTO出版，2006年) をもとに制作されたもの。この写真集も一緒に準備できるとよい。

教材の基本情報

教材名：『写真で学ぼう！『地球の食卓』学習プラン10』

企画・制作：「同」作成チーム

判型頁数：テキスト (A4判80頁)・写真 (B4判39枚)

初版：2010年

改訂版：2017年

発行：開発教育協会

受賞：消費者教育支援センター主催2017年度消費者教育教材資料表彰「内閣府特命担当大臣賞」

1. 教材の概要

(1) 教材の特徴[*1]

「ドイツの家はなぜ瓶の飲み物が多いの？」「チャドの家の大きなタンクに何が入っているの？」「インドの家には肉や魚が見えないけれどなぜ？」。

30枚の写真には24カ国30家族の1週間分の食料が示されています。世界ではさまざまな自然環境，社会環境に応じた食生活が営まれており，気候，地形，宗教，伝統文化などの違いにより食べる食材も，調理・加工の仕方もそして食べ方も異なってきます。一方で，保存方法や輸送技術の進歩，グローバル化の進展によって世界のどこの地域でも同じものを食べることができるようにもなってきています。「地理総合」の教科書のなかには，「生活文化の多様性と国際理解」「農業と人々の生活」「食糧問題」，「世界の気候と人々の生活」などの単元が明示されています。そのなかでこの写真集は，授業担当者が設定した「食」(以下，食事・食材・食文化の意味で使います) に関するテーマを生徒自らが探究し学習してゆくための入り口として使うことができます。

(2) 教材の目的・ねらい

この写真教材を制作した開発教育協会 (DEAR) は，そのねらいを次のように説明しています。

①文化の多様性の素晴らしさを感じ，世界の人々の生活のあり方を共感的に理解する

②「食」にまつわる問題やそれと自分との関わりに気づく

③自分自身の食生活やライフスタイルを見つめなおす

④世界や地域の社会のあり方について考える

これらのねらいはすべて先に例示した「地理総合」の単元にも深く関わってくるものです。教材は基本的にはグループ学習で行うかたちのものですが，

個人で取り組むこともできます。

　多様な文化と共存しながら生活するように
なった今日の社会においては世界各地の異な
る環境で暮らす人々について偏見を抱かず，
また無関心な態度をとらず，共感と理解を深
め，多様性を認め合うことが求められています。

図 8-1　チャドの家族の食卓（提供：メンツェルフォトジャパン）

(3) 教材の内容

　この教材には 24 か国（以下の図 8-2），30
家族の一週間分の食料がそれぞれ家族のメン
バーとともに B4 判の写真 30 枚に示されて
います。このほかにも，お祭りに関係する食事，家族と囲む食卓，食材の買
い出しの様子などを示した写真も 9 枚加えられています。写真は必要に応じ
て著作権の範囲内でカラーコピーなどして使います。また，すぐに授業でも
使えるように，これらの写真を活用した学習プランの解説書もついています。
解説書には 10 例の学習プランが示されており，写真に写っている家族の構
成や，一つひとつの食材の内容，価格，そして 24 か国の人口，面積などの
基本データが掲載されています。

　各国のデータについてはこの教材が作成されてから時間が経過し，数値等
が異なっているものもありますので，資料集やデータブックなどを調べ，な
るべく最新のデータを使用して下さい。

　以下の地図（**図8-2**）のなかに記した黒丸「●」は，30 家族が暮らす 24 の国々

教材の内容物

① 「地球の食卓」カラー写
　真
② テキスト『地球の食卓
　学習プラン 10』

用意するもの

① 「地球の食卓」の写真
② ワークシート（表 8-1 の
　場合は②〜⑦の質問項目
　を予め示しておく）
③ 地図帳

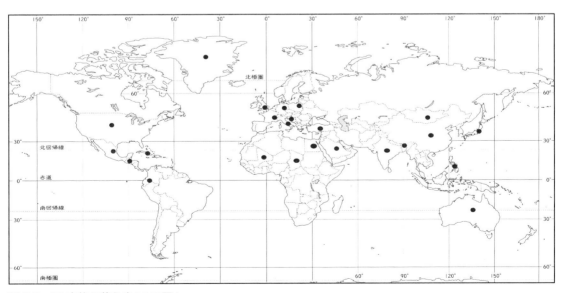

図 8-2　30 家族の暮らす 24 の国々

を表しています。これらの家族は先進国と途上国のグループ，熱帯，温帯，乾燥帯，冷帯，寒帯，高山帯の気候に属するグループ，キリスト教，ヒンズー教，イスラム教，仏教など宗教で分けたグループなど，自然環境，経済状況，生活文化など多彩なカテゴリーからそれぞれ選ばれています。

　各家族の食卓を観察し，比較することによってさまざまな相違点や共通点を発見し，その家族の暮らしに思いを馳せることができます。

2. 教材の使い方・進め方

(1) 本教材の活用例

　本教材を活用した授業活用例を**表8-1**にまとめてみました。**表8-1**の活用例は「フォトランゲージ」[*2]という，写真を使って行う参加型アクティビティ（学習活動）で，開発教育では基本的な学習活動のひとつです。[*3]

表8-1　「地球の食卓」を活用した授業実践例

	進め方・留意点
①グループ分け	・1グループあたり，4～5人のグループを作る。（40人学級だと10グループ程度） ・各グループに1枚ずつ異なる写真とワークシートを配付。写真は④⑤⑥⑦のテーマに関係するものを選ぶとよい。 ・進行係，発表係，記録係を決める。
②国名を想像する	・地図帳などを参考にしてそれぞれの写真がどこの国か考える。
③気づいたこと・疑問に思ったこと	・各自，写真を見て気づいたこと，疑問に思ったことをグループ内で発表してゆく。
④写真の家族の主食を考えてみる	・世界のどの地域の家族か考えながら写真から主食と思われるものを探す。（自然環境や社会環境・文化・宗教なども考慮しつつ）
⑤食材の生産場所について考えてみる	・身近な地域で生産されているものか，遠い所から運ばれてきているものかを考える。
⑥食事と家族の健康状態について考えてみる	・十分な栄養がとれる食事になっているか。 ・必要以上にカロリーや脂質，糖分などがとられていないかなどについて考える。
⑦食材から出るゴミはどうか。再利用できるものは	・食材の包装状態，包装に使われている素材など。 ・包装素材の再利用の可否についても考える。
⑧全体で共有する	・教材提示装置などで大写しにした各グループの写真について気付いたことを発表してもらう。
⑨ふりかえり	・全体共有の後で自分が今日の授業で改めて分かったことなどをワークシートへ記入する。
(備考)この活用例では，中国，米国，ドイツ，チャド，オーストラリア，インド，ブータン，グリーンランド，エクアドル，クェート，日本などの写真を使用する。	

*2　フォトランゲージの活用例
・すべてのグループに同じ写真を配り，気づいた点について自由に意見交換することで，互いにさまざまな物の見方があることを共有する。
・写真の一部（飲料水運搬用タンク・瓢箪－チャドの家族）を切り取り，それが何かを話し合い，想像してみる。
・複数の異なる写真を比べてテーマに沿った順番をつける（「健康的」「ゴミが少ない」など）。

*3　開発教育における参加型学習の考え方やその学習活動（アクティビティ）については，以下を参照。
・開発教育協会（編）(2012)『開発教育実践ハンドブック：参加型学習で世界を感じる〔改訂版〕』開発教育協会。
　そのほか，開発教育協会では，次のような『開発教育基本アクティビティ集』を発行している。
　『1：世界とのつながり』(2017)，『2：難民』(2019)，『3：気候変動』(2020)，『4：プラスチックごみ』(2020)，『5：服・ファッション』(2022，本書第11章参照)。

(2) ふりかえりのポイント

以下の項目について理解を深め，自分との関わりに気づき，持続可能な社会づくりにつながるライフスタイルとは何かを考えていきます。

①家族の食卓にのる食材が異なる理由は何か。経済状態の違い，自然環境による違い，宗教，文化・風習による違いなどを考えます。

②米国の家族の写真では食材の種類・量の多さに目が行きます。また，脂肪分や糖分が含まれる食材も多く，カロリー過多の状況になっています。一方で難民キャンプの家族の食材には新鮮な野菜や乳製品が見当たりません。このような違いがなぜ生まれるのでしょうか。世界や社会のあり方について考える糸口にもなりますし，自分たちの食生活を振り返って考えるきっかけにすることもできます。

③ドイツの家族の写真を見るとたくさんのガラス瓶が並んでいます。一方で米国やオーストラリアの家庭ではペットボトルや缶などに入った飲料が並んでいます。また，食材の包装の仕方でもブータンやエクアドルの家族ではほとんどプラゴミなどが出ない状態（自然に戻るゴミが多い）になっています。こうした比較から自分たちの日常的なライフスタイルについて考えさせることができます。

④インドの家族の写真には肉や魚がないことから宗教と食生活の関係を考えます。グリーンランドの写真では羽根つきの野鳥やアザラシの肉から自然環境に適応しながら生きる人々の生活について文化の多様性を理解するとともに，偏見をなくすことの大切さを学んでいきます。

(3) 本教材を展開・応用するには

本教材をどの単元で使用するかは，担当者が使いたいと思った箇所のどこででも利用できると思います（「本教材のキーワード」を参照）。時間もフォトランゲージのどの方法を使うか，授業の導入で使うか，メインとして扱うか，どういった内容で使うか，など担当者の裁量で調整できます。

現在の世界の飢餓状況を表した世界地図『ハンガーマップ』[*4]を活用することで，国ごとの栄養不足人口の割合から世界の格差も認識できます。

また，エネルギー消費や環境負荷にも関わる「フードマイレージ」を詳しく学ぶためには，本教材の姉妹編にあたる『フードマイレージ：どこからくる？私たちの食べ物』（開発教育協会，2016）が活用できます。[*5]

さらに宗教や慣習などで異なる食文化をカードゲームで体験する『わたしん家の食事から【カードゲーム版】』（国際教育研究会 Glocal net shiga，2015）という教材を使えば「地球の食卓」での気づきをより身近なものとして捉えることもできます。[*6]また，国際協力機構（JICA）が制作したゲーム教材『「買

*4 国連世界食糧計画(WFP)が毎年制作していた世界の飢餓状況を表した世界地図。2022年からはウェブ版の「ハンガーマップ・ライブ」に移行している（https://ja.wfp.org/publications/hankamatsufu-0）。

*5 『フードマイレージ：どこからくる？私たちの食べ物』，企画・制作：写真で学ぼう！「地球の食卓」学習プラン作成チーム，第2版：2016年，発行：開発教育協会。

*6 『わたしん家の食事から【カードゲーム版】』，制作：国際教育研究会 Glocal net Shiga，初版：2015年，発行：滋賀県国際協会。詳細は以下のウェブサイトを参照。https://www.s-i-a.or.jp/projects/education。

図8-3 『わたしん家の食事から【カードゲーム版】』

*7 国際協力機構（JICA）『「買い物ゲームで学ぶ！」世界の栄養問題』。
　世界の栄養問題についてゲーム形式で学ぶ教材。この教材では、参加者はそれぞれ異なる所得の範囲内で食料を購入し、栄養バランスが保たれているか、より良い食生活を送るにはどうすればよいかを話し合い、考えていく。
　以下のウェブサイトからダウンロード可能。https://www.jica.go.jp/cooperation/learn/material/nutrition/index.html。

☆身に付けたい知識
・気候、地形などの自然環境に応じた食の多様性。
・宗教、文化、慣習などの社会環境に応じた食の多様性。
・飢餓と飽食：世界の食料事情の現状。

☆身に付けたい思考力・判断力・表現力
・多様な食文化への理解・共感を深め、発信し表現する力。
・過剰包装、フードロス、フードマイレージについて考え、どう生活を変えるか判断する力。
・環境・エネルギー・人口・飢餓問題に繋がる「食」について解決への道を考察する力。

い物ゲームで学ぶ！」世界の栄養問題』*7を活用することもできます。

こうした関連教材を活用することで「食」への理解がより深まります。

3.「地理総合」の目標や内容との関連

　本教材『地球の食卓』の学習目標・内容は学習指導要領の次の目標と重なる部分が多く、関連性も深くなっています。本教材を活用・応用することで学習指導要領が求めている成果を達成することができると思われます。

　学習指導要領の「目標」の冒頭には「グローバル化する国際社会に主体的に生きる」という記述がありますが、世界にはさまざまな「食」があり、本教材を活用したワークで「食」の多様性について理解を深めることができます。「目標（2）」には「特色や相互の関連を、位置や分布、場所、人間と自然環境との相互依存関係、空間的相互依存関係、地域など……多角的に考察」することがあげられています。教材の国々の「食」は交通や保存・加工技術の進歩で地域独自の「食」から世界的に拡大したものもあれば、地域に残り続ける「食」もあります。写真からその関係性を探求していきます。「目標（3）」には「そこで見られる課題を主体的に追究、解決しようとする態度を養う」とともに、「多様な生活文化を尊重しようとする」という記述があります。教材から「食」に関わる課題を見つけ持続可能な社会を作るため、また、すでに始まりつつある多文化共生社会を生きるためにどのような行動ができるかを、この教材を通して学ぶことができると思います。

　次に学習指導要領の「内容B」の「国際理解と国際協力」について本教材との関係について説明します。

（1）「生活文化の多様性と国際理解」

　本教材を活用して身に付けたい知識として「人々の生活文化が地理的環境から影響を受けたり……地理的環境の変化によって変容することなどについて理解する」とあります。教材の写真から「食」はその国の気候風土、生活習慣・経済・宗教など自然・社会環境による影響を受け、地域によって違いが存在することに気づくことができます。一方で交通網の発達や栽培・加工・保存技術の進歩で「食」のグローバル化が進んでいることも写真から読み取ることができます。

　身に付けたい思考力、判断力、表現力等として「その生活文化が見られる場所の特徴や自然及び社会的条件との関りなどに着目して、主題を設定し、多様性や変容の要因などを多面的・多角的に考察し表現」できる力が求められています。食材が並べられた写真から伝統的、地域に根差した「食」が変

化してきた理由，あるいは継承されてきた理由を歴史，経済，文化などの面
から考察し表現・発表する力を養うことができます。

(2)「地球的課題と国際協力」

　ここで学ぶ知識として「地球環境問題」「資源・エネルギー問題」「人口・
食料問題」などの社会課題があります。それらの共通性・関連性について理
解し，解決するための取り組みや国際協力の必要性について考えていきます。

　たとえば，「食」に関連する SDGs は目標 1「貧困をなくそう」，目標 2「飢
餓をゼロに」，目標 3「すべての人に健康と福祉を」，目標 6「安全な水とト
イレを世界中に」，目標 12「つくる責任つかう責任」，目標 15「陸の豊かさ
も守ろう」などがあります。カロリー過多と栄養不足，廃棄物が多い国と少
ない国の存在。環境負荷とフードマイレージ，学校に行かずに水汲みをする
子どもたち。トウモロコシがバイオ燃料に使われ食料不足を招く現状など
SDGs に関わる問題も多くあります。そうした問題解決について考えること
が「持続可能な社会づくり」の最初の一歩となります。思考力，判断力，表
現力を養うために「その生活文化が見られる場所の特徴や自然・社会条件と
の関わりなどに着目して，主題を設定し，多様性や変容の要因などを多面的・
多角的に考察し，表現」できるようになることがここでも求められています。

　教材の写真が SDGs のどの目標に関連し，何が問題で，自分たちにできる
ことは何か，などについてグループで話し合い，解決策を考え，その成果を
互いに発表し協議していく活動が期待されます。こうした学びを通して個々
人の行動変容が実現することが本教材を用いた学習の成果だと思います。

4. 実践者としての所感・コメント

　参加型学習の手法には明確な答えが出ないケースが多々あります。とくに
本教材のような「フォトランゲージ」では自分のフィルターで写真を読み取
ることから同じ写真を見た友達と違う捉え方があることに気づいたり，場合
によっては自分が無意識のうちにもっている偏見や固定観念に改めて気づい
たりもします。そうした気づきはそれぞれ人によって異なります。大切なこ
とは異なる考えをもつ人と話し合うことで，そのなかからよりよい解決策や
方向性を見つけ出し，そこへ向けての一歩を踏み出すことができるように生
徒の力を伸ばしてあげることだと思います。最後に写真集『地球の食卓』の
著作者であるメンツェル氏（Menzel, P.）の言葉を紹介したいと思います。

　「先生方の仕事というのは，生徒に対していかに好奇心を発揮していくか，
生徒の好奇心をいかに引き出し，伸ばしていくということだと思う。[*8]」

本教材のキーワード

- ・主食
- ・三大穀物
- ・新大陸起源の作物
- ・自給作物
- ・商品作物
- ・プランテーション作物
- ・アグリビジネス
- ・食のグローバル化
- ・フードマイレージ
- ・ファーストフード
- ・遺伝子組換え作物
- ・飢餓と飽食
- ・加工品と保存食
- ・気候と農業
- ・農業地域区分
- ・多様な食文化

生徒の感想

◎（インドの写真を観て）
その地域で採れた物を使っ
て食事をしている。地産地
消の考え方に沿ったものだ
と思います。

補足コメント

　写真のなかには生徒が判
別することが難しい食材や
全く知識が無いものも写っ
ている。そうした場合，必
要な情報は教える側が提供
し，誤った方向へ話し合い
が進まないように指導して
ゆくことも必要である。

*8　八木亜紀子「メンツェ
ル夫妻を迎えて『写真で学ぼ
う！地球の食卓』ワークショ
ップ＆トークイベントを開
催！」開発教育協会『DEAR
な日々〜教育 NGO スタッフ
の日記より』http://dearstaff.
blogspot.com/2016/09/blog-
post.html

執筆担当：望月浩明

第9章
レヌカの学び
~自分のなかの異文化に出会う~

どんな教材？

タイプ：カードゲーム
対象：小学3年～大人
人数：1グループ（3～6人）以上何人でも
所要時間：45分以上

本教材の基本情報

教材名：『レヌカの学び：自分の中の異文化に出会う』
原作：土橋泰子
制作：開発教育協会
判型頁数：A4判10頁
初版：2004年
新版：2011年
初版発行協力：あおもり開発教育研究会／開発教育を考える会
入手方法：開発教育協会のウェブサイトからダウンロード可能。

図9-1　レヌカの自己紹介

出典：本教材付属資料

1. 教材の概要

(1) 教材の特徴：「レヌカ」とは何？

「私の名前はレヌカ・ブダトキです。ネパール公立ブルワンチャルろう学校の校長をしています」（図9-1）。

「レヌカ」とは実在の人物の名前です。本教材の主人公であるレヌカさんはネパールの学校で校長先生をしていましたが，日本の教育について学ぶために来日して，日本の生活を体験しました。本教材は，研修のための来日したレヌカさんが，日本のライフスタイルに慣れていくうちに，ネパールにいた時とは別人のように，価値観や考え方，生活や行動の様式が変化していったことを追体験していくカードゲームです。

(2) 教材の目的・ねらい

私たちは，生まれ育った国や土地で身に付けた習慣や価値観を変えることはなかなか難しいと考えがちです。レヌカさんも日本に来る前はそのように考えていたはずです。しかし，人は生活する環境や異文化に適応して，自分の行動や考え方を柔軟に変えながら生きていくことができることをレヌカさんは学びます。そして，私たちもレヌカさんの日本での生活を追体験することによって，そのことを学びます。

また，私たちは「ネパール」という国名を聞いて，どんなことを連想するでしょうか。ネパールに対する私たちの誤解や偏見，先入観や固定観念が，レヌカさんというひとりの人間の行動や生き方を理解することを妨げているかもしれません。

たとえどこの国の人間であっても，ひとりの人間として互いに理解しあい，尊重しあうことが，国際理解や異文化理解，そして多文化共生に向けた一歩になるのではないでしょうか。「レ

ヌカの学び」から，私たちも自分自身のなかの異文化と出会い，新たな「私
の学び」を得たいと思います。

(3) 教材の内容

　1組 18 枚の「レヌカの学びカード」の表側には，ネパールで生活してい
た時にレヌカさんが考えたことや行っていたこと，そして日本で生活を始め
てから考えるようになったことや行うようになったことが書かれています。

　さて，ここでみなさんにクイズです。本教材に付属するカードのうち，**図
9-2** と**図 9-3** の 2 枚のカードを見てください。どちらがレヌカさんがネパー
ルにいた時のことを表すカードで，どちらが日本に来てからのカードだと思
いますか？このように，生徒たちは 18 枚のカードがレヌカさんが，どちら
の国にいた時のカードかを考えて，2 つに分類していきます。また 18 枚の
カードの裏側には，9 分割した絵の一部が描かれています。カードが
正しく分類されていると，ネパール側と日本側のカードがそれぞれ 9
枚ずつとなり，両国の様子が描かれた 2 枚の絵が完成するようになっ
ています（**図 9-4** と**図 9-5**）。

　間違えずに 2 枚の絵を完成させることは大人でも難しいので間違え
たカードを確認しながら，「どのカードが間違っていたのか」「どうし
て間違ったのか」などについて，グループで話し合います。1 枚 1 枚
のカードに書かれている事柄から，ネパールと日本の文化や習慣の違
いを考えることができるだけでなく，正しく分類できると 2 枚の絵が
完成するという視覚的な「オチ」がついていることが，参加者の学習
意欲をかき立てるユニークな仕掛けとなっています。こうしたカード
が 1 組 18 枚あり，「解説書」ではそれぞれのカードがどちらかの国で
の様子を表しているのか説明されています。

教材の内容物

①「レヌカの自己紹介」（A4
　版 1 枚）
②「レヌカの学びカード」（1
　組 18 枚）
③テキスト（A4 版 12 頁）
※上記の①と②は参加者やグ
ループの数に応じて追加（コ
ピー）する。

図 9-2　レヌカの学びカード①

図 9-3　レヌカの学びカード②

図 9-4：ネパールの絵

図 9-5：日本の絵

出典：いずれも本教材付属資料

2. 教材の使い方・進め方

①「レヌカの自己紹介」
　（各グループに 1 枚）
②「レヌカの学びカード」
　（各グループに 1 組）
③「ワークシート」（人数分）

（1）本教材の進行例

　本教材を使用してのグループワークの一般的な進行例を**表 9-1** に整理したので参考にしてください。

表 9-1　「レヌカの学び」の使い方・進め方

①グループ分け	・1 グループあたり 3 〜 6 人のグループをつくる。 ・必要に応じてアイスブレイキングを行う。
②ルール説明	・最初に「レヌカの自己紹介」を読み，「レヌカとは誰か」を理解してもらう。 ・「レヌカの学びカード」を文章の書いてある側を表にして机上にすべて並べる。 ・カードを 1 枚ずつ選び，その内容が「日本にいるときのレヌカ」のものか，「ネパールにいるときのレヌカ」のものかという視点で分類していく。 （あるいは，カードをよく混ぜてから，机の中央に「山札」のように置いてもよい） ・分類する際には，皆の意見を出し合い，よく話し合ってから決めるように伝える。
③ゲーム開始	・グループの様子を見ながら，必要に応じて次のような補足説明を行う。 ○文章中の「私は」を「レヌカは」に読み替えると考えやすいこと。 ○文章の内容がペア（対）になっているカードが考えやすいこと。 ○特定の誰かだけで分類している場合は，皆で話し合うように再度助言する。 ・なお，ネパールと日本のカードが 9 枚ずつあることを，初めは伝えない方がよい。分類が難しそうであれば，「9 枚ずつあること」をヒントとして伝えるとよい。
④正解を確かめる	・各グループが分類し終えたことを確認してから，話し合いの終了を告げる。 ・分類したそれぞれのカードを裏返して，「絵合わせ」を行う。すべてを正しく分類できていれば，「ネパールの絵」と「日本の絵」が完成する。
⑤全体で共有する	・進行役は，すぐにカードの解説を始めるのではなく，生徒同士で疑問や意見を共有する時間を取る。その後で，本教材のねらいや授業の目的に向けた議論を促していく。 ・たとえば，「間違ってしまったカード」「判断に迷ったカード」「正解したが理由がよく分からないカード」などに関する発言や発表を求め，全体で共有する。 ・進行役は「カードの解説」を参照しながら，レヌカの思いを代弁しつつ，各カードについて説明していく。時間が限られ，すべてのカードを説明できなければ，参加者たちの疑問が残るカードや関心の高いカードを優先して説明してもよい。
⑥ふりかえり	・全体共有の後，「ワークシート」の「(2)」に記入してもらう。 ・記入した内容について，グループ内や全体でさらに共有できるとよい。

出典：本教材「解説書」（3-4 頁）に一部筆者加筆

本教材のキーワード
・ネパール
・南アジア
・先入観
・固定観念
・生活様式
・国際理解
・異文化適応
・異文化理解
・相互理解
・人間尊重
・多文化共生
・持続可能な社会

（2）ふりかえりのポイント

　カードゲームの終了後に行う「ふりかえり」では，次のような点について，生徒たちが「気づく」ことが大切ではないかと考えます。

①自分のなかに存在する異国や異文化に対する先入観や固定観念。
②異文化理解とは単に異国や異文化を「知る」ことではなく，自分のなかの「何か」が変容することであり，その変容のカギは自分のなかにあること。

③異文化を「国（家）」という単位で理解するだけでなく、「個（人）」の視点や体験に寄り添いながら理解すること。

したがって、最後の「ふりかえり」の際にはこうした「私の学び」が深まるように、生徒たちの省察を促す問いを発することが大切になります。

そして、もうひとつ考えてほしいことが「ジェンダー」についての視点です。この教材が作成された時から、すでに長い年月が経っていて、「私の夢は主婦になることなの」というカードに女性の絵が描かれているものがあります。このようなステレオタイプ的な表現があることについても、生徒たちに考えを巡らせてもらうような問いが必要だと思います。日本の社会のなかにあるジェンダーの問題、生徒たちも含め、私たちの社会のなかや、個人の意識のなかにある先入観や固定観念に気づくことも重要です。SDGsのなかのジェンダー平等に関する目標だけではなく、それぞれの目標は関連しています。ふりかえりでの気づきのポイントにもあるように、自分のなかにある先入観や固定観念、自分のなかの何かが変容するきっかけになる教材ですが、異国や異文化理解だけでなく、自分のなかや、自分が生活している社会のなかにある「何か」を知るきっかけにもつなげることができます。

(3) 本教材を展開・応用するには

本教材を高校の1回の授業（45〜50分）のなかですべて実施しようとすると、時間が不足して、とくに「⑤全体で共有する」や「⑥ふりかえり」が十分に実施できずに、消化不良に終わってしまう場合があります。

また、本教材の目的は、カードゲームを行い、「絵合わせ」を間違えずに完成させることではありません。そうではなくて、こうした学習活動（アクティビティ）をともに体験した生徒たちが、自分自身の内にある異国や異国文化に対する偏見や固定観念に気づき、人間一人ひとりが尊重される多文化共生社会の実現に向けて、何ができるか、何をしなければならないのかについて議論が展開されていくことが期待されます。

そこで、たとえば、2時限以上の授業を確保することができるのであれば、1限目はその導入として、カードゲームの体験から生徒たちの質問やそれに対する解説に充て、2時限目以降に「ふりかえり」を行い、さらに発展的な議論を展開すること、あるいは、ネパールを中心とした南アジアの地誌に関する授業へと展開することも一案です。たとえば、本教材からの展開例として、ネパールという国やその周辺諸国（南アジア）について学習するのであれば、まずは地図を使用して、その位置や日本との地理的な関係を学習することが重要です。その際には、生徒たちが、ネパールの自然環境と日本の自

*1 「ふりかえり」や「リフレクション（reflection）」ともいう。
　ワークショップなどの終盤に行われる学習活動。授業や研修の目的や、そのなかでの自他の言動をふりかえり、「学び」として意味づけたり、「気づき」を言語化したりして、次なる学びへの「ステップ」とすること。
　「省察」の類義語としては「反省」や「内省」がある。「反省」は自他の言動を思い起こす点では同じだが、「良くなかった点や悪かった点」に焦点があたり、次に向けた改善や修正が求められる。「内省」は「自分自身の言動」をふりかえる点で、「自己省察」と同義といえる。しかし、「省察」は「ネガティブな面」や「自分の言動」だけでなく、「ポジティブな面」やほかの学習者の言動もふりかえり「学び」や「気づき」の言語化や定着を図るものである。

然環境を比較することで両者の相違点を理解し，またネパールの気候の特徴が文化や人々の生活に与えた影響などを理解できるようになることも大切なポイントだと考えます。

3.「地理総合」の目標や内容との関連

　本教材『レヌカの学び』の学習目標や学習内容は，学習指導要領の次のような項目と合致しており，深い関連性があります。したがって，本教材を活用することによって，学習指導要領の要請や期待に十分応えることができると考えられます。

　たとえば，「目標 (1)」には「世界の生活文化の多様性や……を理解するとともに，地図や地理情報システムなどを用いて……地理に関する様々な情報を適切かつ効果的に調べまとめる技能を身に付けるようにする」とあります。また，「目標 (3)」には「よりよい社会の実現を視野にそこで見られる課題を主体的に追求，解決しようとする態度を養うとともに，多面的・多角的な考察や深い理解を通して涵養（かん）される……世界の諸地域の多様な生活文化を尊重しようとすることの大切さについての自覚を深める」とあります。さらに「内容」については以下のような関連性を指摘できます。

(1)「B 国際理解と国際協力」の「(1) 生活文化の多様性と国際理解」

　「内容」の「B 国際協力と国際理解」の「(1) 生活文化の多様性と国際理解」では，「ア(イ)」として「世界の人々の特色ある生活文化を基に，自他の文化を尊重し国際理解を図ることの重要性などについて理解すること」とあります。また，「内容の取扱い」の「(2) イ(ア)」では，「「世界の人々の特色ある生活文化」については，「地理的環境から影響を受けたり，影響を与えたりして多様性をもつこと」や，「地理的環境の変化によって変容すること」などを理解するために，世界の人々の多様な生活文化の中から地理的環境との関わりの深い，ふさわしい特色ある事例を選んで設定すること」とあります。これらの点に着目すれば，本教材はネパールの人々の生活と日本人の生活とを比較することによって，「生活文化の多様性」と「国際理解」の重要性についての学習を深めることができます。さらに，ネパールが多民族国家であることから，「生活と宗教の関わりなどについて取り上げるとともに，日本との共通点や相違点に着目し，多様な習慣や価値観などをもっている人々と共存していくことの意義に気付くよう工夫すること」も十分に可能です。こうしたネパールやその周辺諸国を事例とした学習を通じて，「内容 B」の「(1) イ(ア)」にある「その生活文化が見られる場所の特徴や自然及び社会的条

件との関わりなどに着目して，主題を設定し，多様性や変容の要因などを多面的・多角的に考察し，表現する」力を生徒たちが身に付けることを可能とする教材です。

(2)「B 国際理解と国際協力」の「(2) 地球的課題と国際協力」

　同じく「内容 B」の「(2) 地球的課題と国際協力」の「ア」には，「(ア)世界各地で見られる……地球的課題の各地で共通する傾向性や課題相互の関連性などについて大観し理解すること」や，その「(イ)地球的課題の解決には持続可能な社会の実現を目指した各国の取組や国際協力が必要であることなどについて理解すること」とあります。ここに着目すれば，本教材のなかにどのような地球的課題が隠れているのか，SDGs とはどんな関係性があるのかを話し合い，ネパールや日本の課題，その共通性や相互の関係性などを理解していくことができます。その際には生徒自身が国際社会の一員であり，問題解決のプロセスに参加していくことができるという意識をもつことができるような配慮や工夫が大切です。

4. 実践者としての所管・コメント

　生徒たちの大半がネパールの国の位置を知りません。しかし，日本で生活するネパールの人々は最近では 12 万人を超し，国別では 6 番目の多さとなっています。[*3]インド料理店の従業員のなかには意外とネパール出身の人々も多く，私たちの身近な場所で生活しています。しかし，日本はアジアの国であるにもかかわらず，私たちはあまりにもネパールも，アジアのことも知らないのが現状です。本教材は，日本や他の国々の実際に生きている人々を知り，そこから自分なりの課題を追求するきっかけを見つけることもできるでしょう。また，カードゲームという形態をとっていることで，実践しやすい教材でもあります。そして，この教材をより理解するために地図を活用することで，ネパールのことが見えてきます。世界最高峰の山々に囲まれた自然環境，そして歴史的にも豊かな文化をもつネパールの人々が，あなたの隣人として生活をしている。その多様性で豊かな社会から，私たちは共生社会を築くことができるはずです。その一歩となる教材として，気づきを沢山見つけられると思います。

生徒の感想・意見

◎意外と日本についてわかっているようで知らなかった。イメージと現実で違うところが沢山見つかった（生徒1）

◎イメージというフィルターをかけてみているから，普段気づかないのかもしれない。（生徒2）

◎たくさんの場所に旅行に行くことがあったが，そのたびに「日本の方がよい」と思うことが多かったが，今回「レヌカの学び」を通して，たとえば今まで好きだった日本のきっちりした所や，みんな同じことを経験するといったところが，少し窮屈に感じました。（生徒3）

◎日本の文化に疑問をもつというのは，プラスなことであれ，マイナスなことであれとても大切で面白い発見ができるのだとわかりました。（生徒4）

*3　出入国在留管理庁「令和4年6月末現在における在留外国人数について（報道発表資料）」（令和4年10月14日）。

執筆担当：黛　京子

第10章
「援助」する前に考えよう
～「寄付」と「援助」の是非を考える～

どんな教材？

タイプ：シミュレーション，ロールプレイ，ダイヤモンドランキングなど
対象：中学生以上
人数：1グループ（3〜7人）以上，20〜40人
所要時間：各ワーク40〜120分，120分〜

本教材の基本情報

教材名：『「援助」する前に考えよう：参加型開発とPLAがわかる本』
原案：田中治彦
著者：田中治彦・湯本浩之他
判型頁数：A4判96頁
初版：2006年
発行：開発教育協会

＊1 「本書のねらい」（3頁）より

図10-1　一枚の看板

出典：本教材（9頁）

1. 教材の概要

(1) 教材の特徴

　本教材は，トレッキングで北タイの村を訪ねたアイ子が，村の小学校のために寄付をすることから始まります（図10-1）。"南"の国々を訪れた人ならば，誰でもアイ子と似たような状況に出会った経験があるのではないでしょうか。しかし，アイ子は自分の行った「寄付」という活動が良いことだったのかと悩み，このワークへの参加者とともに再びその村を訪問します。そして，村人と話したり，地元のNGOの活動を視察したりするなかで，自らの活動を反省し「参加型開発」について学んでいきます。

　本教材は，「援助」から「国際協力」へ，そして「参加」へという学習の流れになっています。第Ⅰ部では援助と国際協力の基本を学び，国際開発の動向と「援助」や「国際協力」の課題を理解する教材となっており，「援助する側」や「される側」の心理にまで立ち返りながら，援助や国際協力についての基本的な理解を促すことを目指しています。第Ⅱ部は，参加型開発と参加型学習行動法（PLA：Participatory Learning and Action）を学ぶための教材で構成され，PLAを実際に体験することができます。第Ⅲ部は「理論編」として，参加型開発と開発教育について解説しています。

(2) 教材の目的・ねらい[＊1]
①「援助とは何か？」「国際協力とは何をすることか？」を考える

　1990年代以来，国際開発の現場は急速に変化しています。従来の「慈善型」の援助や「技術移転型」の開発に代わって，住民参加を基本とした「参加型開発」が目指されています。本教材では，最終的に援助や国際協力において「自分たちはこれから何ができるのか」や「何をしてはいけないのか」を考えます。

②「参加型開発」と「参加型学習」について理解する

　参加型開発（社会づくり）と「参加」の意味についてさまざまな角度から考えます。また，参加型学習行動法（PLA）と呼ばれる途上国の農村における住民参加による地域づくりの手法を体験します。途上国での参加型の地域（社会）づくりの取り組みやその方法論を学ぶことによって，日本における「開発（地域づくりや社会づくり）」のあり方や開発教育が重視する「参加型学習」がもつ意味を考えます。

(3) 教材の内容[*2]

　第Ⅰ部は，「国際協力」の単元の導入として，または「国際ボランティア」の教材として使用することができます。ワーク1「一枚の看板」が本教材全体の基本となっています。1～3時間で実施することが可能で，このワークだけでも援助と国際協力の本質的なことを学ぶことができます。ワーク2では，「援助する側」と「される側」のニーズの違いを認識するとともに，ニーズを調査する際のさまざまな課題を学ぶことができます。ここでは，参加型農村調査法（PRA：Participatory Rural Appraisal）や参加型学習行動法（PLA）について知ることができます。ワーク3「プロジェクトを選ぼう」では，「慈善型開発」「技術移転型開発」「参加型開発」の違いや特徴について理解し，いくつかの違うタイプの開発プロジェクトを比較しながら，プロジェクトを評価します。ワーク4では，自分たちが外国からのボランティアを受け入れる立場に立ち，ボランティア受け入れに伴う問題点を探ります。これからボランティアをしようと考えている人にぜひ体験してもらいたいワークです。ワーク5は，第Ⅰ部全体のまとめとふりかえりです。どのような形で途上国の村と関わるのが良いのか，個人としてやりたいこと，やってはいけないことは何なのかを考えます。第Ⅰ部を通してワークを実施すると，途上国のある村を想定しながら国際協力とは何をすることなのか，そのプロセスを一つひとつ理解できます。

　第Ⅱ部は国際協力だけでなく，自分の住んでいる地域や自分たちの生活を理解するための教材として利用することをおすすめします。ワーク6で自分たちの町や村を空間的に把握するために行う「地域マップづくり」（図10-2）は，「アクション・リサーチ」（図10-3）の導入になります。ワーク9「地域の課題とランキング」やワーク10「因果関係図」と組み合わせることで，地域の課題を発見し分析して，その解決策を提案するというアクション・リサーチの全過程を理解することができます。ワーク7では，年間

教材の内容物

「テキスト」のなかに以下のカード類などを掲載。
① 状況カード（1種）
② 説明カード（3種）
③ ワークシート（11種）
④ 役割カード（30枚）
⑤ ロールプレイ・カード（8種）
⑥ プロジェクト・カード（3種）
⑦ 参加カード・学校編（8枚）
⑧ 参加カード・NGO編（8枚）

*2 「本書の使い方」（3-4頁）に筆者追記

ワークシート6　地域マップづくり

1. 実際に歩いた地域の地図を書きましょう。

2. 歩いた地域の「よいところ」「改善すべきところ」を書きましょう。
　A.「よいところ」

　B.「改善すべきところ」

図 10-2　地域マップづくり
出典：本教材（64頁）

参考文献
PRA や PLA については以下の文献を参照。
・S・クマール（2008）『参加型開発による地域づくりの方法：PRA 実践ハンドブック』田中治彦（監訳），明石書店。

用意するもの
①「図 1-1 ～ 図 1-3」（7 ～ 9 頁）各グループ 1 部ずつ
②「状況カード」（10 頁）進行役分 1 枚
③「ワークシート」（11 頁）人数分
④「説明カード 1 ～ 3」（12 ～ 14 頁）各グループ 2 部ずつ

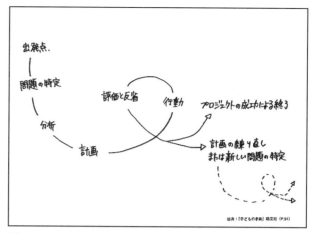

図 10-3　アクション・リサーチのプロセス

出典：本教材（67 頁）

の地域の生活リズムを時間的に把握するために「季節カレンダー」や「村の年表」を作成します。ワーク 8 では，社会関係図を作成します。ワーク 11「参加のはしご」は，さまざまな参加のプロセスを理解する教材であり，教員と生徒の関係を問い直すことができます。参加型開発を理解するためには，ワーク 11 をワーク 3 の後に実施するのが効果的です。

2. 教材の使い方・進め方

（1）本教材「ワーク 1」の進行例

　本教材の基本ワークである「1 枚の看板」（図 10-1）を使用して，50 ～ 90 分間でグループワークを行う際の進行例を表 10-1 に整理しましたので，参考にしてください。このワーク 1 への参加者は，アイ子の村での行動を追体験することになります。

本教材のキーワード
・国際協力
・援助
・国際ボランティア
・政府開発援助（ODA）
・NGO・NPO
・貧困の悪循環
・慈善型開発
・技術移転型開発
・参加型開発（社会づくり）
・参加型農村調査法（PRA）
・参加型学習行動法（PLA）
・アクション・リサーチ
・参加のはしご
・持続可能な開発のための教育（ESD）

（2）ふりかえりのポイント

　「ワーク 1」の Q1 と Q2 では，賛否双方の意見を出してもらい，問題点を明らかにすることがねらいです。実際の現場では「スポイル」，つまり金銭的な援助がなされた結果，人々の依存心が高まり自立を阻害する，という問題点も指摘されています。日本から見ればわずかと思える額の寄付金でも，現地社会にはさまざまな影響を与えるということを理解できればと思います。Q3 では，反対意見のなかで指摘された問題点を改善するために，アイ子の活動がよりよいものとなるための方策を議論します。学校に備品を贈るという簡単そうな活動であっても，それが継続的で実効あるものにするためには考えなければならないことがあります。そうしなければ，成果が上がらない

表 10-1　本教材「ワーク 1」の使い方・進め方

①グループ分け・導入	・1 グループあたり 5 〜 6 人のグループをつくる。 ・「各グループはこれから一緒に北タイでトレッキング（山歩き）をする一行である」ことを説明する。 ・「図 1-1 〜 1-3」を各グループに 1 部ずつ配付して，「状況カード」を読み上げる。
②学校への寄付	・ワークシートを全員に配付する。 ・ワークシートの Q1「あなたはバーン村の学校に 10 ドルを寄付しますか」を問う。 ・グループごとに司会を決め，各自が 10 ドル寄付するかどうか，意見を言う。 ・各グループの司会者は，合計の寄付金を報告する。寄付金の額を黒板などに書く。
③アイ子の活動への是非・全体共有	・ワークシートの Q2 を読み，アイ子の活動の是非について議論してもらう。 ・「説明カード 1 〜 3」を各グループ 1 〜 2 組ずつ配付する。 ・グループごとにアイ子の活動について賛成か反対か，それぞれのような意見が出たかを発表してもらい，全体で共有する。 ※参加者のなかに，普段から援助や開発の問題にふれる機会が少ない人が多い場合や慈善的な精神が強い人が多い場合は，アイ子の行動に賛成するケースが増える傾向にある。そのような場合は，ファシリテーターが反対意見をいくつか投げかけて，より深く考えてもらうように配慮する必要がある。
④アイ子へのアドバイス	・ワークシート Q3「アイ子の活動に対するアドバイス」を読み，グループごとに議論してもらう。 ・グループごとに話し合った内容を発表してもらい，全体で共有する。 ・このワークのねらい「ものやお金を贈る援助について考える」「援助が現地に与える影響について考える」「相手の村の人々の意見を聞くことの必要性に気づく」を解説し，ワークの意味についてふりかえる。 ※国際協力に携わった人はアイ子と同じような場面や状況に立たされることがある。ワークを行うことで，その人にとっては過去の自分を現在の自分が批判するという構図が生まれる。参加者は自分の心のなかに葛藤や矛盾する気持ちを持つことになる。

出典：本教材（6 頁）を参考に筆者作成

表 10-2　本教材「ワーク 2」の使い方・進め方

①グループディスカッション「村での質問を考える」	・1 グループあたり 5 〜 6 人のグループをつくる。ワーク 1 と同じグループでもよい。 ・状況説明の文章を読み，「ワークシート 2」を配付し，Q1「バーン村で調査すべき項目」に各自記入してもらう。その後，グループで Q1 について話し合う。 ・各グループで話し合われた内容を共有し，黒板などに列挙する。
②ロールプレイ「バーン村再訪」	・中央（または前方）にテーブルを 1 つ配置する（8 人がけ）。 ・役割カードを裏にして，全員に配付する。役割カードのうち，「村長」「村落開発委員」「小学校教師」の 3 人が中央テーブルの片側に，テーブルの反対側に「アイ子」「訪問者 1」「訪問者 2」が座る。「タイ人のガイド」は両側の間に，「長老」は少し離れたところに座る。他の役割に当たった人はもとの机に座ったままでいい。 ・中央テーブルの 8 人に，各役のセリフが書いてある「ロールプレイ・カード」を渡す。村長と村落開発委員には「説明カード 1」（12 頁）を，教師には「説明カード 2」（13 頁）を渡す。 ・テーブルに座っている 8 人が順番に「ロールプレイ・カード」を読み上げる。 ・ロールプレイが終わったら，村人の役割カードをひとりずつ読み上げてもらう。
③ふりかえり	・「さて，アイ子さんたちの調査は 3 日間です。アイ子さんたちの聞きたいことは調べられるでしょうか。ワークシート Q2 に村で調査する際の困難な点について，気づいたことを記入してください」と発問し，各自ふりかえりを行い，全体で共有する。

出典：本教材（18-20 頁）を参考に筆者作成

ばかりか村に迷惑をかける結果にもなりかねません。このワークを通して，村の基本的な情報が欠けていることや村人がどのような意見をもち，本当に支援してほしいと思っているのか，ということを知らないことに気づきます。そこから，次の「ワーク２」に進むとよいでしょう。

(3) 本教材を展開・応用するには

　本教材の「ワーク２：再びバーン村へ」(表10-2)では，日本に帰国したアイ子とワークへの参加者が再び村を訪問します。そして，村の三役との会議や３日間の村での調査を通じて，ニーズの食い違いや現地調査の難しさを疑似体験しながら，寄付や援助の是非について，学習を深めていきます。

3. 「地理総合」の目標や内容との関連

(1) 学習指導要領「目標 (2)」

☆身に付けたい知識・技能
・地球環境問題や居住・都市問題などの地理的諸問題の解決には，持続可能な社会の実現を目指した各国の取り組みや国際協力が必要であることについての理解。
・生活圏の調査を基に，地理的な諸問題の解決に向けた取り組みや探究する手法などへの理解。

☆身に付けたい思考力・判断力・表現力
・現代世界の変容や持続可能な社会の実現に着目し，主題を設定して，課題達成に求められる取り組みなどを多面的・多角的に考察し，表現する力。
・生活圏の地理的課題について，生活圏内や生活圏外との結び付き，地域の成り立ちや変容，持続可能な地域づくりなどに着目して，主題を設定し，課題達成に求められる取り組みなどを多面的に，考察，構想し，表現する力。

　学習指導要領の「地理総合」の「目標 (2)」には，「地理に関わる事象の意味や意義，特色や相互の関連を……，人間と自然環境との相互依存関係……に着目して……それらを基に議論したりする力を養う」とあります。

　本教材の「第Ⅱ部」で紹介されている対象地域を空間的時間的に把握するための「地域マップづくり」や「季節カレンダー」，社会関係を把握するための「社会関係図」や「因果関係図」などのPLAの手法は，この「目標 (2)」を達成するための学習手法としてとても有効です。こうした学習手法を活用することで，「援助」や「国際協力」の問題にとどまらず，自分たちが暮らす地域社会のなかの問題の発見や解決，そして「持続可能な社会」に向けた多面的な議論や具体的な構想づくりを活性化させて，「持続可能な社会づくりの担い手」としての生徒の成長に寄与することができます。

(2)「B 国際理解と国際協力」の「(2) 地球的課題と国際協力」

　本教材は学習指導要領の「内容」のなかの標記の項目と密接に関わります。また，「内容の取扱い」の「(2)イ(イ)」には，「ここで取り上げる地球的課題については，国際連合における持続可能な開発のための取組などを参考に，「地球的課題の各地で共通する傾向性や課題相互の関連性」などを理解するために，世界各地で見られる様々な地球的課題の中から，ふさわしい特色ある事例を選んで設定すること」とあります。国際協力にとって寄付やボランティアなどの行為や活動はたいへん重要ですが，「アイ子」の事例を通してその葛藤や矛盾を意識し，またその是非を検討しながら，地球的課題を実現するための国際協力の役割や課題について学ぶことができます。

⑶「C 持続可能な地域づくりと私たち」の「⑵ 生活圏の調査と地域の展望」

本教材は学習指導要領の「内容」のなかの標記の項目と密接に関わります。また、「内容の取扱い」の「⑵ウ(イ)」には「「生活圏の調査」については、その指導に当たって、これまでの学習成果を活用しながら、生徒の特性や学校所在地の事情などを考慮して、地域調査を実施し、生徒が適切にその方法を身に付けるよう工夫すること」とあります。この取扱い実例として、上記の PLA の手法やそれを活用した「アクション・リサーチ」と呼ばれる地域調査法を使って、地域の問題を発見し、その原因を考え、問題を解決するために具体的な改善策を考え、最後にそれを実行に移していくことができます。

4. 実践者としての所感・コメント

2021 年はコロナ禍で、フィールドワークに行きづらく、筆者が最初に提示したプロジェクトのテーマは「マイマップで地域の魅力を発信しよう」でした。それに対し、生徒は「フィールドワークに行きたい」、「グループでやりたい」と提案しました。そこで、生徒に何をしたいのかを書きだしてもらい、問題を特定し、分析しました。生徒は、「地域と学校が結びつくことでコミュニティの輪が広がるだけでなく、信頼関係が築ける、相互に助け合える。私たち高校生は地域からたくさんのことを学べるはずだ。これを機に、桐朋が今よりもっと地域に貢献し、愛される学校になってほしい」と問題を特定し、学内や地域の方にインタビューした内容を「地域×桐朋女子〜地域に根付く学校になるために〜」[*3]にまとめました。そして、この冊子を校長先生に手渡し、学校のホームページに掲載してもらいました。すると、プロジェクトの内容を調布 FM で紹介したり、校長先生と取材先の東部公民館を訪ねて、学校と地域の連携について話し合ったりする機会を得ました。現在、この「地域×桐朋女子」プロジェクトがきっかけとなり、学校と公民館を通した地域の方との連携は進んでいます。

筆者が提示したプロジェクトは、「参加のはしご」(本教材「ワーク 11」参照)の第 6 段「共同決定参加」でしたが、生徒提案の「地域×桐朋女子」プロジェクトは、第 8 段「大人を巻き込む参加」になりました。フィールドワークが初めての学校は、地域マップづくりから始めると、空間理解や地域の理解、課題の発見にもつながるのでおすすめです。

生徒の感想・意見

◎最初はとても緊張しましたが、勇気を出して行動した結果、地域の方々に快く迎えていただけたことが、自信になりました。(生徒 1)

◎心の病気を抱えている人たちが食事を通して交流するレストラン「クッキングハウス」を訪問して話を伺いました。中高生がこのような場所に関わることができれば、生きづらさを感じている人と心を通わせ合い、ともに暮らしていくことに近づくのではないかと思いました。(生徒 2)

◎桐朋女子では、話し合うことがとても重視されていますが、このプロジェクトでも、対話が鍵になっていたと感じます。正解は一つではなく、どんな意見であっても、そこから話が広がり、考えを深めるきっかけになることがたくさんありました。(生徒 3)

◎みんなで力を合わせた方がより良いものができると考え、グループで学習を進めることにしました。桐朋女子には、みんなで協力し、生徒が中心になって企画・運営する活動がたくさんあります。そのようななかで育まれてきた行動力が、この学習にも活かされたと思います。(生徒 4)

*3 桐朋女子中学校・高等学校のウェブサイトからPDF をダウンロード可能。https://chuko.toho.ac.jp/pdf/chiiki_toho.pdf

執筆担当：吉崎亜由美

第11章
服・ファッション
~わたしたちは何を着ているのか?~

どんな教材?

タイプ：クイズ，カードゲーム，ランキング　など

対象：小学校高学年以上

人数：最小10人程度，20～40人

所要時間：各アクティビティ15分，45～60分

本教材の基本情報

教材名：『服・ファッション：開発教育アクティビティ集5』

著者：鈴木啓美・西原直枝・吉崎亜由美ほか

判型頁数：A4判40頁

初版：2022年

協力：ユナイテッドピープル

発行：開発教育協会

受賞：消費者教育支援センター主催2022年度消費者教育教材資料表彰「優秀賞」，同2023年度「消費者庁長官賞」

1. 教材の概要

(1) 教材の特徴

　みなさんはどのくらいの頻度で，どんな基準で新しい服を買っているでしょうか？　そして，その服をどのように手放していますか？　日本で販売されている衣服の輸入浸透率は2018年には約98％に達していますが，生産地と消費地の距離は遠く，消費し廃棄物を出し続ける国と資源や労働力を安価に提供しながら環境汚染や気候変動の打撃を受ける国の格差の構造が見えにくくなっています。そして，この構造は世代間の不公平も生み出しています。未来世代にこれらの負の遺産と解決を押しつけないために，構造の変革とそれを後押しする市民の行動が求められています。

　本教材にある，身近な服をテーマとした45～60分程度でできる5つのアクティビティを通して，南北問題の構造やその地球的課題の解決に向けた行動について，学ぶことができます。

　服の原材料の生産，製造の過程では，農薬や化学薬品により水質や土壌，大気が汚染され，大量の温室効果ガスが排出されています。また，重大な労働問題や人権侵害も起こっています。大量生産による服の過剰な供給は，大量消費や大量廃棄につながり，これらの問題を深刻化させています。本教材の「アクティビティ4：服の一生・どこからどこへ」では，服が製造され，消費者の手元に届くまで，そして手放したあとまでの行程を，カードセットA「服の一生」，カードセットB「環境」，カードセットC「人権・社会」を並べ替えながら，問題の構造を理解することができます。

*1　本教材「ねらい」(2頁)より

(2) 教材の目的・ねらい[*1]

　本教材の目的やねらいは，次の3つです。

　①服の生産から廃棄に至るまで，その背景にある社会問題について理解する。

　②服とファッション産業をめぐる問題を構造的に理解し，私たちの生活と

のつながりや自分に何ができるのかを考える。

③服を買う時，手入れをする時，手放す時に，より倫理的な行動をすることは，持続可能な未来をつくるポジティブな行動だと捉えられるようになる。

服と社会問題のつながりを学ぶことで，ファッションを楽しめなくなる，苦しくなるのではなく，新しい服を次々と買わなくても，豊かなファッションを楽しめる方法を考えます。

(3) 教材の内容

アクティビティ 1「服とわたし」では，「部屋の四隅」に「はい」「いいえ」「どちらかといけばはい」「どちらかといえばいいえ」や数字の選択肢などを書いた紙を貼っておき，服・ファッションに関する質問に対して参加者が自分の考えのところに移動するという，15 分程度で行う，とてもシンプルなアクティビティです。1 人あたりの服の年間購入枚数や 1 回も着られない死蔵衣服の数など，環境省の統計を紹介しながら授業の導入に行うと，学習者の興味を引くことができます。アクティビティ 2「調べてみよう！わたしの服」では，ワークシートに沿って，服の種類や素材，メーカー，原産国を調べます。10 分程度でできるので，事前学習として自宅でワークシートに記入してくると，授業でグループや全体で共有した時に，より気づきが深まります。アクティビティ 3「服クイズで」は，服の原料の輸入先やファッション産業から排出された二酸化炭素の量などを統計資料から学ぶことができます。アクティビティ 5「ファッション・アクション」の「Action 1」では服とファッションを豊かにサステナブルに楽しむために，わたしが大事だと思うことをワークシートから 3 つ選び，なぜ選んだのかをグループで話し合います（図 11-1）。「Action 2」では，アクティビティ 4 のカード B または C から気になったものをひとつ選び，「こうなるであろう未来」と「こうなってほしい未来」

教材の内容物

「テキスト」のなかに以下のカード類などを掲載。
①部屋の四隅クイズ
②わたしの服ワークシート
③服クイズ
④カードセット A「服の一生」
⑤カードセット B「環境」
⑥カードセット C「人権・労働」
⑦ふりかえりワークシート
⑧ファッション・アクションランキングシート
⑨未来のときめきファッションワークシート
⑩付録スライド資料
（※本教材を購入すると，スライド資料等をウェブサイトからダウンロードできる。）

用意するもの

①部屋の四隅に貼る紙
②「調べてみよう！わたしの服」ワークシート（コピーして全員分を事前に用意し，配付する/14 頁）
③クイズシート（コピーしてグループ数分用意する/18 頁）
④投影機材（スライド資料を使用する場合 /3 頁参照）

図 11-1 「ファッション・アクション」シート

A 学んだこと考えたことを家族や友人に伝える	B 環境や人権を大切にする政党に投票する	C 環境や人権に配慮していないメーカーの服は買わない	D SNS や新聞に意見を投稿する
E 原料材の生産や服の製造に関わる人のことを心に留めて生活する。	F 実際に現地へ行って様子を見てくる	G 新しい服を買い過ぎない／長く着られる品質やデザインの服を買う	H 着なくなった服はフリマで売ったり人にあげたりする
I 生産者のために活動する NGO ／ NPO に参加や寄付をする	J メーカーやお店のスタッフに原料調達や製造工程について質問する	K 長く着られる服をつくるよう／つくり過ぎないようメーカーに提案する	L もっと調べる
M 自分に似合う色やデザインをよく知っておく	N 仲間と勉強会を開き解決策を考える	O 今持っている服を直しながらできるだけ長く着る	P （アイデア募集）

出典：本教材（31 頁）

をイメージしながらタイムラインを作成します。そして，グループで話し合いながら，そのプロセスでどんなことが起こったのか，どんな変化や動きがあるとそうなるのかを書きこみます。「Action 3」では，「未来のときめきファッション」をデザインします。

2. 教材の使い方・進め方

(1) 本教材の進行例

本教材のアクティビティ 1 と 2 を使用して，45〜50 分間でグループワークを行う際の進行例を**表 11-1** に整理しましたので，参考にしてください。

＊2　本教材（5 頁）を参照。

表 11-1　本教材の使い方・進め方（基本編）

⓪準備	・開始前に部屋の四隅に選択肢の紙を貼っておく。机や椅子を片付ける必要はない。
①グループ分け・導入	・1 グループあたり 3 〜 4 人のグループをつくる。 ・「参加のルール」[*2]を確認する。 ・進め方の説明「これからみなさんに質問をします。教室の 4 つの場所のうち，自分の考えにもっとも近いと思う場所に，移動してください」。 （本教材 10 頁の「質問例」をすべて行わず，数や内容は状況にあわせて実施してよい） ・それぞれの選択肢の場所に立っている人のなかから数人に「ここを選んだのはなぜですか」とインタビューする。質問の数だけ，「質問⇒移動⇒インタビュー」を繰り返す。
②事前学習のグループ共有	・事前学習で行った「調べてみよう！わたしの服」ワークシートを見せ合いながら，グループで共有する。どんな傾向があったのか，気づいたこと，わからなかったこと，疑問点などをグループでまとめる。
③全体発表	・数グループに全体発表してもらう。たとえば次のようなポイントが出たら，ファシリテーター（教員）は全体に復唱したり，板書したりして，参加者の気づきを促す。 ※服のメーカー（ブランド）の企業の所在地（販売者の国）と縫製している国（原産国），実際に販売されている国がそれぞれ異なる。 　例「その服のメーカーは米国の会社だけど，バングラデシュでつくって，日本で売っているのですね」 ※服は複数の素材からつくられている。素材の産地は記載されていないが，さまざまな国から原材料が調達されている。 　例「綿花はどこで生産されているのでしょうか」「ポリエステルは石油からつくられていますが，どこで生産されているのでしょうか」 ※素材から縫製まで日本製の服はほとんどない。 　例「素材から縫製まで 100％日本産，日本製という服はありますか」
④ふりかえり	・気づいたことや印象に残ったこと，もっと知りたいことなどを共有してふりかえる。

出典：本教材（16-17 頁）に一部筆者加筆

(2) 本教材を展開・応用するには

上記（1）で基本的な理解を深めたうえで，さらにこの学習を展開・応用していくために，本教材のアクティビティ 4 の進行例を**表 11-2** に整理しましたので，参考にしてください。

表 11-2　本教材の使い方・進め方（展開・応用編）

⓪準備	・ワークシート（30 頁）を人数分コピーしておく。 ・カードセット A「服の一生」（27 頁）とカードセット B「環境」（28 頁），またはカードセット C「人権・社会」（29 頁）は（異なる色の紙に）グループ分印刷し，それぞれ切り分けて混ぜておく。 ・カードと同じサイズの白い紙（各グループに 10 枚程度）を用意する。
①カードの配付と並べ替え	・カードセット A を各グループに配付し，左端に「素材・原料を生産する」カードを置くように伝える。そして，服がつくられて手元に届き，手放されるまでのカードを左から右に 20 秒間で並べ替えるように伝える。
②答え合わせ／質問	・並べ終わったら，答え合わせをする。その後，以下のポイントを伝える。 ※グローバル化していること。サプライチェーンが分業化され複雑であること。 ・「服を着なくなる，着られなくなる」の後はどのようにしているか，質問する。
③カードセット B「環境」または C「人権・社会」	・各グループにカードセット B または C を 1 セットとカードと同じサイズの白い紙を 10 枚程度配付する。 ・カードは裏側を上にして，机の中央に置く。1 人が上からカードを 1 枚とり，音読する。グループで話し合いながら，カードセット A で並べ替えた工程のどこに該当するかを考え，工程の近くにカードを置く。カードは 1 枚に 1 つの工程が該当するとは限らない。話し合いながら，白い紙にカードを複製，追加する。
④ふりかえり／まとめ	・グループで話し合いながらワークシートに記入する。グループで話し合ったことを全体に共有する。映画『ザ・トゥルー・コスト』[*3]の予告編を視聴してもよい。

出典：本教材（22-23 頁）に一部筆者加筆

(3) ふりかえりのポイント

　本教材を高校の 1 回の授業（45〜50 分）のなかですべて実施しようとすると，表 11-1 の「③全体発表」やその後のふりかえりが実施できずに，学習の理解が不十分で終わる場合があります。そこで，2 時限以上の授業を確保できるのであれば，表 11-2 で示した進行例のように，発展的な議論を展開した後にふりかえりを行うことで，気づきや学びが参加者に定着します。

　授業の最後に「未来のときめきファッション」ワークシートを配付し，「これまでファッションの裏側にあるさまざまな課題について知ったあなたは，どのような服にときめきますか？」「ワークシートに，自分がときめく服を描いてみてください。それが，これからの社会に求められる未来のファッションを創ります」と呼びかけ，未来の服や未来の制服などをイメージして描いてもらいます。描いたデザインを全体で共有した後，ふりかえりを行い，気づいたことや考えたことを整理するとよいでしょう。

3.「地理総合」の目標や内容との関連

(1) 学習指導要領「目標（2）」

　前章でも確認したように学習指導要領の「地理総合」の「目標（2）」には，「地理に関わる事象の意味や意義，特色や相互の関連を……人間と自然環境

*3　映画『ザ・トゥルー・コスト』2013 年 4 月にバングラデシュで起きた縫製工場の崩壊事故をきっかけに，世界のファッション業界の裏側に迫ったドキュメンタリー。2015 年・米国映画。配給：ユナイテッドピープル。予告編は YouTube で視聴可。

本教材のキーワード

・服・ファッション
・サプライチェーン
・天然繊維・化学繊維
・グローバル化　国際分業
・紡績・縫製
・労働集約型産業
・ファストファッション
・エシカルファッション
・フェアトレード
・大量生産・大量廃棄
・死蔵衣服（退蔵衣服）
・リユース・リサイクル
・マイクロ・プラスチック
・人権・環境問題

との相互依存関係，空間的相互依存作用……などに着目して……それらを基
に議論したりする力を養う」とあります。

　本教材で紹介されている各アクティビティは，この「目標 (2)」を達成す
るために有効です。「服やファッション」には多くの国々が関与しています。
原料の綿花の生産地であるインド，繊維・綿織物の生産地である中国，そし
て裁断・縫製工場があるバングラデシュやベトナムなどです。こうした国々
での労働集約型産業によって「服」が生産されます。本教材は，こうした多
面的な学習活動を通して，人間と自然環境の相互依存関係や空間的相互依存
作用に着目しながら，問題の改善に向けて何ができるかを主体的に探究する
とともに，議論しながら考えることができるアクティビティにより構成され
ています。

(2)「B 国際理解と国際協力」の「(1) 生活文化の多様性と国際理解」

　本教材は学習指導要領の「内容」のなかの標記の項目と密接に関わります。
「内容の取扱い」の「(2) イ (ア)」には，「地理的環境には，自然環境だけでな
く，歴史的背景や人々の産業の営みなどの社会環境も含まれることに留意す
ること」とあります。これと関連して，本教材では，グローバル化やファス
トファッションの普及に伴い，世界各地でファッションの多様性が失われ，
「世界の人々の特色ある生活文化」が「地理的環境の変化によって変容する
こと」や効率化による国際分業で，伝統的な技術，産業が消失していること
を理解します。また，綿花は世界で最も農薬を消費する作物であり，綿花の
受粉や摘み取りなど，その栽培には多くの手作業が必要です。インドや米国
などの素材・原料の生産地では，綿花栽培に大量の水と化学肥料が使用され
ること，散布する農薬による健康被害が起こっていること，体が小さく，賃
金が安い，子どもたちが家計を助けるために働いていることを学びながら，「世
界の人々の生活文化について，その生活文化が見られる場所の特徴や自然及
び社会的条件との関わりなどに着目して……変容の要因などを多面的・多角
的に考察し，表現すること」ができます。

(3)「B 国際理解と国際協力」の「(2) 地球的課題と国際協力」

　同じく本教材は学習指導要領の「内容」のなかの標記の項目とも密接に関
わります。「内容の取扱い」の「(2) イ (イ)」には，「ここで取り上げる地球的
課題については，……「地球的課題の各地で共通する傾向性や課題相互の関
連性」などを理解するために，世界各地で見られるさまざまな地球的課題の
なかから，ふさわしい特色ある事例を選んで設定すること」とあります。

　日本などの「北」の先進国で浸透しているファストファッションの末路と

して，国内で廃棄された服が海外に輸出され，「南」の途上国では山のように埋め立てられています。本教材では，誰にとっても必要で身近な服を事例に学びながら，こうした現実に向き合うことになります。そして，消費し廃棄物を出し続けながら富を得る先進国と，資源や労働力を安価に提供しながら環境汚染や気候変動の打撃を受ける途上国との間の不公平な構造を理解することで，そうした構造の変革を後押しする「持続可能な社会の創り手」としての成長につながるのではないかと思います。

4.　実践者としての所感・コメント

　ファストファッションの授業を行うきっかけは，現代社会の教材として，同僚から映画『ザ・トゥルー・コスト』とフェアトレード専門ブランドの「ピープルツリー（People Tree）[*4]」を紹介されたことでした。その 5 年後，関係する方々と本教材『服・ファッション』を制作することになりました。筆者の夫の出身国パキスタンでは，豊かな綿花畑が広がり，カラフルな伝統衣装シャルワル・カミーズを身に着ける人が多い，繊維産業が盛んな国です。生産国のパキスタンでも，服の消費国になってしまった日本でも，互いの文化や産業を尊重しながら，持続可能で豊かなファッションをつくるにはどうすればよいのかを生徒と考えたいと思い，授業のテーマは「サステナブルで豊かなファッション」にしました。勤務校がある東京の調布市では，回収された古着が，最終的に東南アジアに輸出されていることもわかりました。

　授業では，統計資料を用いたクイズ形式で，服・ファッションを取り巻く状況を理解し，アクティビティ 4 のカードの並べ替えで，綿花やレーヨンなどの原料の生産や服の洗濯，乾燥が，環境への負荷や健康被害を及ぼしていることを知った生徒はとても驚いていました。アクティビティ 5「ファッション・アクション」では，ワークシート「未来のときめきファッション」を使い，生徒は未来の服や未来の制服をデザインしました。

　現在，勤務校では生徒と教員がともに話し合いながら，新しい制服のスタイルについて考えています。また，ピープルツリーの方を招き，「オーガニックコットンとフェアトレード」と題して講演いただき，表参道や原宿でファッション・消費社会のフィールドワークを行い，文化祭では「クロスファッション」をテーマに展示発表を行いました。授業の枠を越えて，学校や家庭，地域，企業で「服・ファッション」の理想の形について語り合うことから，課題の解決に向けた大きな変革への一歩が始まるのだと思っています。

* 4　ピープルツリー

　1991 年に NGO「グローバル・ヴィレッジ」として発足。95 年にフェアトレード部門を「フェアトレードカンパニー株式会社」として法人化。2000 年からブランド名を「ピープルツリー」に統一して現在に至る。

生徒の感想・意見

◎私たちが安価で買っている服は，労働者の命でできているということに驚いた。21 世紀になった今でも，労働者は奴隷のように働かされていた。私たちが売った，または寄付した古着は，ファストファッション等粗悪品の場合，海岸に捨てられ，海洋プラスチックになってしまっていたことも驚いた。(生徒 1)

◎服を洗い，乾燥機を使うと，自然乾燥より 3 倍もの CO_2 を排出することに驚いた。洗濯が環境破壊に影響を与えているのはわかっていたが，具体的な数値を見て人口を考慮すると，いかに CO_2 の量をたくさん出しているのか気づき，恐ろしくなった。(生徒 2)

◎「環境に優しく」とか簡単に言うけど，思っている何倍も難しいことだと思った。先進国が好き勝手に着て捨てた服を，発展途上国の人々が着たりしているっていうこのサイクルはどうなんだろうか，改善できないものなのか気になった。(生徒 3)

◎勝手に，コットンなどは良さそうと思い込んでいる部分があったが，「農薬・水の利用」のカードを見て，実際は大量の農薬やガンなどにつながっていると知って驚いた。(生徒 4)

執筆担当：吉崎亜由美

第12章
パーム油のはなし
〜「地球にやさしい」ってなんだろう?〜

どんな教材?

タイプ：フォトランゲージ，ロールプレイ，タイムライン，紙芝居など

対象：各ワークによって小学生または中学生以上

人数：１グループ（３〜７人）以上，20〜40人

所要時間：各ワーク30〜60分以上

本教材の基本情報

教材名：『パーム油のはなし：「地球にやさしい」ってなんだろう?』

制作発行：開発教育協会

判型頁数：テキスト（A4判40頁）・写真（カラー・A4判10枚）

初版：2002年

改訂版：2018年

＊1　プランテーション
　プランテーションが成立する背景として，植民地支配などを受けていた歴史や，先進国の企業などから受ける資金的な恩恵がある。油やしは栽培できる地域が高温多湿な環境に限られることも，マレーシアで油やしの栽培が行われている理由のひとつといえる。

1. 教材の概要

(1) 教材の特徴

　パーム油はポテトチップスやアイスクリームなどの食品をはじめ，せっけんや化粧品などのさまざまな日用品に使用されています。また，パーム油は「油（パーム）やし」という植物が原料で，その果実の部分から搾油されます。世界のパーム油の生産は熱帯地域のプランテーションで行[*1]われており，とくにインドネシアとマレーシアの両国で，世界の８割以上が生産されています。プランテーションとは熱帯地域で見られる特定の単一作物を栽培する大規模農園のことですが，現地ではさまざまな問題が起きています。また，植物が原料であるパーム油は，「地球にやさしい」や「環境にやさしい」というイメージとともに消費されることが多いのですが，その生産環境に目を向け，私たちの消費生活をふりかえることに本教材の特徴があります。

(2) 教材の目的・ねらい
①教材Ⅰ「私たちの生活とパーム油」

　パーム油について基本的な知識を得て，その後の気づきにつなげていく導入の学習です。パーム油は「植物油脂」と表現されることが多く，これを原料とした製品が身の回りのいたる所にあることを確認していきます。複数の写真（**図12-1**）やパーム油が使われている実際の商品を手に取りながらクイズなどを行います。これはパーム油について興味をもつための活動です。また，油やし農園が広がるマレーシアについての基本的な理解も深めます。

②教材Ⅱ「サラワク州の森の恵み」

　パーム油が生産されている，たとえばマレーシアのサラ

図 12-1　油やしのプランテーション
出典：本教材のフォトランゲージ用写真⑤
（提供：峠隆一）

ワク州^{*2}では，豊かな熱帯雨林が発達しています。現地では，固有の動植物が見られ，生物多様性に富んだ自然環境が広がります。熱帯雨林は二酸化炭素を吸収し気候変動を防ぐなど，現地から離れて暮らす私たちの生活も熱帯雨林からさまざまな恩恵を受けていることにも着目します。しかし，プランテーションが切り開かれてきたことなどにより，それまであった豊かな熱帯雨林は破壊され，その面積は縮小しつつあります。こうした現状が問題視されていることを認識しなくてはなりません。日本で暮らす私たちの生活が熱帯雨林の減少と無関係ではないという事実を踏まえ，熱帯雨林を保全するために何ができるのか，油やし農園の開発に関係する現地の人々や国際 NGO のスタッフなど，さまざまな立場を演じるロールプレイを通して考えていきます。そして，マレーシアのなかでも農園開発を進めようとする立場から，これに反対する否定的な立場までさまざまな考え方があることを理解します。

③教材III「プランテーションの子どもたち」

　プランテーションで働くミーナの事例を取り上げ，さまざまな労働の現状を知り，日本で暮らす私たちには，職業や働き方，生活設計などの選択肢が多く与えられていることを認識していきます。ミーナは，プランテーションで働く女の子ですが，プランテーションでずっと働き続ける生活を強いられていることを紙芝居（図 12-2 や図 12-3）やすごろくを通して体感します。一般にプランテーションの労働者は給与が低く，教育も受けられません。貧困から抜け出すことが難しく，子どもなど次の世代にも継承されていくなどの問題もあります。加えて，重労働であること，健康に悪影響を与える農薬を使用するなど危険な状態で労働に従事していることにも課題意識を広げていきます。これらの背景には，先進工業国に対する途上国の国際社会での弱い立場が反映されていることが関連しています。

④教材IV「『地球にやさしい』ってなんだろう？」

　パーム油に関わるさまざまな問題を相互に関連づけながら整理し，体系化していきます。そのうえで，消費者として何ができるのか，何を重視するべきなのか考える学習です。初めは個人で考え，のちにグループやクラス全体に共有します。その過程で，単純に解決できる問題ではなく，複雑かつ解決困難な問題であることを認識していきます。大規模な行動を起こすことは難しいからさまざまな問題を考えなくてもよいとい

*2　サラワク州
　マレーシアはマレー半島とボルネオ島にまたがる国だが，サラワク州はボルネオ島に位置する。サラワク州は，海岸部分を除いて熱帯雨林が広がり，国家による保護も行われている。

図 12-2　重労働を強いられるミーナ
出典：本教材の紙芝居用イラスト⑦

図 12-3　兄弟の面倒をみるミーナ
出典：本教材の紙芝居用イラスト⑧

教材の内容物
①テキスト
②フォトランゲージ用写真
　（10 枚）
③ダウンロード資料
・すごろくシート（1 枚）
・すごろく説明カード（7 枚）
・紙芝居用イラスト（労働
　の様子を描いたもの，
　11 枚）
・スライド資料（38 頁）
※本教材を購入すると開発教
　育協会の関連ウェブサイト
　からダウンロードできる。

うわけでありません。パーム油が私たちの生活と深く結びついているがゆえに解決するのが難しいからこそ，できることに取り組むことにも大きな意味があるという意識をもたせることが重要です。「調べる・伝える」「消費者としての意識を高める」「行動を起こす」という行動変容につなげられるとよいでしょう。新聞記事や写真などを使い，生徒自身の問題意識をいかに高めていくことができるかが重要になってきます。

2. 教材の使い方・進め方

(1) 教材の進行例

　本教材を使ったワークショップの進行例を以下に記載しましたので，参考にしてください（表 12-1）。

表 12-1　本教材の使い方・進め方

①グループ分け	1 グループ 5 ～ 6 人に分かれる。 アイスブレイキング[*3]を必要に応じて行う。
②知る	・植物油脂が使われている商品（カップ麺やスナック菓子など）を教員がいくつか提示する。（各グループに商品のパッケージを複数用意できるとよい） ・生徒はそれらの商品のパッケージを確認するなどして共通点を探す。 ・クイズや写真を使いながら，パーム油について理解を深める。 ・パーム油の生産国，生産過程，日本の消費量などについて調べ，グループで情報を共有する。
③森林の恵みを考える	・熱帯雨林の写真やフロー図（テキストの 7 頁）などから，熱帯雨林について理解を深める。 ・マレーシアのサラワク州の位置を地図で確認する。 ・サラワク州で暮らす先住民族の文化や森の生物，熱帯雨林の減少と日本の木材消費の関係性について調べ，グループで共有する。 ・油やし農園開発についての関係者会議に関するロールプレイを行う。 　○生徒は各役割になりきって，開発計画について話し合う。 　○次に，役割から離れて開発計画について話し合い，各自が開発に賛成か反対かを考えて，意見を交換する。 　○グループで話し合ったことをクラス全体で共有する。
④プランテーションの子どもに思いをはせる	・ワークシートを使いながら，これからの自分の人生について考える。 ・紙芝居「ミーナの一日」を読み，ミーナがなぜこのような生活を送っているのか，感想などを書き，グループで共有する。 ・児童労働が現地の子どもたちにどのような影響を与えているのか，なぜ児童労働がなくならないのか考える。
⑤自分にできることを考える	・パーム油について学んだことをふりかえりながら，ふせん紙に書き出し，グループでウェビング[*4]を行う。 ・ダイヤモンドランキング[*5]を使いながら，各自ができることについて考え，グループやクラス全体で共有する。
⑥ふりかえり	・この授業で学んだこと，気づいたことをまとめる。 ・グループや全体で発表し合う。

出典：本教材を参考に筆者作成

(2) ふりかえりのポイント

　これらのアクティビティを通して，以下のようなことに「気づく」ことができればよいでしょう。

ア）植物油脂のなかでもパーム油は身近な存在であり，日本で暮らす私たちの生活が生産国の人々の生活に影響を与えていること。

イ）油やしを栽培するためのプランテーションを切り開くために熱帯雨林の破壊が進んでいるが，熱帯雨林は地球全体にとってかけがえのないものであること。

ウ）国際社会のなかで途上国は先進工業国に対して不利益な立場に置かれやすいこと。

エ）劣悪な労働環境に置かれたまま働かざるをえないプランテーションの労働者は基本的人権を奪われる状態が何世代も続いていること。

オ）「パーム油を消費しなければよい」という答えを短絡的に導き出すのではなく，まずは現状について知り，複雑な問題の解決に向けて考え続けることが重要であること。

　そのために，以下のようなふりかえりができるとよいでしょう。

a）「パーム油を使わない製品だけで生活ができるでしょうか」

b）「熱帯雨林の破壊によって，どのような影響があるでしょうか」

c）「なぜ反対している人がいるにもかかわらず，油やし農園の開発は進められてしまうのでしょうか」

d）「ミーナがこのような労働を強いられているのはなぜでしょうか」

e）「パーム油をめぐる問題について，私たち，もしくは政府ができることとして，それぞれ何があるでしょうか」

f）「プランテーションで働く人たちが経済的に豊かになる（経済的に困らない）ためにはどうすればよいでしょうか」

(3) 本教材を展開・応用するには

　本教材は複数のパートに分かれており，表 12-1 の①を実施した後は②から④の教材を組み合わせて実施できます。地球環境問題を扱う際には②を，世界の貧困問題を扱うときには③を扱うなど，授業計画のなかでふさわしい時期に扱うことができます。もちろん初めから 3 ～ 4 時間（1 時間は 45 ～ 50 分程度）の授業計画を設定してもよいでしょう。それぞれの学習活動を通じて生徒に何を考えて欲しいかを明確にし，適切に扱うことが大切です。

*3　アイスブレイキング
　ワークショップなどを始める際，初対面の参加者が多い場合に，自己紹介や簡単なゲームなどを行って，緊張や不安を解きほぐすこと。ただし，メンバーが互いをよく知り，スムーズにグループで活動ができる場合は省いてもよい。導入する場合，たとえば，好きなお菓子などを紹介し合い，その後，お菓子にパーム油が使われている，という展開も考えられる。

*4　ウェビング
　関連のあるものをつなげていき，個々の事象の関連性を捉えていく学習活動。複雑に関連した学習内容の全般的な整理に向いている。

*5　ダイヤモンドランキング
　いくつかの選択肢を重要なものから順に並べていく活動を通して，より優先するべきことについて考えていく学習活動。なぜ，複数ある選択肢をその順位で重要視したのか，その基準は何か考えることが重要になる。個人で考えた後にグループなどで共有すると，人によって優先するべきことが異なるという気づきにつながる。

＊6　教育環境
　子どもが学校に通わない背景として、子どもが貴重な労働力であることのほか、教育を受けてもそれを生かす場面が限られることなどがある。学校に通わせたくなるよう、WFP（国連世界食糧計画）による「学校給食プログラム」の実施なども行われている。同時にこのプログラムは栄養状態の改善にもつながっている。

＊7　経済格差
　ひとつの国のなかでの経済格差を測る指標として、ジニ係数がある。係数は0～1の間で、1に近づくほど、大きな経済格差があることを示す。マレーシアは0.4を超えており、高い数値となっている。

　本教材では地球環境や経済格差などの幅広い地球的課題を取り扱い、SDGsと関連する事項も多いです。ただ現状を捉えるだけではなく、生徒が持続可能性という視点をもちながら、今後の国際社会のあり方を展望していくことも重要です。そのために現状を適切に捉え、問題はどこにあるのか、私たちができることは何かということを意識したいものです。

　途上国において児童労働が見られる背景には、単に子どもが働くことで家計を支えるという側面もありますが、教育環境[＊6]が整っておらず、親が子どもを学校に通わせる意義を見出せていないなどの事情もあります。子どもが働くことで大人の雇用機会が奪われ、国全体が貧しくなることを助長している側面もあり、貧困の連鎖につながっていく現状も押さえておくとよいでしょう。

　また、マレーシアを含む東南アジア地域の多面的な理解を促す学習へと発展させる際には、東南アジアは多様性に富み、経済的に裕福な人からそうでない人の幅が大きいという現状も扱えます。東南アジア諸国は、ひとつの国家のなかでの経済格差[＊7]が大きい国もあるなど、統計などを通じて実態を把握しておくこともよいでしょう。プランテーションが拡大する背景として資本主義体制の下で、国民の人権よりも国家の利益が優先されてしまいがちであることなどにも触れられると、世界の現状をより捉えることができます。また、他の単一作物を事例に取り上げ、同様の課題を抱える地域を例にした授業の展開も可能です。

☆身に付けたい知識・技能
・持続可能な開発
・プランテーション農業と人々の生活の関連
※世界の生活文化は自然環境や産業の営みなど地理的環境の影響で、変容することを理解する。

☆身に付けたい思考力・判断力・表現力
・様々な地球的課題に対してどのような解決をすることが望ましいか資料を基に考察できる力
・国際的な取り組みを行うために何をするべきか判断する力
※様々な考えの尊重が重要であることも強調した方がよい。

3.「地理総合」の目標や内容との関連

　本教材は、学習指導要領の以下の「目標」と関連しています。そのため、本教材を活用することによって、学習指導要領の要請や期待に十分に応えることができると考えられます。

　「目標(2)」には「地理に関わる事象の意味や意義、……場所、人間と自然環境との相互依存関係…などに着目して……多面的・多角的に考察したり、地理的な課題の解決に向けて構想したり……」とあります。また、「目標(3)」には「よりよい社会の実現を視野にそこで見られる課題を主体的に追究、解決しようとする態度を養うとともに、多面的・多角的な考察や深い理解を通して涵養される……世界の諸地域の多様な生活文化を尊重しようとすることの大切さについての自覚などを深める」とあります。

　「内容」については、「B 国際理解と国際協力」の「(2) 地球的課題と国際協力」との密接な関連性を指摘できます。このBの(2)には「ア(イ)」として「世界各地で見られる地球環境問題、資源・エネルギー問題、人口・食料問題及び居住・都市問題などを基に、地球的課題の解決には持続可能な社会

の実現を目指した各国の取組や国際協力が必要であることなどについて理解する」と記載されています。また，「内容の取扱い」の「(2) イ (イ)」では，「地球的課題については，国際連合における持続可能な開発のための取組などを参考に，「地球的課題の各地で共通する傾向性や課題相互の関連性」などを理解するために，世界各地で見られる様々な地球的課題のなかから，ふさわしい特色ある事例を選んで設定する」と記載され，「地球的課題の解決については，人々の生活を支える産業などの経済活動との調和のとれた取組が重要であり，それが持続可能な社会づくりにつながることに留意する」とあります。

　これらの点に着目すると，本教材でパーム油を生産するマレーシアでの熱帯雨林の破壊を学ぶことで，その解決には各国の取り組みや国際協力の必要があることを理解できるのではないでしょうか。また，複雑な問題の解決を考える際に，環境保全のみを考えるのではなく，経済発展や社会統合との調和の取れた取り組みの重要性など，持続可能性も考慮した学習活動を展開したいものです。さまざまな学習活動を取り入れながら，個人や国家，企業や団体等の多様な視点や立場を考慮しつつ，国際的に取り組むことの重要性に気づいていく学習を展開していくことが必要になるでしょう。

4.　実践者としての所感・コメント

　パーム油は身の回りの多様な食品や日用品などに使用されていますが，生徒は油やしがどこで栽培されているのか知らず，ましてやその環境まで考えることもできません。しかし，この教材は生徒が興味をもちやすく，取り扱いやすい教材です。たとえば，ロールプレイを通じてさまざまな立場を知ることによって，パーム油の現状を具体的に把握することができるでしょう。

　熱帯林を守ることは，生態系の保全や気候変動の有効な対策であり，授業者は私たちの生活とも結びつけていきたいです。熱帯地域では，農業のモノカルチャー化によって市場経済の影響を受けやすいです。不安定な状況で働き，収入も十分ではない人々も多いことに驚く生徒も少なくありません。生産地域が直面する問題や人々の生活を知り，私たちに何ができるのか考えることが重要です。地域の問題はその地域だけではなく地球上で暮らす人類が共通して取り組むべき課題であるという意識を生徒にはもってほしいです。

　この教材を通して，生徒は身近なところから地球規模の問題にまで視野を広げて考えることの重要性に気づくことができます。「地球にやさしい」と思って選んだものが，実はそれによって苦しんでいる人々もいるため，問題を複雑で解決困難なものにしています。だからこそ，根気よく向き合い続ける姿勢が重要であることを生徒に伝えていく必要があると考えます。

執筆担当：井上明日香

生徒の感想・意見

◎パーム油が使われていないものだけで生活することはできないなど，自分の生活と関わりがあると思いました。(生徒 1)

◎植物からとった油というと環境に良いとイメージをもってしまうけれど，そうでないパーム油の現実を知って，他にも同じようなことがあるかもしれないと思いました。(生徒 2)

◎自分は普段，勉強をさぼってしまうけれど，ミーナのような子どもがいると知って，甘えたことを言っていてはダメだと感じました。(生徒 3)

本教材の姉妹編

教材名：『パーム油のはなし 2：知る・考える・やってみる！熱帯林とわたしたち』
編集発行：開発教育協会＆プランテーション・ウォッチ
判型頁数：A4 判 48 頁
発行：2020 年
内容物：テキスト (A4 判 48 頁)，ダウンロード資料 (カラー写真 9 枚)

第13章
スマホから考える世界・わたし・SDGs
～わたしたちは何を使っているのか～

どんな教材？

タイプ：クイズ，カードゲーム，ロールプレイ，ダイヤモンドランキングなど
対象：中学生以上
人数：1グループ（3～6人）以上20～40人
所要時間：各ワーク10～45分

本教材の基本情報

教材名：『スマホから考える世界・わたし・SDGs』
企画制作：大平和希子・田中滋・華井和代他
初版：2018年
協力：RITA-Congo／エシカルケータイキャンペーン実行委員会
発行：開発教育協会
受賞：2018年度消費者教育教材資料表彰「優秀賞」

*1　本教材「ねらい」（1頁）より

1. 教材の概要

(1) 教材の特徴

　本教材は3つのテーマと10のワークで構成されていて，スマートフォン（以下，スマホ）が製造され，消費者の手に届くまでの流れを原料調達，製造，流通の3つの観点から詳しく学べるようになっています。学習の目的にあわせて，ワークを単体でも，あるいは複数を組み合わせても使うことができますが，「Ⅰ．もっと知ろう！スマホのこと」をはじめに実施すると，学習者が自らの生活実感に引きつけて考えながら，学ぶことができます。「Ⅱ．スマホを取り巻く問題を考えよう」では，DVDや新聞記事から紛争鉱物について学んだり，組み立て工場での人権問題について，ロールプレイを通して学んだりすることができます。最後には，学習者が自分の今後の行動について考えられるよう，「Ⅲ．わたしたちにできることを考えよう」を実施するとより学びが深まります。

　スマホを取り巻く問題は解決されておらず，解決のためのたったひとつの答えがあるわけではありません。教員（ファシリテーター）も，生徒とともに考え，学習の過程からの学びを大切にしてください。本教材活用時に利用できるスライド資料と写真（**図13-1～図13-4**）は，本教材を購入すれば，ウェブサイトからダウンロードすることができるようになります。

(2) 教材の目的・ねらい[*1]

　本教材の目的やねらいは，次の2つです。

①グローバル経済の仕組みと社会問題，自分とのつながりを理解する

　私たちが身近に使っているあらゆる工業製品は，世界各地に位置する多くの原料供給地や生産地を経由し，製品となり，私たちの手元に届きます。スマホを題材に，見えにくくなってい

図13-1　スマホの分解写真
出典：本教材（21頁），提供：PARC

る工業製品の原料の調達から製造工程の仕組みを知り，経済の
グローバル化の進展とそこから生まれる社会問題と自分とのつ
ながりを理解します。

②消費者として，市民としての責任について考える

　スマホが製造される工程で発生している公正，共生，循環に
関する社会問題の事例とその解決に向けた取り組みを知り，消
費者として，また，市民として果たす責任をともに考えます。

(3) 教材の内容

　ワーク4「並べてわかる！スマホが手元に届くまで」では，
スマホが製造され，消費者の手元に届くまでを10枚のカード
を並び替えながら，原料調達，部品調達と組み立て，流通の3
つの観点から学びます。まず，各グループに，両面印刷したカードを1セッ
ト配付し（図13-2），一番端に「スマホを買い・使う」のカードを置くよう
に伝えます。そして，これから10秒間でスマホがつくられて手元に届くま
での順に10枚のカードを並び変えるように伝えます。並べ終わったら，答
え合わせをしながら，スマホが製造され，消費者の手元に届くまでの工程を
確認します。各工程で何度も国境を越えて輸出されることが確認でき，サプ
ライチェーンがグローバル化していることを学ぶことができる10分間のワー
クです。

　ワーク5「原料の世界地図」では，「スマホの分解写真」（図13-1）や「ス
マホの分解図（原料）」（25頁）から，スマホをつくるのに多くの部品が必要と
され，レアメタルなどの原料が世界各地から集められていることを学びます。
そして，図13-3の原料の世界地図から，スマホの部品のコンデンサの原料
として使われるタンタルの流通に焦点をあて，タンタルの産出国のコンゴ民
主共和国，ルワンダや加工国のベルギー，組み立て工場があるタイ，中国な

図13-2　カードセットのイラストの例

出典：本教材（19頁）

教材の内容物

「テキスト」（A4版96頁）
のなかに以下のカード類な
どを掲載。
①キーワード・カード
②漫画一覧
③カードセット
④写真と解説
⑤原料の世界地図
⑥スマホの分解図
⑦状況説明カード
⑧ワークシート
⑨ランキングシート
⑩歴史カード

用意するもの

①カードセット
②スマホの分解図（原料）
③原料の世界地図
④DVD『スマホの真実：紛
　争鉱物と環境破壊とのつ
　ながり』企画・制作：ア
　ジア太平洋資料センター
　（PARC），発行年：2016
　年。
⑤新聞記事
⑥ワークシート

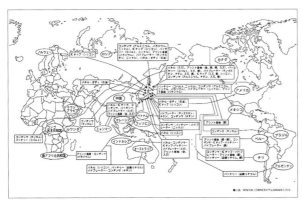

図13-3　原料の世界地図　　　出典：本教材（24頁）

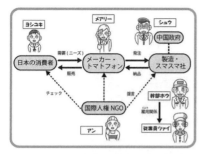

図 13-4　組み立て工場での人権問題

出典：本教材（46 頁）

ど，スマホの部品ひとつとってもさまざまな国を経ていることを知り，スマホが世界とつながっていることを理解できる 30 分間のワークです。

ワーク 8 では，スマホの製造工場がある中国で起きている人権問題に焦点をあて，その構造と自分たちとの関係について学びます。**図 13-4** や役割カードを使い，ストライキが起きた状況への解決方法を考えることで，解決方法とグローバル化について学ぶ 45 分間のワークです。

2. 教材の使い方・進め方

(1) 本教材の進行例

本教材を使用して，45〜50 分間でグループワークを行う際の基本的な進行例を，**表 13-1** に整理しましたので，参考にしてください。

表 13-1　本教材の使い方・進め方（基本編）

①グループ分け・導入	・1 グループあたり 3 〜 4 人のグループをつくる。 ・発問「今持っている自分のスマホは何台目ですか」 　「①1 台目以下②2 台目③3 台目④4 台目以上」のどれかに挙手してもらう。 ・発問「自分にとってスマホは生活必需品だと思いますか」 　「①とてもそう思う②そう思う③あまりそう思わない④そう思わない」のそれぞれに，挙手してもらい，なぜそう思うのか，数人に発表してもらう。
②並べ替え	・発問「スマホができるまで，どのような製造工程を経るか知っていますか」 ・カードセットを各グループに配付，並べ替え（10 秒） ・解説「鉱石から鉱物を取り出し，素材を部品に加工し，組み立てる工程で何度も国境を越えて輸出される」
③スマホ・クイズ	・発問「最初の携帯電話の形を知っていますか」⇒　自動車電話・ショルダーフォン 　「今のスマホは何ができますか」⇒音楽，動画，SNS，お財布，メール，カメラ等 ・解説「こんな大きなショルダーフォンが小さくなった理由の 1 つに，高性能の小さな部品がたくさん使われていることがあげられます」 ・スマホ・クイズ 　1. スマホには何個の部品が使われている？「①100 個②500 個③1000 個」⇒正解③ 　2. スマホの部品の原料である鉱産資源が採れるのはどの大陸か？ 　　「①北アメリカ②南アメリカ③ユーラシア④アフリカ⑤オセアニア」 　⇒　正解すべて（※但し，何度手を挙げても OK） 　3. スマホのコンデンサにはレアメタルのタンタルが使われる。タンタルが鉱石からスマホに加工されるまでの移動距離は何 km ？ 　　「①約 5 千km②約 1 万 km ③約 2 万 km」⇒正解③ ・「スマホの分解写真」（**図 13-1**）と「原料の世界地図」（**図 13-3**）を各グループに配付して，解説する。
④ DVD の視聴・全体で共有する	・問いかけ「レアメタルのタンタルによって，コンデンサの小型化に成功しました。タンタルの主な産出国であるコンゴ民主共和国で何が起こっているのでしょうか」 ・DVD『スマホの真実』（8 分 42 秒まで）視聴⇒コンゴの場所や紛争鉱物について確認。 ・ディスカッション「気づいたことや印象的だったこと，コンゴの紛争が明らかになった後，世界的にどのような動きが起きたと思うか」⇒数グループに発表してもらう。

出典：本教材（10, 21-28 頁）を参考に筆者作成

(2) 本教材を展開・応用するには

　上記（1）で基本的な理解を深めたうえで，さらにこの学習を展開・応用し
ていくために，本教材のワーク 6 とワーク 7 にワーク 10 を組み合わせた進
行例を表 13-2 に整理しましたので，参考にしてください。

表 13-2　本教材の使い方・進め方（展開・応用編）

⑤DVD 視 聴・取引規制	・DVD『スマホの真実』（8 分 43 秒から 13 分 10 秒まで）を視聴。 ・情報提供「紛争鉱物を規制する動きが起こり，紛争鉱物取引規制ができました」
⑥新聞ワーク・個人作業	・次の新聞を各自に配付（朝日新聞「人権を守る企業の責任」2019 年 9 月 11 日，日本経済新聞「ノーベル平和賞のコンゴ医師，性暴力被害救済の基金設立へ」2019 年 10 月 4 日） ・黙読後，「驚いたこと・感じたこと・考えたこと」を各自で書き出す。
⑦私たちにできること	・ランキングシートを個人へ配付。 ・発問「15 個の選択肢のなかから，スマホをめぐる問題を解決するために大切だと思うものを 3 つ選んで○をつけてください」「もしも，他にあれば，最後の空欄に自由に記入してください」 ・グループワーク「どこに○をつけたのか，なぜそれを選んだのかを 1 人ずつ発表してください」⇒数グループに発表してもらう。
⑧ふりかえり	・ふりかえりシートを個人へ配付。 ・発問「私たちの生活スタイルやさまざまな製品の調達方法を変えなければ，社会は持続不可能になります。スマホに限らず，世界とつながっているものはたくさんあります。身近なものの背景やその先に何があるのかをぜひ考えてください」 ・ふりかえりシートに記入。

出典：本教材（26-42, 56-58 頁）を参考に筆者作成

(3) ふりかえりのポイント

　本教材を高校の 1 回の授業（45〜50 分）のなかですべて実施しようとする
と時間が不足して，表 13-1 の「④全体で共有する」や表 13-2 の「⑧ふりか
えり」が実施できずに学習の理解が不十分で終わる場合があります。2 時限
以上の授業を確保できるのであれば，表 13-2 で示した進行例のように，発
展的な議論を展開した後に，ふりかえりを行うとよいでしょう。また，2 時
限目以降に，中国の組み立て工場に関するワークへ展開することもできます。

　授業の最後にワーク 9「スマホから紐解く SDGs」を参考に，資料「SDGs
の 17 の目標（ゴール）」（54 頁）とワークシート「スマホ・携帯を取り巻く問題」
（55 頁）を配付します。そして，「スマホをめぐる紛争鉱物の問題は，どの目
標とつながっていますか」「なぜ，その目標とつながっていると考えますか」
と問いかけ，グループワークを行った後，数グループに発表してもらい，全
体で解説することもできます。その後，「2030 年までに SDGs を達成するた
めに，あなたはどのように行動したいですか」と問いかけ，ふりかえりを行
うとよいでしょう。

本教材のキーワード

・コンゴ民主共和国
・中華人民共和国
・サプライチェーン
・レアメタル
・紛争鉱物
・グローバル化
・大量生産・大量廃棄
・電子ごみ
・リサイクル・リユース
・組み立て工場
・人権問題
・デニ・ムクウェゲ医師
・持続可能な開発目標（SDGs）

3.「地理総合」の目標や内容との関連

(1) 学習指導要領「目標 (1)」および「目標 (2)」

　学習指導要領の「地理総合」の「目標」の冒頭には、「社会的事象の地理的な見方・考え方を働かせ、課題を追究したり解決したりする活動を通して、広い視野に立ち、グローバル化する国際社会に……必要な公民としての資質・能力」とあり、本教材はこの「目標」を達成する教材として有効です。

　具体的には、本教材には「目標 (1)」の「地理に関わる諸事象に関して……地球的課題への取組などを理解するとともに、地図……を用いて、調査や諸資料から地理に関する様々な情報を適切かつ効果的に調べまとめる技能を身に付ける」ワークが含まれています。

　また、「目標 (2)」には「地理に関わる事象の意味や意義……を……空間的相互依存作用、地域などに着目して……地理的な課題の解決に向けて……議論したりする力を養う」とあります。本教材では、コンゴ民主共和国などの原料供給国をはじめ、工業製品の組み立て工場である東南アジアや中国、そして日本などの消費国といった各国の相互依存関係や空間的相互依存作用について、サプライチェーン、レアメタル、紛争鉱物、電子ごみなどのキーワードを手がかりに、公正、共生、循環などの概念を活用して多面的・多角的に考察したり、地理的な課題の解決に向けて議論したりする力を養うためのワークも複数用意されています。

(2)「内容Ａ 地図や地理情報システムで捉える現代世界」

　本教材のワーク５では、スマホの分解図を見ながら、白地図上に原料の産出国や部品の組み立て国に色を塗り、国名、原料名、部品名を記入し、日本と線で結び原料の世界地図を作成します。そして、線でつながった世界地図を見ながら、気づきや驚いたことをグループで話し合うことで、原料の産出国と消費国が異なることやレアメタルが偏在していることを学びます。このワークを通して、「内容」の「Ａ　地図や地理情報システムで捉える現代社会」の「(1)イ(ア) 現代世界の地域構成について、位置や範囲などに着目して、主題を設定し、世界的視野から見た日本の位置、国内や国家間の結び付きなどを多面的・多角的に考察し、表現すること」ができます。

(3)「内容Ｂ 国際理解と国際協力」の「(2) 地球的課題と国際協力」

　本教材は学習指導要領の「内容」のなかの標記の項目とも密接に関わります。また、「内容の取扱い」の「(1)エ」には、「学習過程では取り扱う内容の歴史的背景を踏まえることとし、政治的、経済的……事象なども必要に応

☆身に付けたい知識
・一次産品、モノカルチャー経済、鉱産資源、ベースメタル、レアメタル、都市鉱山、国際分業、多国籍企業、サプライチェーン、グローバル化などの工業化や資源・エネルギー問題に関する知識。
・持続可能な社会の実現を目指した各国の取り組みや国際協力に関する知識。

☆身に付けたい思考力・判断力・表現力
・得られた知識から主題を設定し、国内や国家間の結び付きなどを多面的・多角的に考察し、地図に表現する力。
・現代世界の変容や持続可能な社会の実現に着目し、主題を設定して、課題解決に求められる取り組みなどを多面的・多角的に考察し、表現する力。

じて扱うことができるが，それらは空間的な傾向性や諸地域の特色を理解するのに必要な程度とすること」とあります。これと関連して，コンゴ民主共和国の紛争鉱物の問題は，ベルギー植民地から独立後の独裁政権，隣国ルワンダの内戦，経済のグローバル化による大量生産，そして大量廃棄のシステムなどが複雑に絡み合って発生しています。本教材の発展編のアクティビティでは，歴史から紐解く世界の関係と題して，コンゴの歴史カードと欧米や日本の歴史カードを対比させながら，私たちの生活が与えてきたインパクトや関係について考えることができます。

　また，「(2) イ(イ)」には「……地球的課題は，それぞれ相互に関連し合い，地域を越えた課題であるとともに地域によって現れ方が異なるなど共通性とともに地域性をもつことに留意し……」とあります。このように，原料産出国のコンゴ民主共和国では紛争や性暴力，環境破壊や貧困，製造国の中国では労働問題や人権問題，そして消費国の日本では大量廃棄やスマホ依存など，スマホをめぐる問題は，さまざまな形で発生し，それぞれが関連し合っています。これらの問題から目を背けず，進行役と学習者が悩みながらも，解決策や改善策を考えることが「持続可能な社会づくりにつながること」になります。

4.　実践者としての所感・コメント

　筆者がスマホの授業を行うようになったきっかけは，「SDGs について，みんなで考える授業をしたい」という生徒からのリクエストでした。ワーク3「スマホ・クイズ」，ワーク4「並べてわかる！スマホが手元に届くまで」，ワーク6「紛争鉱物をめぐる問題」，ワーク10「わたしたちにできること」を 45 分間×2 時限で行いました。ワーク6の紛争鉱物に関する DVD を視聴し，「人権を守る企業の責任」と「性暴力の涙 他人事にしないで」というムクウェゲ医師に関する2枚の新聞記事を読み，コンゴ民主共和国で何が起きているのかを知った生徒は，「難しい」「わからない」「どこから解決していけばいいの」と頭を抱えてしまいました。そんな生徒たちに「わからないよね，難しいよね。それでも，わたしたちは前に進みましょう」と励ましながら，ワークを進めていきました[*2]。生徒の様子を見て，授業の最後に，ワーク9「スマホから紐解く SDGs」を行い，スマホを取り巻く問題と SDGs の関係について考えてみるのかを判断してもよいでしょう。

生徒の感想・意見

◎今まで知らなかったことや関心の薄かったことに対して興味をもつよいきっかけとなった（生徒1）

◎今回のワークショップで大きな国際的な問題において私にできることはほぼ無いのではないかと感じていたが，些細なことでも一人ひとりの意識，行動が大切なのだと感じた。今後，この気づきを忘れることなく，問題解決に自分ができることを考え，行動し続けていきたい。（生徒2）

◎今回のワークショップで紛争鉱物が大きなテーマとなった。「紛争が起こっていて苦しんでいる人がいる」。このことをどれだけ自分ごとの痛みとして捉えられるのか，そして「ただその地域の鉱物を使用しないということでは解決しない」という難しさにどれだけ向き合えるのか。私達一人ひとりが，遠い国の話と思うのでなく，「わかろう」「知ろう」と行動することが，世界のさまざまなところで起こっている紛争，分断，差別を解決へと導く糸口になるのではないか。（生徒3）

*2　この授業の様子は，映画『ムクウェゲ』「女性にとって世界最悪の場所」で闘う医師』（監督：立山芽以子，2021 年，製作著作：TBS テレビ，配給：アーク・フィルムズ）のなかで紹介されている。Amazon Prime Video でも配信されている。ムクウェゲ医師は，2018 年ノーベル平和賞を受賞。詳細は，以下のサイトを参照。http://mukwege-movie.arc-films.co.jp

執筆担当：吉崎亜由美

第14章
『おいしいチョコレートの真実』
～働く子どもたちとわたしたちとのつながり～

どんな教材？

タイプ：クイズ，ロールプレイ，映像視聴，ダイヤモンドランキング
対象：中学生以上
人数：1グループ（3～5人程度）
ユニット数：4つ
所要時間：90分～120分（4つのユニットを通して行った場合）

本教材の基本情報

教材名：『おいしいチョコレートの真実』
制作発行：特定非営利活動法人 ACE（エース）
制作協力：中央ろうきん助成プログラム，LUSH チャリティバンク
初版：2008年
改訂版：2022年（第11刷）

*1　世界中のすべての子どもの権利が守られ，希望をもって暮らすことのできる社会を実現するために，1997年に学生の有志によって設立された国際協力NGO。児童労働の撤廃と予防に取り組むことが活動の目的となっている。具体的な活動は，①主にインドやガーナで子どもを児童労働から守り，教育を推進するための啓発や貧困家庭の自立支援，②企業との協働，③政府に対する政策提言，④消費者への啓発活動，⑤同じ目的を持つ他の団体とのネットワーク構築などの事業から成り立っている。ちなみに，ACEとは Action against Child Exploitation の略称である。詳細については，以下のサイトを参照。https://acejapan.org/

1. 教材の概要

（1）教材の特徴

　チョコレートは，子どもから大人まで世代を問わず消費され，大衆品から高級品まで，大小さまざまなメーカーによる多種多様な製品が市場に出回っています。それとともに，バレンタインデーに代表されるようなメーカー商戦の主軸にもなっています。しかしながら，チョコレートの製造・流通・販売・消費の一連の流れについて，私たちが思いをはせることは果たしてどれだけあるのでしょうか。たとえば，原材料のひとつであるカカオ豆が誰によって栽培・収穫され，製品に加工され，また，誰が製品の価格を決定し，市場へと供給され，消費者の手もとに渡るのか，そのプロセスについては私たちの多くが無関心であるように思われます。しかし，そのようなプロセスをたどっていくと，児童労働や経済格差，環境破壊といった地球規模での諸課題へと結びついていくのです。

　本教材『おいしいチョコレートの真実』は，開発教育におけるワークショップ用教材として特定非営利活動法人 ACE（エース）[*1]によって2008年に発行されたもので，サブタイトルにもあるように，カカオ豆の収穫に従事するガーナの子どもたちと，遠く離れた日本に住むチョコレートの消費者である私たちとのつながりについて気づきを得ることができるよう，内容面や方法面に工夫を施しています。

　カカオ産業における児童労働については，2000年にイギリスのチャンネル4のドキュメンタリー番組「The bitter taste of slavery[*2]」で，コートジボワールなどの西アフリカ諸国での惨状が報道されたことがきっかけとなって欧米諸国を中心に問題意識が広がり，チョコレート業界をはじめとする企業，カカオ豆生産国の政府，国際機関，NGO（非政府組織）などによる対策への取り組みがなされるようになりました。日本においても，2006年にテレビ[*3]番組でガーナの児童労働の様子がとりあげられたことがきっかけとなって，

この問題への関心が高まっています。フェアトレードによるチョコレートの製造・販売はその一例といえるでしょう。ACE をはじめとするさまざまな NGO では，現地に赴き児童労働についての実態調査を進めていますが，本教材はそうした調査を通じて明らかとなった成果の一部を，教育的な観点に立脚しながら内容構成を施したものといえます。

(2) 教材の目的・ねらい

　先に述べたように，本教材は，日本の消費者が，身近な嗜好品であるチョコレートを切り口にしながらガーナにおけるカカオ生産現場の児童労働の実態について把握し，それが起こる背景について考察し，問題解決に向けた行動を起こすためのきっかけづくりとなることを目的としています。本教材の具体的なねらいについては，学習指導要領が示す 3 つの資質・能力（「知識・技能」「思考・判断・表現等」「主体的に学習に取り組む態度等」）との関わりから以下に示す 3 つの点に集約されます。

①自分たちにとって身近な嗜好品のひとつであるチョコレートを通して，ガーナの児童労働の現状と日本の消費者の生活とのつながりについて，ロールプレイなどの手法を用いて理解を深める（知識・技能）。
②カカオ豆の輸出入をめぐる世界貿易のシステムや，その背景にある経済のグローバル化が引き起こすさまざまな諸問題について多面的・多角的に考察する（思考・判断・表現）。
③児童労働の問題に対して，当事者意識をもって捉えるとともに，一人ひとりが実行可能なアクションを起こすためのきっかけをつくる（主体的に学ぶ態度）。

(3) 教材の内容

　本教材は，①ガイドブック，②教材キット，③補助教材（DVD）の 3 つの内容物で構成されています。以下，①～③の内容について簡単に説明をします。
　①では，ワークショップを実施するためのねらいや手順が，4 つのユニットごとに示されるとともに，児童労働に関する補足資料，ユニット 4 で使用されるシート類[*1]とユニット 2 で使用されるカード類[*5]が収められています。②では，ユニット 2 で使用される家族紹介シート 6 枚，日本とガーナのお買い物カード 1 枚，家族ごとのお買い物シート 6 枚がまとめられています。③では，ユニット 1 で扱うチョコレートクイズ用のスライド画像と，ユニット 3 で扱うカカオ生産の特徴と児童労働の現状をとらえた映像で構成されています。
　上述した 1 から 4 の各ユニットの内容について，以下，説明をします。

*2　BBC News "The bitter taste of slavery" (2000 年 9 月 28 日，http://news.bbc.co.uk/2/hi/africa/946952.stm) を参照。

*3 フジテレビ系列で放映された『世界がもし 100 人の村だったら 4』（2006 年 6 月 3 日放送）。フジテレビ『世界がもし 100 人の村だったら　ディレクターズエディション』（DVD，ポニーキャニオン，2009 年）に収録。

*4　「カカオ産業の児童労働をなくすための 9 つの方法」と題したランキングシート。

*5　ロールプレイで登場する 6 家族（日本 2 家族，ガーナ 4 家族）のセリフカード。

　ユニット 1 は，「導入：チョコレート，カカオ，アフリカについて知る」をテーマに，身体動作を伴うアクティビティ「部屋の四隅」を通して DVD の収められたスライド画像に示された 5 つのクイズ問題を解きながらチョコレートやカカオ，児童労働に関する理解を深めていきます。

　ユニット 2 は，「メインワーク：ガーナのカカオ農家と日本の家族を体感」をテーマに，6 つのグループに分かれてロールプレイを行います。ロールプレイはシーズン 1 とシーズン 2 の 2 つのセクションに分かれており，前者では，各グループに割り当てられた家族構成と構成員の職業上での置かれた立場について個々のメンバーが理解し，「収入」や「必ずかかるお金」を踏まえたうえで，「使えるお金」でどのような買い物が可能なのかを話し合い，判断・決定します。そこでは，先に紹介した家族紹介シート，お買い物カード，家族ごとのお買い物シートを活用します。後者では，カカオ豆の市場価格が変動することによって，各家族にどのような影響がもたらされたのかを理解するべく，セリフカードを用いて簡単な寸劇を行います。

　ユニット 3 は，「映像で学ぶ：カカオ産業の児童労働の現状と取り組み」をテーマに，児童労働や貧困が起こる要因や社会的背景，解決へ向けての取り組みについて理解するために，DVD を用いて映像を視聴します。DVD 映像は以下に示す①から④のチャプターに分かれており，ガーナの農村部における人々の生活やカカオ生産の様子についてリアルに捉えています。

①ガーナの生活：農村での暮らし，学校の様子
②カカオ生産の様子：収穫作業の様子，子どもが行う作業
③児童労働の背景：貿易・価格決定の仕組み，世界でつくられる換金作物
④児童労働をなくす取り組み：報道，産業界の取り組み，フェアトレード

　ユニット 4 は，「考える：日本の私たちにできることは？」をテーマに，カカオ産業の児童労働問題を解決するために，自分たちにできることを考えるべく，ペアもしくはグループで，ランキングというアクティビティを実施します。具体的には，「児童労働をなくすための 9 つの方法」と題し，以下に示す A から I のアクションについて，次ページに示す図 14-1 にならってダイヤモンド型に優先順位を上から順につけていきます。その際，何を基準に順位づけするのかを明確にしておく必要があります。

　A．図書館やインターネットなどで児童労働について調べたり，勉強した
　　　り，知識をつける。
　B．児童労働をなくすために活動している団体の講演会やイベントに参加

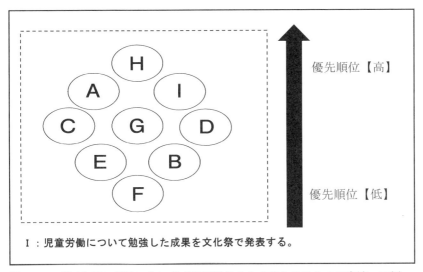

優先順位【高】

優先順位【低】

Ⅰ：児童労働について勉強した成果を文化祭で発表する。

図 14-1　ダイヤモンドランキング「児童労働をなくすための 9 つの方法」の例

学びのメモ：
カカオ生産者組合

　ガーナなどのカカオ豆生産国では，生産者の組合がいくつかある。その共通する目的としては，生産者どうしが相互に助け合い，市場での競争力を高め，農民が経済的・政治的な自立を目指すことがあげられる。
　1993 年にガーナで設立された「クアパココ」は，イギリスのチョコレート会社とフェアトレード契約を結ぶことで，農家にカカオの最低買い取り価格を保障している。また，村ではグループ単位で，井戸や学校の建設費，農産物を加工する機械の購入費など，教育や福祉，農業技術の向上へ向けた補助金の支給，さらには，技術訓練や貯蓄・融資といった農民の生活をサポートするためのサービスをも行っている。なお，「クアパココ」とは，ガーナのカカオ豆生産地域で最も話されている言語であるチュイ語で「最も優れたカカオ農家」の意味である。
　詳細については，以下の文献を参照されたい（※文献名で検索可能）。
・特定非営利活動法人 ACE（2012）『フェアトレードで世界を変えよう：NGO・企業・市民がつくる，貧困のない世界（平成 23 年度外務省 NGO 研究会「フェアトレードを通じた国際協力」研究会報告書）』外務省国際協力局民間援助連携室。

する。
C．児童労働をなくすために活動している団体を支援する（募金／ボランティアをする）。
D．普通のチョコより高くても，児童労働でつくられていない「フェアトレード」のチョコを買う。
E．児童労働によってつくられていないフェアトレードのチョコをつくってほしいと，企業に手紙を送る。
F．日本政府にもっと児童労働の問題に取り組んでほしいと署名を集め，その声を届ける。
G．新聞やテレビなどを通して児童労働の問題を多くの人に訴える。
H．カカオ産業の児童労働について，身近にいる人たちと話す。
Ⅰ．空欄：自分が考えたアイディアを書き込む。

2. 教材の使い方・進め方

(1) 本教材の展開例

　次頁の表 14-1 はガイドブックに基づいて本教材の 4 つの基本形ユニットにおける学習活動について整理したものです。ここから本教材を活用した学習展開について理解できるものと思います。なお，4 つのユニットを通してワークショップを実施する場合，おおよそ 90 分から 120 分の時間を要します。しかしながら，45 分ないしは 50 分を 1 時間とする学校の授業の場合，2 時間以上連続での実施は難しいゆえ，ここに示す展開例は，各ユニットでの学習を 1 時間の枠内で収めることを念頭に置いています。

表14-1　本教材（ユニット1～ユニット4）の展開例

ユニット名	学　習　活　動
ユニット1 導入：チョコレート，カカオ，アフリカについて知る ～体を動かしながら学べるクイズ～	・映像を見て，四者択一のクイズ問題への回答のために，教室の四隅に貼られたA～Dいずれかのコーナーに向かう。 ・各問題の正答を確認し，教師から関連事項についての解説を受ける。 ・ガーナの国勢や児童労働の実態などについての資料をもとに，教師から関連事項についての解説を受ける。
ユニット2 メインワーク：ガーナのカカオ農家と日本の家族を体感 ～ガーナと日本の家族の生活をグループワークで体験し，児童労働の原因を体感しよう！～	・6グループに分かれ，グループごとに「家族紹介シート」を用いて，各メンバーが与えられた家族の役になりきる。 ・グループごとに「お買い物カード」「家族ごとのお買い物シート」を用いて，限られた予算のなかから，生活を送るのに必要不可欠なモノやサービスの「買い物」を行う。 ・グループごとにカカオ豆価格の変化が各家族にどのような影響を及ぼすのかを，「セリフカード」を読みながら確認する。 ・ロールプレイを通して気づいたこと，感じたことをグループごとに話し合い，その成果をクラス全体で共有する。
ユニット3 映像で学ぶ：カカオ産業の児童労働の現状と取り組み ～児童労働や貧困が起こる原因や背景，問題への取り組みをDVDの映像で理解～	・映像を視聴することで，ガーナ農村部における人々の生活，カカオ生産の様子，カカオ貿易・価格決定の仕組み，児童労働の背景とそれをなくすための一連の取り組みについて理解を深める。 ・映像内容の関連事項についての資料をもとに，教師からの説明を受ける。
ユニット4 考える：日本の私たちにできることは？ ～カカオ産業の児童労働の問題を解決するため，自分たちにできることを考えるアクティビティ～	・ペアもしくはグループになって，児童労働問題解決へ向けたA～Hの8つの取り組みについて理解する。 ・児童労働問題解決へ向けたIの取り組みについてペアもしくはグループで協議した上で提案する。 ・A～Iの9つの取り組みについて，ペアもしくはグループごとにランキングをつける。 ・ランキングの根拠について，ペアもしくはグループごとに発表する。 ・ランキングを通して気づいたこと，感じたことをクラス全体で共有する。

本教材のキーワード

・チョコレート
・児童労働
・貧困
・カカオ産業
・ガーナ

(2) ふりかえりのポイント

　　各ユニットの学習後に行うふりかえりのポイントについて，ユニットのねらいをもとにしながら，次頁の**表14-2**に整理しました。この表は生徒の学習の成果となる教師の側で設定する評価の観点にもつながっていきます。

3.「地理総合」の目標や内容との関連

　　本教材は，学習指導要領の「地理総合」の「内容」の「B　国際理解と国際協力」の「(2) 地球的課題と国際協力」に相当します。そこでは世界各地で見られる地球的課題について，「地域の結び付きや持続可能な社会づくりなどに着目して，主題を設定し，現状や要因，解決の方向性などを多面的・多角的に考察し，表現する」活動を通して，「地球的課題の各地で共通する傾向性や課題相互の関連性」や「地球的課題の解決には持続可能な社会の実

表14-2　各ユニットのふりかえりのポイント

ユニット名	ふりかえりのポイント
ユニット1	・チョコレート，カカオ，アフリカに関するこれまでのイメージが授業後にどのように変化したのか。
ユニット2	・ガーナのカカオ生産農家の暮らしと児童労働が生じる背景とを結びつけることができたか。 ・ガーナと日本の貧富の格差からカカオ生産者とチョコレート消費者とのつながりについて意識することができたか。
ユニット3	・児童労働や貧困の背景について，カカオ貿易や価格決定の仕組み，植民地支配の歴史などとの関わりから捉えることができたか。 ・カカオ産業や国際機関等における児童労働の問題解決へ向けての取り組みについてさまざまな角度から理解することができたか。
ユニット4	・児童労働問題にはさまざまな解決方法があることを理解できたか。 ・児童労働問題解決へ向けて自分たちができる取り組みについて考えるきっかけをつくることができたか。

出典：筆者作成

現を目指した各国の取組や国際協力が必要であること」について理解を深めることが学習指導要領上での目標となっています。本教材を「地理総合」の授業において活用する場合，そのことを念頭に置いたうえで学習目標を設定し，実践がなされることが期待されます。

4. 実践者としての所感・コメント

　最後に，本教材の内容を踏襲したうえで，「地理総合」での授業を想定した筆者オリジナルの実践の概要について以下に示します。チョコレートを切り口に，世界諸地域間の空間的相互関係を認識し，そこから，原料生産国が抱える諸課題の発見・解決へと至る探究プロセスを重視した授業の展開を意図しています。[10]

単元名：「チョコレートから世界が見える」（全15時間）

単元構成：

1）チョコレートについて広く，深く理解しよう！（2時間）

2）チョコレートの原材料と生産国・消費国の関係とは？（2時間）

3）チョコレートはどこからどのようにして私たちの手もとにやってくるのか？（2時間）

4）カカオ豆の生産地・ガーナのプランテーション労働者の生活をのぞいてみよう！（2時間）

5）チョコレートからどのような問題が見えてくるのか？（2時間）

6）プランテーション開発の是非について考えてみよう！（3時間）

7）持続可能な社会の実現へ向けて私たちができることとは何か？（2時間）

執筆担当：泉　貴久

参考文献

以下にあげる図書は，児童労働の実態や貧困の要因の一つである世界貿易・国際経済のシステムについて詳細に論じられています。

・ジャン＝ピエール・ボリス（2005）『コーヒー，カカオ，コメ，綿花，コショウの暗黒物語：生産者を死に追いやるグローバル経済』林昌宏訳，作品社

・キャロル・オフ（2007）『チョコレートの真実』北村陽子訳，英治出版

・児童労働を考えるNGO ACE・岩附由香・白木朋子・水寄僚子（2007）『わたし8歳，カカオ畑で働きつづけて。：児童労働者とよばれる2億1800万人の子どもたち』合同出版

・白木朋子（2015）『子どもたちにしあわせを運ぶチョコレート：世界から児童労働をなくす方法』合同出版

*10　実践の詳細については下記を参照されたい。

・泉貴久（2021）「チョコレートを切り口にシステム思考を育む授業実践」地理教育システムアプローチ研究会（編）『システム思考で地理を学ぶ：持続可能な社会づくりのための授業プラン』古今書院，55-63頁。

第 15 章
豊かさと開発
～「貧困（貧しさ）」とは何かを考える～

どんな教材？

タイプ：クイズ，カードゲーム，ロールプレイ，コンパス分析，ダイヤモンドランキング　など
対象：高校生以上
人数：20 ～ 40 人
所要時間：各ワーク 40 ～ 90 分

本教材の基本情報

教材名：『豊かさと開発：Development for Future』
編著者：近藤牧子・西あい
初版：2016 年
発行：開発教育協会

教材の内容物

・テキスト（A4 判 56 頁）
・付録 CD（1 枚）

*1　本教材「趣旨とねらい」（3 頁）より。

1. 教材の概要

(1) 教材の特徴

　貧困は，開発教育が長く取り組んできた問題のひとつです。しかし，貧困を生み出す背景や原因は多岐にわたり，互いに絡み合い，時代とともに複雑に変化していきます。そのため，この問題の全容を理解して，改善策や解決策を見つけ出すことは容易ではありません。また，日本に暮らす私たちにとっても身近な問題であり，経済的な貧困の当事者として困難な日々に直面しているなかで，貧困について学習することが，学び手の自己肯定感や生きる力を削ぐことにつながるのではないか，という危惧もあります。そこで，本教材は貧困を正面から取り上げるのではなく，「どのような“豊かな社会”を構想するのか」という視点から議論を始め，貧困を克服し，持続可能な開発の担い手として，それに向けて克服しなければならないことを構造的に理解していくというアプローチを取っています。さらに，持続可能な未来をつくる担い手である子どもや若者を受け身の学び手ではなく，主体的な創り手として捉え，これらの問いをともに考える教材になっています。

(2) 教材の目的・ねらい[*1]

　本教材の目的やねらいは，次の 3 つです。
①「豊かな社会とはどのような社会か」「その実現のためには何ができるか」について，自分自身の考えをもつ

　他者と意見交換する際には，自分自身の考えをもつことが大切であり，豊かさや開発のあり方を判断していく自分のモノサシをつくることを目指します。
②社会のあり方や開発をめぐる問題について，さまざまな角度からその背景や原因について考察する視点を身に付ける

　貧困や格差などの開発問題は，歴史的な経過とともに，政治や経済，身分

や階層といった社会的な構造や制度によって私たち人間がつくりだしてきたものであり，私たち自身によって「状況は変えられる」ことを理解します。
③自らが他者とともに開発のあり方を決定し，未来の社会づくりに参加する主体であることを理解する。

(3) 教材の内容*2

　本教材は，「アクティビティ編」と「実践事例編」の 2 部構成となっています。冒頭にある「理論編：豊かさへのエンパワーメント」では，本教材の主題である貧困や豊かさの捉え方や「エンパワーメント」を通して，貧困を克服し，豊かさを手に入れられることを説明しています。

　「アクティビティ編」には，豊かな社会のあり方について考え，意見を述べ合う「話す」，現在の開発のあり方をいくつかの見方から分析し，その背景や問題の原因を考察する「分析する」，そして，望ましい未来の社会のあり方とそれに向けて何ができるかを考える「構想する・行動する」の 3 つの分野，合計 6 つの参加型学習のアクティビティがあります。

　アクティビティ 1 「『豊かな社会』にとって大切なこと」やアクティビティ 2 「何のための開発？：ダイヤモンドランキング」では，4 ～ 6 人のグループになり，カードを使いながら，日本の子どもたちにとって，「豊かな社会に大切なこと」などについて，意見を交換します。この「話す」アクティビティでは，開発のあり方や豊かさをめぐる多様な価値観を認め合いつつ，既成概念に縛られることなく自分自身の考えを形づくることを目指しています。アクティビティ 3 「写真で話す，私たちの世界：コンパス分析」では，開発や社会のあり方に関する風景を写した写真と写真に関連する資料を見ながら，「経済」「意思決定」「社会」「自然・環境」の 4 つの視点から，そこに働く力関係などを分析します。*3 アクティビティ 4 「『力の剥奪』」としての貧困～レーダーチャート」では，具体的な状況や出来事について多様な観点から「分析する」ことを通して，その背景にある社会構造を見るための視野を広げ，この世界は変えられると思えるようになることを目指します。続く「構想する・行動する」では，アクティビティ 6 の「未来予想図」で，目指したい未来の社会をつくるために自分自身がどう関われるかを考えます。「実践事例編」では，掲載アクティビティの実践事例を掲載し，各現場でどのように展開できるのかを紹介してあります。

本教材のキーワード

・貧困・飢餓
・戦争・紛争
・豊かさ
・先進国・途上国
・社会開発・人間開発
・格差・不平等
・公正
・コンパス分析
・レイダーチャート
・力の剥奪
・エンパワーメント
・市民
・参加型学習
・合意形成
・持続可能な開発
・内発的発展

＊2　本教材「本書の構成」（3-4 頁）より。

＊3　コンパス分析
　ある問題や現象を「経済（Economy）」「意思決定（Who decides?）」「社会（Social）」「自然・環境（Nature）」，の 4 つの視点から分析する学習手法。それぞれの英語の頭文字が「E（est）＝東」「W（est）＝西」「S（outh）＝南」「N（orth）＝北」と方角を表すことから「コンパス分析」と呼ばれる。経済（E），社会（S），自然・環境（N）の均衡を図ることは「持続可能な開発」の目的であり，その実現には誰が意思決定（W）するかが重要となる。

用意するもの（表15-1）
①カード「豊かな社会にとって大切なこと」（人数分）
②ワークシート（人数分）

用意するもの（表15-2）
①写真（開発や「豊かさ」などに関するものを付属CDからコピー）
②大きな紙（各グループ1枚）
③マジック（人数分）
④ふせん紙（適量）

2.　教材の使い方・進め方

(1) 本教材の進行例

　本教材を使用して，40分間でグループワークを行う際の進行例を「**表15-1**」に整理しましたので，参考にしてください。

(2) 本教材を展開・応用するには

　上記（1）で基本的な理解を深めたうえで，さらにこの学習を展開・応用していくために，本教材のアクティビティ3「写真で話す，わたしたちの世界：コンパス分析」の進行例を参考にしてください（**表15-2**）。

(3) ふりかえりのポイント

　教材では，学習者は参加型の手法を使って対話をしながら学び合います。参加型学習のプロセスは，実生活での社会参加の練習の場であり，学習プロ

*4　「**参加のルール**」
　本教材5-6頁を参照。

表 15-1　本教材の使い方・進め方（基本編）

①グループ分け・導入	・1グループあたり4〜6人のグループをつくる。 ・「参加のルール」[*4]を確認する。 ・カード「豊かな社会にとって大切なこと」（14-15頁）とワークシート（書式は任意）を1人ずつ配付する。 ・個人作業で「自分にとって"豊かである"とはどのような状態か」を考え，「最もあてはまると思うものを9枚選び，ワークシートに記入してください」
②2〜3人のグループで話す 全体で共有する	・「どのカードを選んだのか」とその理由を共有する。 ・個人で選んだカードをさらに5枚に絞り，2〜3人と選んだ理由とともに共有する。 ・「どのような意見があったのか」「枚数を絞る時にどのようなことを考えたか」について，全体で確認・共有する。
③4〜6人のグループで話す・考える 全体で共有する	4〜6人グループになり，次の質問について考えてもらう。それぞれの質問に対し，「どうしてそう思ったか」などを尋ねながら全体で共有する。 ・発問1「南アジア（特定の地域）の若者にとっては，どのカードが大切でしょうか」 ・発問2「先住民族（社会的に差別された人たち）にとって，どのカードが大切でしょうか」 ・発問3「日本が豊かな社会であるために必要だと思うことは何ですか」 ・発問4「世界中の人たちが豊かであるためには，どのような状態が優先されるとよいのでしょうか」 ※カードの項目は，所持品，ライフスタイル，制度，文化，労働，環境，など多岐に渡る。「経済」「政治・意思決定」「環境」「ネットワーク」「健康・安心・安全」「時間・空間・生活」「教育」「文化」「社会保障」を網羅するように項目立てしている。多様な内容を提示し，学習者の価値観により深く問いかけ揺さぶりたいという意図が込められている。
④ふりかえり 全体で共有する	・発問5「あなたは将来，どのような社会に暮らしたいですか，また，どのような未来をつくりたいですか。ワークシートのふりかえりに記入してください。」 ※社会や地域，そこに暮らす人々が持っている力を十分に発揮して，人々の位や地域社会がよりよくなっていくことが開発の意味であることを理解できるとよい。

出典：本教材（12-13頁）を参考に筆者作成

表 15-2　本教材の使い方・進め方（展開・応用編）

①グループ分け・導入	・1 グループあたり 4 〜 5 人のグループをつくる。 ・「参加のルール」*1 を確認する。 ・各グループに，写真と大きな紙を 1 枚ずつ，マジック，ふせん紙を配る。 ※写真は各グループで異なるものを使用してもよい。
②個人作業	・写真を見ながら，個人作業で自由に疑問や気になることをふせん紙に 1 枚につき 1 項目ずつ書き出す。ふせん紙は何枚使用してもよい。
③ 4 〜 5 人のグループで分析する	・大きな紙に「経済（Economy）」「意思決定（Who Decides?）」「社会（Social）」「自然・環境（Nature）」を示した図を描き，紙の中心に写真を置く。各自が書いたふせん紙を 1 枚ずつ順に読み上げ，4 つのどれに関することか話し合いながら，あてはまる場所に貼る。 ・出されたふせん紙の事柄を，問題の「原因」「結果」「その他」に分類しながら，さらに理解を深める。「原因」「結果」「その他」については，マジックで色分けして囲んでいくなどの分類をするとよい。
⑨全体で発表する・ふりかえり	・全体で発表する。また，話し合いを通してどんなことに気づいたか，写真で示された事象に関連して，どのような影響や問題が考えられるか，それを生み出す要因や背景は何か，その特徴は何か，などを話し合う。 ・ふりかえりを記入

出典：本教材（21-22 頁）を参考に筆者作成

セスを通して自分の考えをまとめ，それを表現する方法を学び，他者の意見を聴き，他者の意見の受け止め方を学びます。

　本教材は，「豊かな社会にとって大切なこと」について，自分の意見や考えを表現し，グループやクラスのほかの生徒の意見や考えを聴くことで，「どのような社会で暮らしたいか」について考え，授業の最後にふりかえり，クラス全体で共有しながら，学びを深めます。そのためには，さまざまな背景や考え方をもつ生徒どうしが，豊かさや開発などの価値観を他者と共有できる雰囲気をつくることがとても大切です。

　この授業後の展開として，本教材に附属している CD に収録されている開発や社会のあり方に関する風景を写した写真と関連する資料を使って，「経済」「意思決定」「社会」「自然・環境」の 4 つの視点からその課題を分析する「コンパス分析」を行うのがおすすめです。

3.「地理総合」の目標や内容との関連

(1) 学習指導要領「目標（3）」

　学習指導要領の地理総合の「目標（3）」には，「地理に関わる諸事象について，よりよい社会の実現を視野にそこで見られる課題を主体的に追究，解決しようとする態度を養う」とあります。本教材に掲載されたアクティビティを活用した参加型学習は，この「目標（3）」を達成する一助になります。

　具体的には，本教材には「内容 C」の「(2) 生活圏の調査と地域の展望」

☆身に付けたい知識

・地図の読図や作図，衛星画像や空中写真，景観写真の読み取りなどの地理的技能。
・空間的相互依存作用について分析する技能。
・持続可能な地域づくりへの理解。
・生活圏の調査を基に，地理的な課題の解決に向けた取組や探究する手法に関する知識。

☆身に付けたい思考力・判断力・表現力

・生活圏の地理的な課題について，生活圏内や生活圏外との結び付き，地域の成り立ちや変容，持続可能な地域づくりなどに着目して，主題を設定し，課題解決に求められる取組などを多面的・多角的に考察，構想し，表現する力。

にある「ア(ア) 生活圏の調査を基に，地理的な課題の解決に向けた取組や探究する手法などについて理解すること」や「イ(ア) 生活圏の地理的な課題について，生活圏内や生活圏外との結び付き……課題解決に求められる取組などを多面的・多角的に考察，構想し，表現すること」に関する知識を身に付け，思考力，判断力，表現力を育むワークが複数用意されています。

(2)「内容C　持続可能な地域づくりと私たち」

アジア初のノーベル経済学賞の受賞者で，「公共」の教科書にも紹介されているアマルティア・セン (Sen, A.) は，「貧困とは人間としての潜在能力（パワー）が社会によって奪われた状態である」と考えました。そして，貧困から抜け出すためには，うばわれた力を取り戻すこと，エンパワーメントが必要だといっています。エンパワーメントには，個人的な能力向上だけでなく，自分自身の状況を改善するために，社会に対して働きかける力を獲得するという2つの要素があります。しかし，弱い立場にある人々が社会に対して働きかけるのは容易ではありません。

「内容C」の「持続可能な地域づくりと私たち」では，その「取扱い」の「(2)ウ(イ)」に「これまでの学習成果を活用しながら，生徒の特性や学校所在地の事情などを考慮して，地域調査を実施し，生徒が適切にその方法を身に付けるように工夫すること」とあります。また，同じく「取扱い (1)オ」には「調査の実施や諸資料の収集に当たっては，専門家や関係諸機関などと円滑に連携・協働するなどして，社会との関わりを意識した活動を重視すること」とあります。

こうした地域調査を通して，生徒自身が個人的な能力を向上させ，地域の専門家と関わり，行政機関やNPOなどのさまざまな機関と連携しながら，自分自身や弱い立場の人々の状況を改善するために何ができるのかをともに考えることが，持続可能な地域づくりにつながります。

「持続可能な地域づくり」，すなわち「持続可能な開発」とは，「将来の世代が自らの要求を充足する能力を損なうことなく，今日の世代の要求を満たすことである[*6]」と定義されています。

生徒が地域の専門家やさまざまな機関と関わることによって，世代間の相互理解や相互学習が促進されていきます。そして，それは持続可能な開発がめざす貧困，人口問題などの世代内の公正や環境，資源問題などの世代間の公正について考え，生徒が平和で民主的な社会の創り手として成長していく第一歩となります。

[*5]　たとえば，『公共』実教出版，2022年，28-29頁。

[*6]　1987年に環境と開発に関する世界委員会（ブルントラント委員会）が公表した報告書『Our Common Future（我ら共有の未来）』における定義。邦訳書は『地球の未来を守るために』福武書店，1987年。

4. 実践者としての所感

本教材アクティビティ3の「コンパス分析」は，たとえば，教科書のなかの「産業の発展と生活文化」や「グローバル化の進展と生活文化」「地球的課題と国際協力」「生活圏の諸課題」などの単元で活用することができます。**表15-3** は，干上がったアラル海の写真を使ったコンパス分析です。生徒は，写真に関連する具体的な情報として朝日新聞の記事[7]を資料に分析を進めました。「自然」「経済」「社会」の分析は進みましたが，誰が決定権をもつのか，誰がその決定により影響を受けるのか，などの政治的な力関係を分析する「意思決定」は難しかった様子で，全体の発表のなかで理解が進んでいきました。

高校3年生対象の進路決定者講座では，新大久保の景観写真を分析した後，持続可能な地域づくりを考えるフィールドワーク「PBL フィールドで社会問題に出会う[8]」を行いました。生徒が立てた問いやゴールは，「みんなの街をテーマにオーディオピクチャーを制作し，共生するための方法を提案する」「多言語避難誘導看板を制作し，外国人への災害対策を啓発する」「多国籍の地域でのマナーをテーマに映像を制作し，文化や習慣，感覚の違いによっておこる問題の解決策を見つける」などです。このプロジェクト学習は，アクティビティ5「参加のはしご[9]」の第7段「子ども主導の参加」で進められ，学習を通して生徒が身に付けたい力は，協調性，考え抜く力，働きかけ力，実行力，傾聴力，主体性，計画力，デザイン力，創造力です。雨が降る中，生徒は根気強く観察やインタビュー調査を行い，新たな力を開花させました。

表 15-3　コンパス分析「アラル海」

Who decides?（意思決定）	Nature（自然・環境）
・古くさびた船はいつ何の目的で誰が管理しているものなのか？ ・船に書かれている文字は人の名前なのか？ ・船の周りにいるラクダは誰かが飼っているのか？それとも野生なのか？ ・誰かが及ぼした影響によって，アラル海が1/10になったのか？ 　→ソ連時代の農業のかんがい政策	・なぜさびた船が海のない砂の上にあるのか？ ・低木層がある ・塩湖がある　→　離れたところにある ・船の周りにラクダがいる ・テントは何のため？ 　→住居として使われている？ ・半世紀でアラル海は1/10になった ・ウズベキスタン，カザフスタン
Social（社会）	Economy（経済）
・ほとんど人が住んでいない，住めなくなった　→　人々は移住した ・家がほとんどない・文化が消えた ・学校が閉鎖されている ・働く場所がなくなった	・貿易のためのクレーン？ ・アラル海にガス資源 ・貿易のための港が栄えていた ・2005年にダムができ，漁業が再開されつつある

出典：筆者の授業中に生徒作成

執筆担当：吉崎亜由美

*7　朝日新聞デジタル「地球異変：アラル海―20世紀最大の環境破壊」（2018年8月）を参照。https://www.asahi.com/eco/chikyuihen/aralseal/

*8　この授業の様子については，Think the Earth のウェブサイト「SDGs for School：SDGs 授業アイデアをご紹介します（2020.5.29）」（https://www.thinktheearth.net/sdgs/2020/05/29/info23/）を参照。

*9　本教材の27～30頁を参照。「参加のはしご」は米国の環境心理学者のロジャー・ハートが提唱した参加論である。邦訳書詳細は『子どもの参画』（萌文社，2000年）を参照。

生徒の感想・意見

◎4つの視点でアラル海を分析したことで，自分の理解が深まり，気づいたことも多くあった。自然現象だと思ったが，人が決めた政策によって，このような被害が生まれてしまった，ということがわかり驚いた。（生徒1）

◎アラル海の分析をし，ただ考えるだけでなく，共通しているものと異なっているものをしっかり理解することができた。農業のために川から水を取ってしまい，アラル海の水がなくなってしまったりと，自然を考えない農業はしてはならないのだと強く感じた。（生徒2）

◎新大久保というテーマからプロジェクトの問いが決まらず混迷したが，「今ある施設をよりよくするための提案をするという形」でおさまった。結果，よい提案ができたと思う。外国人が日本人と交流できていなかったり，そのような施設の存在を知らなかったり，という現状があることを知った。（生徒3）

第3部

授 業 編

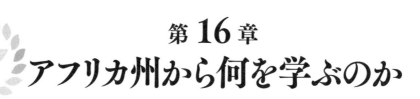

第16章
アフリカ州から何を学ぶのか

1.「学習指導要領」との関係

　本授業案で取り扱う学習内容は，学習指導要領「地理総合」の「内容」の「B⑵地球的課題と国際協力」に関係しています。そのなかでも，「ア(ア)」「イ(ア)」に関連性をもたせています。また，このほかにも，「A⑴地図や地理情報システムと現代世界」の「ア(ウ)」と「イ(ア)」も同様に活用することが今回の学習指導要領の大きなポイントとなります。

2. 授業の背景・ねらい

　アフリカ州[*1]は日本から地理的にも意識的にも遠い地域であり，従来の高校地理では十分に取り扱ってこなかった地域です。そのためか，多くの日本人がそうであるように，従来からの「貧しいアフリカ（州）」という一面的なイメージや偏った先入観をもつ生徒も少なくありません。

　たしかに，アフリカ州では，気候変動による異常気象などが原因で農業生産が不安定なものとなっており，長引く内戦による政情不安や多数の難民・避難民を抱えるなど，多くの人々が飢餓や貧困に苦しんでいます。こうした状況に対して，国連をはじめとする国際社会は，とりわけサブサハラ・アフリカ[*2]に対する支援を強化しており，持続可能な開発目標（SDGs）の達成にとって，アフリカ州が直面する問題の解決が不可避となっています。

　他方，アフリカ州は，世界経済のなかでも重要な貴金属や希少金属（レアメタル）などの世界的な産出地域でもあります。また，サブサハラ地域は人口増加が著しく，将来的には，中国とインドを合わせた人口に匹敵する巨大市場が生まれると予測されています。

　このように，現在のアフリカ州は政治的に不安定であり，経済的に困窮する地域があるものの，新しい情報通信技術による産業発展や経済成長がみられ，芸術や音楽や服飾などの豊かな文化に富んだ地域でもあります。サブサハラの人口が世界の3割を占めると予測される2050年代に，「持続可能な社

*1　アフリカ州
　基本的なことですが，「アフリカ」は「国名」ではなく，ひとつの国でもありません。アフリカ州にはアフリカ大陸と周辺の島々が含まれ，54の独立国から成り立っています。したがって，授業内で「アフリカ」をひとつの国であるかのように「呼称」することは，生徒に誤った理解や認識を与えかねず，そのことがこれまで日本人の「アフリカ州のイメージ」を形成してしまったといえるのではないでしょうか。このことに留意して，今後は「アフリカ州」という呼称を意識して使用したいと考えます。

*2　サブサハラ・アフリカ
　アフリカ州のなかで，サハラ砂漠以南，すなわち北アフリカ諸国を除いた国々や地域（ただし，外務省はスーダンやモーリタニアなどを含めている）を指します。この地域の人口はすでに10億人に達しており，2050年には20億人を越えると予測されています。

会の創り手」として社会の中核を担っていく高校生たちが，アフリカ州から学ぶことは多く，とても意義あることではないでしょうか。

また，アフリカ州を取り扱うことは，「場所や人間と自然環境との相互依存」「生活文化の多様性」「地球的課題相互の関連性」，そして「国際理解の重要性や国際協力の必要性」などを理解し，問題の多角的な解決を考察・表現するといった学習指導要領の要請に積極的に応えることにもなります。

本授業案では，高校生一人ひとりが「知り，考え，行動する」ことができるように，持続可能な地球社会の未来像とそのための今後の国際協力のあり方を構想していく機会やきっかけを提供したいと考えます。そこで本授業案での「ねらい」として次の3点を設定します。

①グローバルな視座から国際理解や国際協力のあり方などを考察する。
②地図や地理情報システムを使って，位置や分布に着目しその情報を収集し，読み取り，まとめる技能を身に付ける。
③グローバル化の進行と国際理解の必要性の高まり，世界の多様な文化を尊重することの大切さを自覚する。

また，地図を活用することも重要なポイントとしています。今回の学習指導要領でも，「1 目標(1)」に，地理学習ならではの「地図や地理情報システムなどを用いて，調査や諸資料から地理に関する様々な情報を適切かつ効果的に調べまとめる技能を身に付けるようにする」とあり，まずは地図帳をしっかり活用することを大切にしています。

3.　授業計画（必要時数：5時間以上）

本授業案では，生徒数人からなるグループ学習を基本としながら，アフリカ州の多様性やそれぞれの課題の偏向性や関連性を明確に理解できるよう留意して，次のような授業計画を考えました。5時間以上の内容となっていますが，必要に応じて授業時間は工夫してください（表16-1）。

Ⅰ．アフリカ州の自然環境と生活文化・経済の発展などについて，調べてみよう。地図を活用し，多くの地図や主題図から読み取ろう。(1 時間)
Ⅱ．アフリカ州で起こっている問題を探してみよう。この時に，地図や教科書からアフリカ州の内容を探すようにしてみよう。(1 時間)
Ⅲ．その問題や課題が起こっている地域や国のことを学んでみよう。(1 時間〜)
Ⅳ．その問題や課題に対してどのような取り組みが行われ，私たちはどう関わっていくべきなのか考えよう。(1 時間)

学びのメモ1：世界で一番オシャレな紳士たち「サプール」

コンゴ民主共和国には，世界で最もおしゃれな紳士たちがいる。彼らはサプール（サップ）とも呼ばれる。彼らは，収入の大半をブランドの服に費やす。そして日曜になると，とっておきの服を身にまとい，ジェントルマンとして多くの人々から尊敬される存在となる。彼らのおしゃれの目的は「平和」だ。長く内戦に苦しんだ彼らは，武器を取ることよりもエレガントに生きることを選んだのだ。そして彼らの「おしゃれ」は，現在のファッション業界にも大きな影響を与えている。素敵な服を楽しむことや，そのセンスの良さを，私たちも学んでみては？
〈参考文献〉 茶野邦雄（著・写真）(2016)『THE SAPEUR: コンゴで出会った世界一おしゃれなジェントルマン』オークラ出版。

学びのメモ2：信長がサムライにした人物，弥助とは？

織田信長の時代，もともとはモザンビークからの奴隷で，宣教師の使用人として日本にやってきた弥助（やすけ）。彼は信長に謁見を許され，侍として信長の傍に最後まで寄り添ったというが，その後の彼はどうなったのだろう。彼の歴史的な評価はまだまだ未知数だ。戦国時代の日本とアフリカは，すでにつながっていた。この歴史的な出来事を調べてみてはどうだろう。

Ⅴ．学習発表。(1 時間)

　　授業の際に，地図をよく見てそのなかから発見したことなどを共有することも重要です。また，生徒の見つけた課題などが，アフリカ州の地理的環境

表 16-1　授業計画

時数	内容と活動	生徒の学習課題／指導上の留意点	使用教材（開発教育教材など）
Ⅰ	・アフリカ州の自然環境（地形と気候） ・民族と歴史・人々の生活 ※地図を使用し，大地形の特徴を理解する。 ※地図を使用し，緯度経度から気候の特徴を理解する。 ※民族の分布と宗教の分布について理解する。	・中学校では，アフリカ州として大観的な学習を行っている。この点と重複しないように留意する ※地図上に地形・気候・民族・宗教を重ねあわせ，そこから偏向性や関連性を読み取る。 ※重要な河川がどのような流路なのかをたどらせることで，その地域の関係性や民族などの特徴を考えて，歴史的な視点や，現況の特徴に結びつける。 ※砂漠など，交通障壁になるものなどにも着目する。	**『気候変動：開発教育アクティビティ集 3』**（巻末「資料 4」参照） 　世界全体の気候変動を扱っている教材であるが，気候変動によって住む場所を奪われてしまう人々に着目し，アフリカ州を捉えてみることができる。
Ⅱ	・アフリカ州全体の地図を拡大したものを各グループに配布 ・各グループでアフリカ州の問題や課題を探し，そのキーワードをふせんに記入し，その場所に張り付ける（ネットや教科書・新聞・ニュースなど）	・アフリカ諸国の地図を使用し，自分たちが探した内容がどの国や地域のものなのかを明確に認識する。 ・SDGs の内容と関連させながら探すことで課題やニュースを見つけてもよい。 ・教員側の方から，ニュースや課題を提供してもよい。 ・見つけた内容が，その地域の生活文化や地理的環境にかかわるものか，地球的課題なのかを分類させておく。	**『世界とのつながり：開発教育基本アクティビティ集 1』**（巻末「資料 4」参照） 　このなかのアクティビティ「2：グローバルビンゴ」を使用することで，誰もが外国とのつながりや関心があることを知ることができる，が逆に関心のある地域にアフリカ州がどのような位置づけになるのかを考えてみることもできる。（このアクティビティは導入の最初に使用することでも，私たちのアフリカ州に対する意識の確認にも活用できる）
Ⅲ	・グループのなかで話し合い，とくに注目したい課題や問題の内容を 1 つ（2 つでも）に絞る。 ・その問題の起きている地域や国の経済状況など各自で調べまとめる。	・各グループの内容が偏らないようにする。 ・今までのアフリカ州に対する先入観やステレオタイプ（固定観念）に基づいた見方や議論にならないように気をつける。	
Ⅳ	・その問題や課題が，世界でどのような関連性をもち，その国や地域での取り組みがどう行われているのか，日本との関係性はどうなのかを調べる。	・SDGs の各目標との関連をもたせながら行うとよい。 ・その地域の自然環境や社会や民族の歴史をもとに，現在の状況を理解する。 ・その国の意見・世界の意見・あなた自身（グループ）の意見という多角的な視点をもつように促す。	**『スマホから考える世界・わたし・SDGs』**（本書「第 13 章」参照） 　身近なスマホがどんな歴史をたどり，どのようなルートで私たちの手元にやってくるのか。重要な資源の産出地としてのアフリカ州の地域の抱える問題や私たちの関わり方が学べる。
Ⅴ	・グループによる発表（以下の視点を必ず入れて発表） ①自然環境 ②民族と宗教など ③経済状況 ④海外（日本）との関わり ⑤持続可能な世界に向けた解決策	・地図で確認した自然環境や社会的な影響を意識し，その相互の関連性に目を向けて考える。 ・その地域や国だけの視点ではなく，世界との関わり，日本との関わり，そこに住む人々の関わりを考えるように促す。	**『世界とのつながり：開発教育基本アクティビティ集 1』**（巻末「資料 4」参照） 　このなかのアクティビティ「1：部屋の四隅」を使って今までのアフリカ州の学びのなかで，自らの意見を発表したり，異なる意見の存在に気づいたり，新しい見方ができるようになる。

と関わるものか，またはグローバルな課題なのかを意識させることで，アフリカ州の姿も，多角的に捉えることができるはずです。

4.　評価内容・方法

　新しい学習指導要領では評価方法も刷新されました。とくに「生徒にどういった力が身に付いたか」という学習成果を教師側が的確に捉え，指導の改善とともに生徒自身も学びをふりかえり，次の学習に向かうことが重要とあります。今回の授業に関しては学習指導要領「地理総合」の「1目標」の内容に沿って作成しています。ここには「グローバル化する国際社会に主体的に生きる平和で民主的な国家及び社会の有為な形成者に必要な公民としての資質・能力」を育成するとあり，その「指導要領」上の目標の内容が評価の対象となります。また資料のプリントや学習内容についても，その目的を生徒にも理解してもらって学習すること，このことにより生徒も前向きに取り組む姿勢が生まれるのではないでしょうか。そして，この授業を実施する際の詳細な評価内容をあげる場合は以下のようになります（**表16-2**）。

　今回の学習で，教師は生徒の学習改善につながるようなアドバイス，学習の目的を明確にするような指導を行うことで，より効果的な生徒の学びが行え，評価につなげることができると思います。とくに評価に戸惑うのは教師

参考文献
国立教育政策研究所教育課程研究センター（2021）『「指導と評価の一体化」のための学習評価に関する参考資料（高等学校・地理歴史）』国立教育政策研究所。

表16-2　評価の内容と方法

知識	思考力・判断力・表現力	主体的に学習に取り組む態度
・ワークシートへの取り組み（自然環境や知識に関する内容）	・位置や分布，場所，人間と自然環境による産業の発達や，歴史的な背景による植民地支配が与える影響などを地図から理解し読み取ることができる。 ・地図を活用し，そのなかから理解を深めている。	・地図や教科書などを活用し，学習した内容をまとめることを，積極的にあきらめずに取り組んでいる。
・自ら積極的に地図や，教科書，資料集などの情報ソースを利用し，課題や問題点を見つける，判断する。	・課題や問題が，どのようにその地域の自然環境や社会環境に影響されているのかを考えることができる。 ・課題や問題を，分かりやすく表現する主題図やデータをみつけることや作成することができる。	・見つけた課題や問題を多角的に考察し，解決に向け構想する力や態度を身に付ける努力を行っている。
・課題が世界とどのように結びつくか，課題の相互の関連性などについて理解している。 ・各地域の取り組みや，国際協力が必要であることを理解している。	・「持続可能な社会づくり」に着目し，それらの課題の現状や要因，解決の方法を多面的に考察し，伝わりやすい手法で表現できている。	・グループのなかでお互い意見を言い合うことや，まとめる力，または整理する力などそれぞれの個性に従って進行できる。学びに向かう力，人間性等の成長がみられる。

参考文献

・伊谷樹一・荒木美奈子・黒崎龍悟（編）(2021)『地域水力を考える：日本とアフリカの農村から』昭和堂。
・岩井雪乃（著）(2017)『ぼくの村がゾウに襲われるわけ。：野生動物と共存するってどんなこと？』合同出版。
・前野ウルド浩太郎（著）(2017)『バッタを倒しにアフリカへ』光文社新書。
・河野理恵（著）(2022)『踏み出す一歩は小さくていい：就活60社"全落ち"が、ケニアでアパレルブランドをはじめた理由』ライブ・パブリッシング。
・星野ルネ（著）(2018)『まんが アフリカ少年が日本で育った結果』毎日新聞出版。
・桜木奈央子（著・写真）(2011)『かぼちゃの下で：ウガンダ 戦争を生きる子どもたち』春風社。
・山田優花（著）(2017)『チェンジ：私のウガンダ2000日』海竜社。
・Think the Earth（編著），蟹江憲史（監修），ロビン西（マンガ）(2018)『未来を変える目標：SDGsアイディアブック』紀伊國屋書店。

だけではなく，生徒も同様です。そのため学習評価の妥当性と信頼性を高めることにも工夫を必要とします。

5. 生徒の意見・感想

　今回，私立大学付属の中高一貫校で地理を選択している生徒にアフリカ州を学習してもらいました。この学校の多くの生徒は推薦で進学します。また，この学校では総合的な学習や探究的な学習に積極的に取り組んでいます。そのような環境のなかで，生徒のアフリカ州に対するイメージは，やはり「紛争」「貧困」「感染症」というイメージが最も多く，またそれ以外にはあまり情報をもっていませんでした。総合的な学習を積極的に行う学校の生徒でも，アフリカ州のイメージにはネガティブなものが多いのが現状でした。しかし，この授業では積極的に取り組み，それぞれが主体的な学びを行っていたようです。以下は，生徒の意見・感想（原文まま）です。

　「アフリカ州は明るい国のイメージがありましたが，アフリカ州は問題を多く抱えていて難民やHIVの感染が多いなど大変だと思いました。でも昔は手洗いなどしていなかったのに，近年は食事前の手洗いやアルコール消毒をするようになったそうです。貧困率もほかの国と比べてもとても高いことにびっくりしました。手洗いと消毒でどれくらいHIVなどが減ったのかが知りたいです（生徒1）」。「今回HIVについて調べて，アフリカが世界で一番HIV感染者が多く，またHIV感染者はコロナウイルスにも感染しやすく，治るまで数か月以上かかるといわれていて，わたしはワクチン治療が進んでいると思っていたけど，ほとんどの人がワクチン治療を受けられていない現状を知りました（生徒2）」。「アフリカは貧困が問題になっているとよく耳にしていましたが，今日みんなの発表を聞いたことで，どのような問題があるのか，その結果どうなっているのかを知り，自分の今の暮らしとの違いの多さに驚かされました。そして，その問題をなくさないといけないと思いました。今後もこのような世界の問題に目を向けようと思います（生徒3）」。「アフリカ州には思ったよりも問題が多発しており日本やほかの国にも支援できることがまだまだあると知り，世界全体でアフリカを支えあっていくべきだと思いました。（生徒4）」。

　生徒にとっては，あまり身近な地域ではないことが感じ取れました。また，問題を見つけることまではそれほど時間もかからず，困難さはないようですが，そこから問題の内容を理解し，解決策を模索するなどの作業には教師のアドバイスや声かけが重要であるように思います[*3]。

6. 授業実践者の所感・助言

　アフリカ州の学習内容については，教科書だけでなく開発教育の教材や新聞など多くのソースが存在し，情報を見つけようと思えば沢山ありますが，多くの生徒にはあまり興味をもてない地域のようです。しかし，本当に興味がないということではなく，生徒が触れる情報が少ないことが原因だと思います。わたしたちの生活を振り返ってみると，日本人にとっても，世界的にみても重要な場所であることは明白です。「ねらい」でも書きましたが，今まで発信されていたアフリカ州の情報はネガティブなものが圧倒的に多く，わたしたちの生活とはかけ離れた印象をもたれてしまいがちでした。この結果，生徒は「貧しい」＝「"援助"しなければいけない」，そのためには「募金をしようと思います」と考える生徒が圧倒的に多いようです。

　本書でも「援助」について学ぶ教材（「第10章」参照）の紹介がありますが，大変重要な点だと考えます。今回の学習指導要領の「解説」では，解決の方向性については，複数の立場や意見があり，これらを踏まえてどのような協力が必要かを自らの課題として提案し，話し合う意識を高めることが大切であるとあります。[*4] あくまでもアフリカ州を知り，ステレオタイプ的な見方をなくすことが目的ではないのです。実際の授業ではアフリカ州の課題やキーワードの内容は，書き加えながらアップグレードしていくことができます。このように急激に変化していく世界を生徒と一緒に学び，その課題のなかから主体的な学びを進めていくことが新しい地理の姿となると考えます。

　今回は従来の地誌的な視点で学習を構成しました。しかし地誌学習ではなく，課題追求を地誌的な方法で行うということです。そこに必ず地図を使用することもポイントとしました。高度な GIS（地理情報システム）を使用しなくても，まずは地図帳を使うことで地図と GIS の活用を下地とした地理学習ができること，この点も忘れないでほしいと思います。また同様の内容で，東南アジア・南アジア・南北アメリカなど他地域も行うことができます。

　なお，本授業案の実践に際して，作成した補助資料等は以下の通りです。[*5] 内容は最新の情報に合わせて修正してください。また，この学習用プリント以外にも地図帳・教科書・資料集などにある主題図を活用してください。

　・アフリカ州の自然環境（資料1）　・アフリカ州の国々ついて（資料2）

　・アフリカ州を知るキーワード（資料3）　・まとめのワークシート（資料4）

*3　地理は，地域を理解するためには大変効果的で重要なものであり，とくに国際理解や国際協力では，力を発揮できると考えられる。世界が密接に，複雑に関係性をもっている現在，位置や分布，場所，人間と自然環境との相互依存関係，空間的相互依存作用，地域などに着目して国際理解を深めるには，地図がもっとも有効である。そして，地図は今まで以上に社会に有益である。この学習をとおして，地図から世界へより深い学びができると考えている。
　また，この授業に協力していただいた日本大学豊山女子高等学校・中学校の野村大樹先生には，この場をお借りして深く感謝申し上げます。

*4　文部科学省（2018）『高等学校学習指導要領（平成30年告示）解説　地理歴史編』

*5　これらの補助資料は，学文社の当該ウェブサイト（以下の QR コード）からダウンロード可能。

*5　これらの補助資料は，学文社のホームページの本書紹介ページ（以下の QR コード）からダウンロード可能。

各ファイルのパスワード
sdgs3268

執筆担当：黛　京子

第 17 章
世界遺産地域の持続可能性を考える
～「世界遺産」を開発教育する～

1.「学習指導要領」との関係

　「世界遺産」は，それ自身がもつ自然的・人文的要素にまたがる普遍的価値から，「地理総合」や「地理探究」のさまざまな単元での教材としての活用が可能です。「世界遺産」の価値やそれを支える仕組みそのものを学ぶことも当然可能ですが，単元の切り口として取り上げて地理的事象の理解を深めたり，地球的課題の具体的状況に迫ったり，はたまた「世界遺産」を通して「平和学習」「環境教育」「エネルギー教育」などの隣接の教育分野への派生も可能です。

　本授業は，学習指導要領「地理総合」の「内容」の「B (2) 地球環境問題……居住・都市問題などの地球的課題」を学んだ後のまとめ単元として，「世界遺産地域の持続可能性を考える」を設定しました。また，日本の世界遺産を対象として，遺産登録地域の現状を分析する活動を通して，「内容」の「C (2) 生活圏の調査と地域の展望」への足掛かりをつくることも意図しています。

2. 授業の背景・ねらい

*1　世界遺産の登録基準のキーワードは以下の通りである。

（i）傑作
（ii）影響
（iii）証拠
（iv）建築様式
（v）土地利用
（vi）普遍的価値
（vii）自然美
（viii）地球の歴史
（ix）生態系
（x）生物多様性

上記（i）～（vi）を満たしたものを「文化遺産」,（vii）～（x）を満たしたものを「自然遺産」,両方にまたがるものを「複合遺産」と呼ぶ。

　世界遺産は生徒にとって関心の高い教材です。テレビなどでもよく目にすることがあるし，壮大で風光明媚な景観を目にすると，誰しも一度は訪れてみたいと思うことでしょう。ところで，そんなかれらに「世界遺産って何？」と問うと，「なんかすごい場所なんですよね…」「世界に認められた観光地！」などと，必ずしも的を得た答えが返ってくるわけではないのです。

　世界遺産は，1972 年のユネスコ総会で採択された「世界の文化遺産と自然遺産の保護に関する条約（世界遺産条約）」によって，世界遺産リストに登録された「人類共通の宝物」であり，「顕著な普遍的価値」をもつ物件のことです。2023 年 1 月現在で 167 か国に 1157 件の世界遺産が登録されています。国際記念物遺跡会議（ICOMOS）や国際自然保護連合（IUCN）などの専門家たちが，歴史的背景や地理的条件を反映した 10 の登録基準[*1]をひとつ以上満た

しているか現地調査や事前審査を行って「顕著な普遍的価値」を確認し，毎年 7 月に開催される「世界遺産委員会」で正式に世界遺産登録となります。

「地理総合」や「地理探究」など，現行の学習指導要領下の地理科目では，世界遺産を真正面から取り扱う単元は想定されていませんが，地理歴史科各科目の教科書や資料集などではたびたび顔をのぞかせています。現に世界遺産検定 3 級のテキストは，世界史や地理での単元構成に合わせて作成されています。冒頭で触れたように，生徒からの人気が高い世界遺産を，地理歴史科科目の教材として使わない手はありません。文部科学省による「持続可能な開発のための教育（ESD）」の事例としても世界遺産が掲げられています。

そもそも「持続可能な開発」や「開発教育」で用いられる「開発」という概念は，何を表すのでしょうか。ある農村地域が都市へと変化を遂げることを「発展」という言葉によって表すことがありますが，そのためにさまざまな「開発」が行われることになります。日本語では異なる用語を用いますが，英語ではどちらも「Development」という単語で表されます。この「Development」という単語は，de（はずす）+ envelop（つつまれたもの）が原義であり，「封じ込められた状態からの解放」や「抑圧や剥奪から解放され，本来もっている能力を最大限発揮できる状態にする」ことというように，日本語で考えるよりも広い意味を含んだ単語なのです。私たちは「開発」というと，「経済開発」によって豊かになることのみに注目しがちですが，「人間開発」や「社会開発」，そして「持続可能な開発」などの概念が登場してきたように，今一度「開発」の概念を捉えなおす必要があるように思います。

私たちの生活をとりまく環境，社会・文化，経済が相互に依存しあっていて，それぞれがよりよい状態に変化していくことこそが，持続可能な開発や持続可能な社会づくりに求められていることであり，「持続可能な開発のための教育（ESD）」や「開発教育」では，その理念を反映した授業づくりが必要です。ちなみに，国連持続可能な開発目標（SDGs）の 11 番目の「住み続けられるまちづくりを」のうち，「11-4：世界の文化遺産及び自然遺産の保護・保全の努力を強化する」として，世界遺産の保護が具体的な目標（ターゲット）として掲げられています。まさに人類の宝を，環境や社会・文化の側面から持続可能なものにしていく「Development」が求められています。

そこで本章では，「地理総合」における「世界遺産」の「開発教育」教材としての活用について，実践事例を提案したいと思います。

3. 授業計画（必要時数：5時間以上）

本授業（表 17-1）では，世界遺産の話題に入る前に，ある地域の変化を考

学びのメモ：
「開発」をめぐる考え方

　戦後の国際社会は，戦後復興のための「経済開発」を優先させてきたが，同時に環境問題が深刻化した。レイチェル・カーソンやローマ・クラブによる著作が，節度ある「環境と開発の均衡」を重視すべきであるとの認識を普及させることになった。しかし，「経済か，環境か」の二項対立ではなく，人間が潜在能力を発揮できる環境にあることを重視する「人間開発」の考え方が，アマルティア・センやジョン・フリードマンらの提唱によって注目を浴びることになる。そして，それが可能となる社会環境をつくることを念頭に置いた「社会開発」など，さまざまな「開発」の概念が多面的に展開されるようになり，それらの諸概念の検討を包括するかたちで「持続可能な開発」の概念が登場した。環境，社会・文化，経済の調和のとれた開発・発展とともに，そこに暮らす人間にも焦点を当てて，あるべき姿を取り戻し，将来世代においてもそれが持続していくことが求められるのである。なお，「開発」をめぐる考え方については，本書の第 1 章第 2 節「開発論の変遷」（5-7 頁）や「コラム 1」（50-51 頁）を参照のほか，以下の文献に詳しい。

・西あい・湯本浩之（編著）（2017）『グローバル時代の「開発」を考える：世界と関わり，共に生きるための 7 つのヒント』明石書店。

察することを通して「開発」の概念を捉えなおす作業から始めます。その後，世界遺産と世界遺産登録地域の現状と問題構造を整理し（図17-1），これらを持続可能にしていくために重要な指標を9つに整理し，これらをダイヤモ

表17-1　授業計画案「世界遺産地域の持続可能性を考える」

時数	内容と活動	生徒の学習課題／指導上の留意点	使用教材（開発教育教材など）
I	**2枚の地形図から…「開発」を考える** →同じ地域の変化を表した新旧の地形図を見比べて，どのような変化が生じているか，誰がそうさせたのか，そしてその変化の良し悪しを考える。	ワークの最中は，「変化」という言葉で統一し，事後に「開発」に置き換えて，「開発」の概念を捉えなおす。	●新旧地形図の比較 「今昔マップ」https://ktgis.net/kjmapw/ を用いて，任意の世界遺産地域の登録前後の変化を読み取る。
II	**世界遺産地域で何が起きているか** →班ごとに担当する日本の世界遺産について，新聞の特集記事をもとにして，世界遺産を取り巻く現状を把握し，4枚のフリップ（紙芝居）にまとめる（図17-2）。次いでフリップを用いて，各世界遺産地域の現状と課題をプレゼンしあう。	資料をもとに，世界遺産登録地域の現状と課題を4枚のフリップにまとめる。4枚という限られた枚数なので，起承転結や遺産価値の背景と現状をコンパクトに整理する。	●フリップトーク 4人組で1人1枚担当することで，作成と発表もコンパクトに行える利点がある。
III	**世界遺産登録の光と影** →世界遺産登録によって地域に生じる現象を，Positive Impact（PI，好影響）とNegative Impact（NI，悪影響）でポストイットの色を分けて，ブレインストーミングで列挙する。そして，出てきたキーワードをウェビングで整理して，問題構造や因果関係を可視化する（図17-3）。また，SWOT分析の枠組みを用いて，遺産地域がもつ強み・弱み，商機・脅威などを整理する。	世界遺産登録は，地域にとってPIとして捉えられるものもあれば，NIになってしまうケースもある。また，PIがNIを生み出してしまうこともある。ウェビングを通してPIとNIの関係性を見える化する。	●ブレインストーミング ●ウェビング ブレストしたキーワードをカテゴライズ（分類）して，関連性のあるものを線でつなげて作図していく。 ●SWOT分析 ブレスト，ウェビングに取り組むことが難しいようであれば，先にSWOT分析に取り組んでもよい。
IV	**世界遺産と遺産登録地域を持続可能にするには？** →これまでのワークをふまえて，世界遺産と遺産登録地域を持続可能なものにしていくうえで重視すべきことを導出する。それらをもとにした重視すべき指標を9つ提示し，ダイヤモンドランキングを作成する。	ダイヤモンドランキングの指標は，以下の9つに集約した。 A：地域活性化，B：環境保全，C：規制・制限，D：観光収入UP，E：インフラ整備，F：文化の維持，G：地元住民生活，H：理念の啓発，I：制度の見直し（表17-2）	●ダイヤモンドランキング 9つの指標は，Nature（自然・環境），Society（社会・文化）の対立構造・ジレンマに，Economy（経済）の論理が介入してくるなかで，どのようなWho decide?（意思決定）していくかといった「コンパス分析」（本書「第15章」参照）で用いられる4つの指標をもとにマトリックス化したうえで，4つの象限にあてはめて抽出したものである。（図17-4）
V	**世界遺産と遺産登録地域を持続可能にするには？ディスカッション** →ダイヤモンドランキングで主張した立場に分かれて，世界遺産と遺産登録地域の持続可能性についてクラス全体でディスカッションを行う。最終的に，ディスカッションをふまえて，世界遺産と世界遺産登録地域を持続可能にするためにはどうしたらよいかについてレポートを執筆する。	ディスカッションでは，それぞれの立場が最優先だ・最も大切だという議論から，やがてそれぞれを成立・両立させるために，ベースとなる指標や他の指標を包含する指標を探るような議論にシフトしていく。議論の最中に，相手の主張に納得し，立場を変える者も許容する。	●ディスカッション ●コンパス分析 ダイヤモンドランキングの9つの指標は，コンパス分析の4つの指標に基づき設定しているので，対立構造があるため議論は白熱しやすい。教員のファシリテート・司会も工夫したい。

ンドランキングで序列をつけます。
最後にディスカッションを通して，
世界遺産とその登録地域を事例と
した「持続可能な開発」のあり方
について考察します。

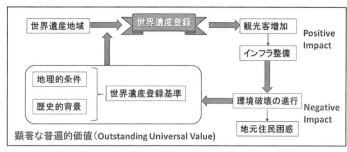

図 17-1　世界遺産登録をめぐる問題構造例

図 17-2　作成したフリップ（白神山地）

出典：授業中に生徒作成

図 17-3　ウェビング図のプレゼンの様子

出典：授業中に筆者撮影

表 17-2　ダイヤモンドランキングの 9 つの指標

A 地域活性化 観光地化が図られることで雇用が生まれ，地域活性化や町おこしにつながる	B 環境保全 生態系，絶滅危惧種や希少動物の保護，外来種の侵入防止などの環境保全を図る	C 規制・制限 条例などで遺産地域への入場規制・入場料徴収による過剰な立入を制限する
D 観光収入 UP 登録によって知名度が向上し，観光客の増加，観光収入の増加を図る	E インフラ整備 遺産地域へのアクセスや利便性向上のため，交通手段などのインフラ拡充整備	F 文化の維持 遺産価値として長い年月をかけて育まれてきた文化の維持や景観の保護を図る
G 地元住民生活 遺産地域の地元住民が観光客のマナーや騒音等に影響されず安心して生活できる	H 理念の啓発 メディアや教育などで世界遺産の理念を啓発し，住民や観光客の意識改善を図る	I 制度の見直し 世界遺産登録の条件や増え続ける登録数など，世界遺産制度そのものを見直す

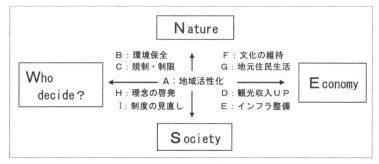

図 17-4　コンパス分析で位置づけた 9 つの指標

4. 評価内容・方法

　　本章で紹介した授業計画は，グループワークやパフォーマンス課題を主体とした展開となっています。そのため，生徒の学習活動の軌跡をワークシートに適切に記録できるようにして，個々の場面での学習成果を見取ることができるように，評価の内容や方法を工夫したいところです（表17-3）。

表17-3　学習評価の内容と観点（例）

知識	思考力・判断力・表現力
ワークシートの記述およびレポートの論点による評価	諸資料から世界遺産や世界遺産登録地域の現状や課題を読み取り，適切に表現することができているか
世界遺産や世界遺産登録地域の問題構造を歴史的背景や地理的条件をふまえて理解できているか	ダイヤモンドランキングやディスカッションにおいて，環境，社会・文化，経済などの指標をふまえて，多面的・多角的に考察・表現することができているか
持続可能な開発の考え方について，具体的な事例をもとに理解できているか	持続可能な開発を考えるうえで，事象に携わるさまざまな立場をふまえて主体的に追究しようとしているか

5. 生徒の意見・感想

　　ディスカッションをふまえて，最終レポートでは，世界遺産を持続可能なものにするためには，遺産地域の生活（経済発展・開発）と世界遺産としての価値の維持（景観・環境保全）との両立を，コンパス分析で示したようなさまざまな対立軸を乗り越えて，どのように図るべきだと考えるかを問うてみました。その結果，生徒からは以下のような意見や感想を得ました。

・世界遺産の本質的な目的は文化継承や自然の保護である。ありのままの姿を維持すること。

・「人類の宝」を守るためにそのベースとなる環境を保全しなければならない。

・教育が必要である。観光客に「世界遺産≠観光スポット」であることを再認識してもらう。

・地域の人々の生活や経済発展がなければそもそも世界遺産は持続可能なものにはならない。

・経済発展は世界遺産の価値が守られてこそのものだ。

・「大切に守ろう」という意識により，世界遺産が廃れない観光資源となり，地域の経済発展につながる。

・遺産価値の方が地域住民よりも長い歴史を有するもので，後世に受け継いでいくべきだ。ただし地域住民にとっても旨みが必要だ。違う形の保護も認めていく必要がある。

・世界遺産登録以前の状況を考えると，地域住民の生活と遺産価値の維持は同格に並ぶ。対立構造ではない。

・地域住民が登録前と変わらない生活が送れることが前提。

・遺産価値の維持と地域住民の生活のどちらかを成立させるためにどちらかが成り立たないという

　ジレンマは本来存在せず，必然的に両立は図らなければならない。遺産ありきではない地域を目
　指すことが最善策。
・世界遺産のシステムやルールを見直すこと。一人ひとりが「人類の宝物」という意識をもつこと
　が必要である。

6. 授業実践者の所感・助言

　筆者は，地歴融合の教材として世界遺産教育について実践研究を重ねてき
ました。遺産地域が辿ってきた歴史的背景や地域をとりまく自然環境を土台
に形成された土着の文化，その表れとしての壮大な建築物など，地理歴史科
の教材として恰好の存在です。世界遺産は文化遺産としての登録数が多く，
歴史科目では比較的取り扱いやすいのが実情でしょう。しかし，地域の地形
や気候を反映した自然遺産はもちろんのこと，世界遺産は地域に根差した文
化の表れであるので，地域を枠組みに自然と人間生活の相互依存関係を学ぶ
地理においても格好の教材であることは間違いありません。

　しかし，場合によっては世界遺産および登録地域の持続可能性を脅かす事
例も生じています。世界遺産ではそうした遺産を「危機遺産」に登録して警
鐘を鳴らしていますが，ドレスデン・エルベ渓谷（ドイツ）やアラビアオリ
ックス保護区（オマーン）などは，遺産価値を守るための保護よりも，住民
生活の利便性や経済開発を優先させた結果，登録抹消となりました。地域の
あるべき姿や望ましい開発とはどのようなものか。改めて地域における開発
の概念を捉えなおす契機を与えてくれます。

　日々の授業では，自然美や歴史的建造物などの世界遺産がもつ普遍的価値
を味わい，魅了されつつも，それらが真の意味で持続可能な開発（Sustainable
Development）を実現するために，ぜひ多くの先生方に「世界遺産」を「開
発教育」することにチャレンジしてみてほしいと思います。

参考文献
・世界遺産検定事務局（編）
　（2022）『世界遺産ではじめ
　る地理総合：多様な文化と
　わたしたち』マイナビ出版。
・世界遺産検定公式ウェブサ
　イト　https://www.sekaken.
　jp/

本章で紹介した授業実践で使用
したワークシート等は，学文社
のホームページの本書紹介ペー
ジ（以下の QR コード）からダ
ウンロード可能。
なお，パスワードは，sdgs3268
（共通）。

執筆担当：今野良祐

第18章
大豆から世界の現状を考える

1.「学習指導要領」との関係

本授業案で取り扱う学習内容は，学習指導要領「地理総合」の「内容」の「B(2)地球的課題と国際協力」と「3内容の取扱い」の「(2)イ(ア)(イ)」に関係しています。

2. 授業の背景・ねらい

日本は食料自給率が低く，さまざまな食品を外国から輸入していることを知っている生徒は多いです。なかでも大豆[*1]は極めて自給率が低いですが，味噌や醤油などに使われ，日本の食文化とかかわりの深い品目といえます。和食を支えている原料である大豆の，生産されてから私たちが口にするまでの間に見られるさまざまな問題を考えることを目的として授業を組み立てました。世界の大豆の生産量は急増しています。大豆を使用した代替肉[*2]の需要が世界的に伸びており，ベジタリアンやビーガン[*3]などのさまざまな食志向に適応できることが大豆需要を高めている一つの要因となっています。また，代替肉を選ぶ背景として，牛肉などは生産する過程で大量の二酸化炭素やメタンを排出し，気候変動に影響を与えるとされ，環境負荷の少ない食品を選択する国際社会の状況も反映しています。

大豆の生産量が多い国はブラジルや米国，アルゼンチンなどです。とくにブラジルは生産量を急増させており，生産の急拡大によって起こりうる影響について多面的・多角的に考えます。資本主義社会の下では利益が優先されるため，大規模な農業関係企業が生産活動を強引に進めていくのは大豆に限った話ではありませんが，切り開かれた大豆畑に元来暮らしてきた人々の生活環境の破壊や熱帯林の伐採につながっており，さまざまな問題が発生していることを認識します。そのような問題があっても，雇用の創出や税収増などのメリットが見込まれるため，大豆畑が拡大されてきました。

さまざまな立場の人の考え方や価値観に立ちながら，生産地で起こるさま

*1　大豆
　マメ科の植物で，中国東北部原産とされる。多用途に使われることから，大豆と呼ばれる。栄養価が高く，「畑の肉」と呼ばれる。大豆の自給率は7%（2017年）程度で極めて低い。世界的な生産量は20年で2倍以上に増えており，栽培技術の向上，耕地拡大がその背景として考えられる。

*2　代替肉
　畜産で生産される肉ではなく，人工的に生産された肉の総称である。大豆を使った肉は代替肉のなかでも代表的なもので，肉類の需要が世界的に高まるなかで注目されている。代用肉とも呼ばれることもあり，飲食店などで見かけることも多くなった。

*3　ベジタリアン／ビーガン
　肉や魚の動物性食品を避け，野菜や穀物などの植物性食品を口にする食志向を指し，ビーガンはさらに，卵や乳製品も口にしない人々のことを指す。背景は宗教的なものから環境配慮，食料問題に対する支援などさまざまだが，生徒には個人の考え方や価値観を尊重する視点や姿勢を伝えたい。

ざまな問題をどのように解決していくのか，高校生という立場の自分たちに
できる現実的な解決策を考え，提示します。最後に，国際社会の現状をしっ
かりと踏まえたうえで，最後に大豆生産の拡大を今後も行うべきかどうか自
分の答えを出す授業展開です。すぐには解決できない，スケールの大きな課
題を「自分事」として捉え，国際社会の一員として，できることを実践して
いくという行動変容に結びつけることができればよいでしょう。

本実践のねらいとして以下の点を提示します。

①どのような背景から大豆生産が拡大しているのか理解する。
②大豆生産の拡大がもたらす影響は何か，多様な視点から考える。
③さまざまな問題への解決策を考えようとする。

3.　授業計画（必要時数：2時間以上）

本授業では，「地球的課題と国際協力」の学習に関する授業のなかで，
SDGs と関連させながら学ぶ授業になります。身近なところから世界の現状
や課題を把握し，さまざまな観点から大豆生産による問題について考え，こ
れからの国際社会でさまざまな意見があることについて自分なりに意見をも
つことを主眼として，次のような授業計画を立てました（表18-1）。

Ⅰ．世界の大豆生産の現状について知ろう（1時間）
Ⅱ．大豆の生産地で起こっている問題について捉え，どのような解決がで
　　きるか，自分にできることを考えてみよう（1時間）
Ⅲ．意見交換をし，あらためて大豆生産が引き起こす問題を捉えなおそう
　　（1時間）

4.　評価内容・方法

「地理総合」においては，上記の「学習指導要領」上の目標の内容が学習
評価の対象となります。表18-2 に評価の内容と観点の例を示しておきます。

表18-1 授業計画

時数	内容と活動	生徒の学習課題／指導上の留意点	使用教材（開発教育教材など）
I	・大豆が使われている食品を提示する。 ・世界で大豆生産量が多い国とその推移について調べる。 ・国際社会の状況を踏まえながら，大豆の需要が増えている背景について考察する。	・大豆が身近な存在であることに気づく。 ・大豆生産量が拡大しており，ブラジルやアルゼンチンでその傾向が強いことを捉える。 ・大豆需要が伸びていることの背景には複数の要因があることを押さえる。	・開発教育の基本アクティビティである「部屋の四隅」[*4]を取り入れる。大豆生産量の増加について，「良い」「どちらかといえば良い」「どちらかといえば悪い」「悪い」の4つの選択肢を教室の四隅に貼り出して，生徒は自分の考えのところに移動する。 ・大豆生産量は，統計集や世界農業機関（FAO）のホームページなどを参照。
II	・大豆の生産地で起きていることを以下の視点について事例をもとに考える。 ①大豆生産が与える影響 ②大豆需要に影響を与える国際情勢 ③大豆生産に伴う問題への解決策	・事例を丁寧に読む。 ・場合によっては，さまざまな立場の人を演じるロールプレイなどを行ってもよい。 ・影響については「コンセプトマップ」などを作ってまとめると影響を相互に結びつけられる。 ・国際情勢は現在のニュースなどに触れて，生徒の視野を広げることにつなげる。 ・解決策はできるだけ具体的かつ実現可能なものを示せるようにする。	・開発教育協会『パーム油のはなし』[*5]の農園開発についての「関係者会議」を参照し，農園の実態を設定。 ・生産国にも賛成する国の役人のような人から開発をすることに対して反対する立場の人までさまざまな人がいることを踏まえ，問題が複雑で，解決が難しいことを捉える。
III	・解決策の提案に関する意見交換 ・大豆生産を拡大するべきか自分の考えをまとめる ・ふりかえり ①大豆生産拡大の一因である代替肉普及に関する自分の考えをまとめる ②大豆畑の開発に伴う問題の解決策を提示する ③この授業で学んだことを自由に記述する	・意見交換は生徒の実態に応じてペアワークやグループワークなどで行う。生徒が自分の意見を出せるように工夫する。場合によってはアイスブレイキングなどを行うとよい。 ・大豆生産の拡大方針を決める時は，はじめの考えと違ってもよいことを伝える。 ・解決策については，個人の否定にならないようにしながら，どれが一番現実的か考える活動などもよい。	

*4 「部屋の四隅」（『開発教育基本アクティビティ集1：世界とのつながり』を参照。）

内容：開発教育が重視する参加型学習に関する解説のほか，「部屋の四隅」をはじめ，「グローバル・ビンゴ」などの取り組みやすいアクティビティ（学習活動）が紹介されている。
編集：八木亜紀子
発行：開発教育協会
発行年：2017年
　なお，開発教育協会のウェブサイト「やってみよう！参加型学習」に掲載の「部屋の四隅」も参照。

*5 『パーム油のはなし』
　本書「第12章」を参照「関係者会議」は「教材II」の「ユニット②」。

表18-2 学習評価の内容と観点（例）

知識	思考力・判断力・表現力
ワークシート：世界の大豆生産国および大豆生産量の急増の背景	大豆の生産国で起きていることについて，資料をもとに考えることができているか
発表：事例を踏まえ，大豆の生産地で起こっている状況について把握する	どのように現在起こっている問題を解決するのか，意見を積極的に出しているか
コメントシート：大豆畑で起こっている現象について文章化する	現在の生産地での状況をさまざまな観点から考え，問題の解決を試みようとしているか

5.　生徒の意見・感想

　生徒はさまざまな観点から現状や国際社会の状況について考えることができました。おおむね深い思考につなげられたと思われます。以下では，授業後に生徒が記入した内容を紹介します。

・経済の発展は現在の社会において優先されてしまいますが，本当の意味での「環境への配慮」も必要になってくると感じました。

・大豆に対して良い印象しかもっていなかったのですが，その生産のために森林伐採などが行われていることを知り，普段食べているものについて考える機会になりました。

・大豆の栽培が熱帯雨林を切り開いてまで行われているのは，生産国が豊かではないからです。この貧しいという問題を解決しなければ，大豆畑の開発に伴う問題は解決ができません。先進国は資金や技術で支え，大豆の大量生産に頼らないようにするべきだと思いました。

・森林破壊を起こしている大豆を使わないなどの行動もできると思いました。

・誰もが満足できる考えは実在しないと実感させられました。どのようなことを行えばベストな考えになるのかさまざまな視点から考えていきたいです。

・難しい問題だと感じました。完全に解決することは難しいと感じました。

・さまざまな環境問題も他人事で考えてはいけないと実感しました。

6.　授業実践者の所感・助言

　身の回りに大豆を使った食品は数多く，生徒も興味をもちやすかったです。生徒の興味関心に応じて，大豆需要が世界的に伸びている背景や関連するSDGs の内容などを丁寧に触れて進行することもよいでしょう。すでに農業など世界の産業について授業で扱っているのであれば，学習したことを関連付けながらの導入も考えられます。大豆生産国の課題は当該国だけではなく，広く世界共通の課題であるという認識を生徒がもつことが重要です。今回は具体的な国ではなく事例を通して考える実践でした。そのため，生徒が大豆生産国の現状を調べるだけの学習にとどまることなく，事例をもとに自分なりに考える学習へとつなげられました。解決策を考えるといった提案や自分

学びのメモ：
大豆から世界が見える

　大豆の世界的な生産地であるブラジルでは，熱帯雨林が伐採され，先住民の生活が奪われるだけでなく，そこに見られる貴重な動植物も危機にさらされている。また，大量伐採によって，地球温暖化が加速するという見方もある。

　和食は大豆なくしては成立しない。味噌，納豆，醤油，豆腐，油揚げ，おから，湯葉など多くの食品に大豆は加工されているが，日本はその大半を輸入に頼っている。

　食用以外にも，大豆油や植物性インキとしての需要も高まっている。また，近年では地球温暖化対策として大豆が化石燃料の代替資源としての活用を期待されている側面もある。

　このように大豆はグローバル化する世界を映す鏡でもある。

参考資料・文献
・大豆に関しては，農林水産省のウェブサイト「大豆のまめ知識」に詳しい。
https://www.maff.go.jp/j/seisan/ryutu/daizu/d_tisiki/
・大豆生産の国際的動向については，世界自然保護基金（WWF）の報告書『拡大する大豆栽培：影響と解決策（抄訳）』（2014 年）に詳しい。
https://www.wwf.or.jp/activities/upfiles/20140707wwf_soy.pdf

本章で紹介した授業実践で使用したワークシート等は，学文社のホームページの本書紹介ページ（以下のQRコード）からダウンロード可能。
なお，パスワードは，sdgs3268（共通）。

の考えをもつことは明確な答えがなく，苦手に感じる生徒もいましたが，その重要性は理解できたようです。

　　大豆は生産過程で遺伝子組み換えなども行われており，多様な観点から取り上げられます。今後の学習が広がることも期待し，本実践では大豆生産に伴う問題を取り上げました。環境負荷が大きい牛肉生産に代わる大豆生産という環境に配慮した行動が，実は世界各地の人々の生活環境を脅かしている実態もあることや，貧富の差を拡大する行為につながっている可能性があることなどに気づくことができたのは大きな成果だと思います。生徒が国際的な課題を「自分事」として捉えるのはなかなか難しく，このような実践を重ねながら，生徒の当事者意識を養っていくことが肝要になってくると再認識しました。

7. 補助資料・ワークシートなど

*6 「フォームズ（formzu）」ウェブ上にフォーム（記入欄）を作成して，その作成者宛てに回答者が送信するクラウドサービスのひとつ。

　　生徒に配付した「授業プリント（ワークシート）」と，授業の「まとめ」として生徒が記入した「コメントシート（「フォームズ[*6]」を利用）」を参考までに提示しておきます（**資料18-1** および**資料18-2**）。

資料18-1　「授業プリント（ワークシート）」（※記入欄を省略しています）

地理総合　授業プリント

☆「大豆」から世界を見ていきます。
・「大豆」が使われているものを思いつく限りあげよう。

・大事の生産国はどこでしょう？　どのように変化しているか？

・大豆の生産量が変化している背景とは何だろうか？

☆大豆生産の拡大がもたらす問題について，以下の事例を読んで考えてみましょう。

　　赤道近くに位置するこの国は，国土の広い地域に熱帯雨林が見られます。工業化を図ろうとしたものの，うまくいかず国民の多くは貧困状態にあります。対外債務（外国からの借金）が大きく，基本的な社会保証も整わず，公務員の汚職も珍しくありません。
　　そのような状況にあるなかで，米国の農業関連企業から大豆生産の拡大計画が提案されました。熱帯雨林を切り開いて，そこに広大な大豆畑を作り急増している大豆需要に対応し，中華人民共和国などに輸出しようというものです。国家として，税収増や雇用の創出が見込まれるため積極的にこの計画を受け入れようとしています。
　　ところが，国民はこの計画の受け入れに関して，否定的です。大豆生産拡大のためには豊かな森林を切り開かなくてはなりません。この地域の森林には多く固有種も見られること，ここで暮らす先住民族は伝統的な狩猟採集生活を送っているためです。この地域の先住民族の代表は「伝統的な生活はこの豊

かな森の恵みとともにある。先祖から受け継がれてきた，この森を破壊することは許せない，しかも憲法では土地への権利を保証している」と述べています。

　この国の自然保護団体は「国際的にも気候変動が問題になっているなかで，森林破壊は避けなければならない」と主張し，また国際的に活動する環境 NGO は「この計画は森林や人々の生活を破壊するもので認められるものではない」としています。一方，この国の政府の役人は「国家が決めたことには人々は従うべきだ」とコメントし，大豆畑を切り開く計画を推し進めようとしています。

☆このような大豆畑をめぐる対立を解決するために，市民団体はさまざまな立場の人を集め円卓会議を開くこととにしました。

・大豆生産の拡大によって，どのような影響が出ると予想されるでしょうか。また，現在の国際情勢を考えた際，どのようなことが大豆に影響を与えると考えますか。

・推進派と反対派の意見をまとめよう。

・あなたは高校生代表として，この会議に参加することになりました。あなたはどのようにこの問題を解決するか提案して下さい。
　　※想定される問題，不利益になる人をどうするのかという視点を入れましょう。

・他の人の解決策を聞いて，同意した点を記入しよう。

・現在の国際社会で大豆生産を拡大すべきか否か，自分の考えを整理しよう。

資料 18-2　授業のまとめとして生徒が記入した「コメントシート」

1. 大豆の需要増の背景の一つに大豆を使用した代替肉の開発・普及が進められていることがある。そのことに対するあなたの考えを書いてみよう。

2. 大豆畑の開発に伴う問題の解決策を提示しよう。

3. この学習で新たに知ったことを記入しよう。

執筆担当：井上明日香

第 19 章
白身魚からタンザニアの抱える課題を考える
~『ダーウィンの悪夢』を視聴しながら~

1.「学習指導要領」との関係

　本章で取り扱う学習内容は，学習指導要領「地理総合」の「内容」の「B (2)地球的課題と国際協力」と「内容の取扱い」の「イ(イ)」に関係しています。

2. 授業の背景・ねらい

　アフリカ大陸南東部に位置するタンザニア連合共和国[*1]。同国最大都市のダルエスサラームから北西約900kmの内陸部には，同大陸最大の面積（約7万km²）を誇るヴィクトリア湖が存在しています。タンザニア，ウガンダ，ケニアの3か国にまたがるこの湖は，東アフリカ地溝帯を形成する2つの溝（グレート・リフト・バレー）に挟まれて広がるプレート境界上に存在し，白ナイル川[*2]の源流にもなっています。また，「ダーウィンの箱庭」とも呼ばれ，固有の生態系が存在しています。生息する固有種のなかには，何万年も姿を変えずに暮らしている魚も多いといいます。湖岸住民は，そうした豊かな生態系を背景に，古くから漁業やそれに関連する事業を営むことで生計を立ててきました。そのヴィクトリア湖で現在問題となっているのが，この湖には本来生息していなかった外来魚ナイルパーチの存在です。

　ナイルパーチは，最大で全長2m，体重200kgに達し，淡水魚としては大型の部類に入ります。アフリカ熱帯域の河川・塩湖・汽水域に広く生息しており，肉食性で，小魚や甲殻類などを貪食します。水産資源としての価値が高いゆえに，アフリカ大陸各地に放流された結果，生命力の強さとも相まって，本来の生息範囲を超えて，広範囲に分布するようになりました。ヴィクトリア湖におけるナイルパーチ放流の背景には，1950年代に当時の宗主国イギリスが淡水魚を乱獲したことでその個体数が激減し，漁獲量向上のために導入されたことがきっかけとなっています。この魚は肉質も良く，クセのない白身であることから，食用としての需要が高く，全世界に輸出されています。とくにヨーロッパと日本に多く輸出されており，日本ではレストラ

[*1]　**タンザニア連合共和国**
　1961年に宗主国イギリスより独立を果たした。東アフリカ大陸部のタンガニーカとインド洋島嶼部のザンジバルによって構成される文字通りの連合体制を敷いた共和国である。ザンジバルは，中央政府からの強い自治権を確保しているが，具体的には，独自の行政，立法，司法，そして，大統領を有している。同国は，スワヒリ語を国語として位置づけていることからアフリカ在来の言語が大きな役割を果たしている数少ない国家といえる。法律上の首都は内陸部に位置するドドマで，国会議事堂が置かれている。だが，実際には政府官庁が置かれ，経済的な中枢機能が集積しているダルエスサラームが事実上の首都となっている。

[*2]　**白ナイル川**
　アフリカ大陸北東部を流れる河川であり，青ナイル川とともに，ナイル川の支流を構成している大河川である。青ナイル川と比較して，流れる水が白く濁っているように見えることから，そのような名称で呼ばれる。

ンや給食などでのフライ用の白身魚として供されるとともに，スズキの代用品として回転寿司のネタになっているといいます。

　放流されたナイルパーチによって，湖内に生息していた在来魚は次々と食い尽された結果，生態系が破壊され，湖全体にその影響が広がっていきました。湖に生息する在来魚のほとんどが草食性の魚で，湖に生える藻を食べて暮らしていましたが，それらはナイルパーチに食べられてしまい，400種類程生息していた在来魚が200種類程度にまで激減しています。在来魚が減少した結果，ヴィクトリア湖に生える藻が急激に増加しました。藻が原因で湖全体が酸欠状態となり，在来魚の個体数がさらに激減し，まさに「ヴィクトリア湖の悲劇」と呼ばれる状態に陥っています。そして，ナイルパーチのEU（ヨーロッパ連合）諸国や日本への輸出は，タンザニアに外貨をもたらし，一定の経済的利益がもたらされたものの，湖岸住民の多くはその利益を享受することができず，貧困にあえいでいます。

　単元「白身魚からタンザニアの抱える課題について考える―『ダーウィンの悪夢』を視聴しながら―」（以下，本単元）では，ナイルパーチを切り口に，タンザニアの抱える社会的諸問題に着目し，それらの相互関連性を考察しながら，人々が貧困に陥るメカニズムについて，アフリカ諸国が共通に抱える政治体制や国際経済のシステムとの関わりから理解を深めることで，ナイルパーチの消費者である私たちが当事者意識をもつためのきっかけになればと考え，以下のねらいを設定しました。

①映画『ダーウィンの悪夢』[*3]の批判的な視聴を通して，ナイルパーチがタンザニア社会や住民にもたらす諸問題について多面的・多角的に理解する。
②タンザニアでもたらされる諸問題の相互関連性についてループ図（図19-1）[*4]の作成を通して理解する。
③ナイルパーチの漁獲，製品化，流通，消費を通して，タンザニアで生じている諸課題と日本に住む自分たちの生活との関わりについて考察する。
④「貿易ゲーム」[*5]を通して南北経済格差を生み出すグローバル経済の仕組みとそれによってもたらされる問題点を踏まえ，今後の社会の

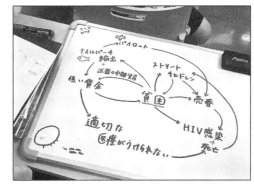

図 19-1　生徒の描いたループ図の例

出典：授業中に筆者撮影

*3　映画『ダーウィンの悪夢』
　ヴィクトリア湖に繁殖した巨大魚ナイルパーチを通して，タンザニアからEUや日本への加工品輸出を軸に，一日1ドル以下で生活する人々の姿からグローバル化のもたらす負の側面を克明に描いたドキュメンタリー映画。フーベルト・ザウパー監督の下，第78回アカデミー賞（2006年）の長編ドキュメンタリー映画賞にもノミネートされた。フランス，オーストリア，ベルギーの合作で2004年に公開された。
　しかし，日本での上映にあたっては，駐日タンザニア大使館から「事実に則していない」という抗議を受けており，複数の有識者からも内容についての疑問が指摘されている。教材として扱う場合は，メディア・リテラシーの観点から，この映画に対する多様な意見をはじめ，制作側の意図や主張を批判的に検討しながら，映画のなかで取り上げられている問題を多面的に理解したい。

*4　ループ図
　相互に複雑につながりあったシステムを，一つの要素から他の要素へと矢印をつなげて表した図のことをいう。システム思考ツールの一つとして位置づけられている。（参考：前野，2014：58-59）

*5　「貿易ゲーム」
　自由貿易体制が現代世界に与える負の側面について，疑似体験を通じて理解し，公正な地球社会のあり方について考えることをねらいとした参加型のシミュレーション教材である。制作・発行は開発教育協会。

あり方について SDGs（持続可能な開発目標）の観点から提言する。

3. 授業計画（必要時数：7 時間以上）

　本授業では，「地球的課題と国際協力」の学習に関する授業のなかで，本単元では，学習者である生徒たちが，ナイルパーチを通してタンザニアをはじめとするアフリカ諸国が抱える問題と私たちの生活との関係性について気づきを得るとともに，南北経済格差をもたらす国際経済のシステムについて認識を深めるべく，ドキュメント映画の視聴とその内容を踏まえたうえでの講義型，協働型の学習形態を組み合わせながら以下の内容構成で授業を展開しました（表 19-1）。

Ⅰ．タンザニアの国勢（1 時間）
Ⅱ．ナイルパーチがタンザニアの環境，経済，社会に及ぼす影響（2 時間）
Ⅲ．ループ図作成から諸問題の関連性を理解する（2 時間）
Ⅳ．「貿易ゲーム」で南北格差のメカニズムについて理解する（2 時間）

表 19-1　授業計画案

内容	生徒の活動（※）	指導上の留意点（・）／生徒の学習課題（※）	使用教材（・）（開発教育教材など）
Ⅰ	※地図帳でタンザニアの位置を確認し，アフリカ大陸全体との関係から捉える。 ※地図帳で地形の特徴，緯度からおおまかな気候区，経度から日本との時差，主要都市の分布の特徴について把握する。 ※Google Earth でダルエスサラームと東京，ロンドンなど世界主要都市との距離と方位を計測する。 ※データブックを利用して以下の点からタンザニアの特徴について日本との比較のうえでワークシートにまとめる。 人口，面積，言語，民族，宗教，主要輸出品目，主要貿易相手国（輸出のみ），1 人あたり国民所得，識字率，出生率，合計特殊出生率，乳児死亡率，平均寿命	・地理的諸事象を網羅的に取り上げるのではなく，互いに関連づけることで，多面的・多角的にタンザニアを理解することができるよう配慮する。 ※地図帳より，タンザニアがアフリカ大陸東岸にあることから，かつて宗主国イギリスを介在したインド洋貿易の拠点となっていたことを読み取る。 ※地図帳より，主要都市が貿易港からの発展であることを読み取る。 ・『どこでも方位図法』を用いてダルエスサラーム中心の正距方位図法を示してもよい。 ※ダルエスサラームの国際空港のホームページより，ダルエスサラームからの国際航空便が旧宗主国と中東の拠点都市（アジアへの中継地としての位置づけ）に偏っていることを読み取る。 ※各事象において日本との違いが生じる理由について，環境，経済，社会，政治などさまざまな側面から考察する。 ・ワークシート作業が授業内で終了しない場合は，宿題とする。	・『標準高等地図』帝国書院，2022 年。 ・Google Earth (https://earth.google.com/) ・『どこでも方位図法』オンターゲット (https://maps.ontarget.cc/azmap/) ・『データブック・オブ・ザ・ワールド 2022』二宮書店，2022 年。 ・自作のワークシート

II	**【1時間目】** ※ナイルパーチを切り口に，以下の設問について，映像を視聴しながらワークシートにまとめる。 「ヴィクトリア湖の地理的特徴」「ナイルパーチの特徴」「ヴィクトリア湖の生態系の変化」「ナイルパーチの輸送手段」「輸送の担い手の出身国」「ナイルパーチの輸出とタンザニア経済」「売春婦の置かれた境遇」「ストリートチルドレンが生まれる背景」「湖岸の人々の生活の実態」「タンザニアに輸送される武器の存在」「アフリカ諸国における内戦勃発の背景」	**【1時間目】** ・生徒たちの内容理解を促すために，適宜映像を止め，質問をしたり，解説を加えたりするなどの配慮を施す。 ※映像を視聴しながらナイルパーチの放流によって，タンザニア国内，とりわけヴィクトリア湖岸に居住する人々にもたらされる諸問題について環境，経済，社会との関係から考察する。	**【1時間目】** ・DVD『ダーウィンの悪夢』販売：ジェネオンエンタテインメント，2007年。 ・自作のワークシート
	【2時間目】 ※前時に視聴した映像の内容をふりかえりながら，教師の側からの問いかけに応答する。 ※教師の解説を聴きながら必要に応じて，ワークシートの記入内容を修正する。 ※ナイルパーチに関わる以下の問題点について，データ，地図帳，映画のパンフレットを読みながら認識を深める。 「ヴィクトリア湖の生態系破壊」「国家間の経済格差」「タンザニアの経済構造」「ナイルパーチのEU，日本への輸出」「湖岸の人々の生活の実態」「武器輸入とアフリカ諸国の内戦」「内戦勃発の背景」	**【2時間目】** ・前時に視聴した映像の内容のふりかえりを行う。 ※必要に応じて，ワークシートの記入内容を修正する。 ※データより，タンザニア，イギリス，日本，ウクライナの1人あたり国民所得から国家間の経済格差を読み取る。 ※データより，タンザニアの輸出品目を確認し，モノカルチャー経済構造を読み取る。 ※地図帳より，アフリカ州の紛争地域の分布の特徴を読み取る。 ※配付資料（映画パンフレット）より，紛争勃発国の特徴について国内外の社会システムとの関わりから考察する。	**【2時間目】** ・映画『ダーウィンの悪夢』パンフレット。 ・『標準高等地図』帝国書院，2022年。 ・『データブック オブ・ザ・ワールド 2022』二宮書店，2022年。 ・自作のワークシート
III	**【1時間目】** ※これまでの学習内容をふりかえり，タンザニアで生じている諸問題についてワークシートに整理する。 ※6つのグループを編成し，メンバー間でワークシートに記入した諸問題を共有する。	**【1時間目】** ・以前視聴した映像の内容のふりかえりを行う。 ※タンザニアで生じている諸問題について再確認する。 ・グループの編成については，クラスの状況を見て，生徒に委ねるか，教師の側で行うかを，臨機応変に判断する。 ※各人のワークシートに記入された諸問題についてメンバー間でお互いに確認し合い，共通点，相違点を探る。	**【1時間目】** ・自作のワークシート
	【2時間目】 ※タンザニアで生じている諸問題をつなぐためのループ図をグループ内で模造紙またはホワイトボードに作成する。 ※作成したループ図からどのようなことを読み取ることができるのかを模造紙またはホワイトボードにまとめる。 ※グループごとにまとめたことをクラス全体へ向け，プレゼンテーションを行う。	**【2時間目】** ・ループ図のイメージをつかんでもらうため，見本の図（前野，2014：59）を示す。 ・ループ図の作成が円滑に進むよう，各グループを巡回し，必要に応じてアドバイスを行う。 ※メンバーどうしで互いに議論を行うことでループ図をより精緻なものにする。 ※出来上がったループ図から諸問題どうしのつながりの特徴について検証する。	**【2時間目】** ・模造紙またはホワイトボード ・マジックペン ・自作のワークシート

	※ループ図の作成を通して気づいたこと，感じたことを各自ワークシートにまとめる。	※ループ図の作成からシステム思考で物事を捉えていくことの意義について考える。	
Ⅳ	【1時間目】 ※6グループにあてがわれた各国の袋に入っている内容物を確認する。 日本・シンガポール・韓国・ベトナム・インドネシア・ラオス ※見本に従って，ハサミ，定規，分度器，鉛筆を用いながら紙で均一的な製品を，制限時間内にできるだけ大量に造る。	【1時間目】 ・6つのグループごとに経済水準，工業付加価値，資源分布，人口などに応じた国の配置を行う。 ・生徒のなかから銀行員役を2人選出する。 ・貿易ゲームのルールの説明を行う。 ※銀行員役は，製品の需給状況に応じ，価格の変動操作を行う。	【1時間目】 ・本単元では開発教育協会（DEAR）発行の『新・貿易ゲーム』を参照しつつも，現実の国際社会の動向を踏まえ，筆者が内容をアレンジした。詳細については，DEAR ホームページを参照されたい（http://www.dear.or.jp/books/book01/1149/）。
	【2時間目】 ※貿易ゲームを通して気づいたことを感じたことを発表し，ワークシートにまとめる。	【2時間目】 ・貿易ゲームのねらいについて，ゲーム中に生じた出来事を現実の国際社会での諸事象・諸課題と関連づけながら具体的に説明を行う。	【2時間目】 ・自作のワークシート

4. 評価の観点

　本単元の評価の観点については，第2節で示した学習のねらいがどの程度身に付いたのかを検証するために，学習指導要領の掲げる3つの資質・能力との関係から，以下のように設定しました。

参考文献
・枝廣淳子・内藤耕（2007）『入門！システム思考』講談社現代新書。
・枝廣淳子（2021）『好循環のまちづくり！』岩波新書。
・栗田和明・根本利通（編著）（2015）『タンザニアを知るための60章【第2版】』明石書店。
・地理教育システムアプローチ研究会（編）（2021）『システム思考で地理を学ぶ―持続可能な社会づくりのための授業プラン―』古今書院。
・西谷修（編著）（2006）『グローバル化と奈落の夢』せりか書房。
・前野隆司（編著）（2014）『システム×デザイン思考で世界を変える―慶應SDM「イノベーションのつくり方」―』日経BP社。

①映像の視聴を通して，ナイルパーチがタンザニア社会や住民にもたらす諸問題について多面的・多角的に理解することができたか（知識・技能）。

②タンザニアでもたらされる諸問題の相互関連性についてループ図の作成を通して理解することができたか（知識・技能）。

③ナイルパーチの漁獲，製品化，流通，消費を通して，タンザニアで生じている諸課題と日本に住む自分たちの生活との関わりについて考察することができたか（思考・判断・表現等）。

④貿易ゲームを通して南北経済格差を生み出すグローバル経済の仕組みとそれによってもたらされる問題点を踏まえ，今後の社会のあり方についてSDGsの観点から提言することができたか（主体的に学習に取り組む態度）。

5. 生徒たちの意見・感想と授業実践者の所感・助言

　生徒たちから提出された授業コメントのなかから，代表的なものを4つ紹介します。4人のコメントは本単元のねらいを見事に体現しているといえます。

・ナイルパーチの放流・輸出は効果があったが，大部分の国民の貧困化につながった。失業する親が増え，そこから HIV 感染・死亡につながり，ストリートチルドレンが生まれてしまう。これらはループしており，この流れを変えるのはほぼ不可能に近いと感じる一方，独裁政治体制を変えたり，お金の流れを変えたりすることで国が発展するのではないかと考えた。

・貿易ゲームは，先進国と途上国の銀行からの距離や，制作の道具，資源量まで圧倒的に優劣がつくよう構成され，綿密にルールが定められていたのでとてもわかりやすい。この様な貿易は，先進国の利益のために貴重な資源があればある分だけ使われ失われ，途上国は貧困がますます進んでいく。圧倒的に優劣のある世界を再確認でき，フェアトレードの重要性を感じた。

・お弁当のなかに入ってる白身魚のフライがナイルパーチかもしれないと思うと，案外身近なことなんだと気づきました。イギリスが漁獲量を向上させるためにナイルパーチを放流して，実際輸出などができるから雇用が増えたのはいいことかもしれないけど，現地の人が買えなくなってしまうくらい値段が跳ね上がってしまうのは良くないと思いました。雇用が増えたとは言っても，その枠に入れなくて結局仕事がない人は出て来てしまい，貧困による負の連鎖が起きてしまっていた。動画内でタンザニアの富裕層の人が解決しようとするのではなく論点をずらしているように感じたので，自分はどんな立場にたっても一つの情報だけではなく，たくさんの情報を集めたり，しっかり考えたうえで意見を言っていきたい。

・途上国の立場に立ってみて，初めて途上国の気持ちがわかった。途上国は情報が回ってこず，先進国が利益になるように仕組まれていることは知らなかったので，格差の闇を知った。こうやって先進国と途上国の格差は生まれるのだと感じた。途上国も自分たちの資源は高く売りたいけれど，高く売ろうとすると先進国は買ってくれなくて，結果安く売ることになるから，途上国はなかなか儲からないのだと思う。先進国は売ったら利益が何倍にもなるから，それがない途上国と差が出るのは当たり前だと思った。先進国の利益を少し貰えても先進国には全然及ばず，利益の差は何十倍もあることを知った。この状況が改善されない限り，途上国は先進国に頼らなくてはならず，悪循環だと思った。

　地理総合が必修科目として位置づけられました。これを機に，地理教育の本来の理念を再確認し，生徒たちにとって充実した授業実践が展開できるよう尽力していきたいと思います。

本章で紹介した授業実践で使用したワークシート等は，学文社のホームページの本書紹介ページ（以下の QR コード）からダウンロード可能。
なお，パスワードは, sdgs3268（共通）。

執筆担当：泉　貴久

第20章
消滅危機言語から学ぶ世界の現状と課題

1. 「学習指導要領」との関係

　本授業案で取り扱う学習内容は，学習指導要領「地理総合」の「内容」の「B(2)地球的課題と国際協力」と「内容の取扱い」の「イ(ア)(イ)」に関係しています。

2. 授業の背景・ねらい

　本校では，「桐朋教育は入試から始まる」ということばに代表されるように，中学A入試において，授業と口頭試問による入試を行っています。過去にも「開発途上国の抱えている問題とその解決に努力している日本人」など，開発教育をテーマとした口頭試問[*1]がありましたが，本章では，「消滅危機言語[*2]」をテーマに，入試では扱えなかった問いにも踏み込み，地理総合のための授業計画を紹介します。

　地理総合の単元「生活文化の多様性と国際理解」では，「言語・宗教と生活文化」について学びます。教科書には，公用語，準公用語，母語，共通語，英語，宗主国，植民地などのキーワードとともに，「消滅危機言語」が並んでいます。"Saving Cherokee" をテーマに，米国の先住民のチェロキー語が消滅危機言語となっていることを扱っている英語の教科書[*3]もあるように，消滅危機言語は，教科横断的なテーマでもあります。

　世界の言語別人口を見ると，日本語を母語とする人口は世界第9位[*4]です。そんな日本では，普段，消滅危機言語ということばを聞くことはほとんどありませんが，ユネスコ（UNESCO, 2010）の報告によれば，日本には8つの消滅危機言語があります[*5]。そのうち，最も危機的な状況（Critically endangered）にある言語はアイヌ語です。現在，日本では，アイヌ民族が先住民として認められ，北海道白老町に民族共生象徴空間「ウポポイ」が建設されるなどアイヌ文化振興政策が取られていますが，それだけではアイヌ語の維持と復興に向けた根本的な解決策とはなりません。

*1　口頭試問
　本校（桐朋女子中学・高校）の口頭試問は，知識が多いか少ないかを試すのではなく，未知の事柄を「学ぶ力」や「学ぼうとする姿勢」を確かめるものであり，さらに，学んだことをもとに「考える力」や「表現する力」を問う入試となっている。
　なお，詳細については，『桐朋教育』第51号（2019年）および第54号（2022年）を参照されたい。同誌については，桐朋教育研究所のウェブサイトを参照。

*2　消滅危機言語
　次世代に伝えることが課題となり，衰退し，死にゆく言語のこと。消滅危機言語になる要因は，天変地異や疫病，共同体の崩壊などの人々を身体的危険にさらす要因と政治的，社会的，経済的な圧力，現地語使用への罰則などの民族の文化を変える要因の2つがある。危機言語は，優位な共同体との比較において話者が富裕になり，法的に力を増し，地位が向上し，教育制度のなかで強い存在感を持てば復興するといわれている。

*3　『CROWN English Communication II New Edition』三省堂，2018年，66-78頁。

*4　『わたしたちの地理総合』二宮書店，2023年，90頁。

*5　日本の消滅危機言語：アイヌ語，奄美語，沖縄語，国頭語，八丈語，宮古語，八重山語，与那国語の8言語。

次節で紹介する授業計画に沿って学習を進めると，北アメリカやオセアニアなどの先住民と日本のアイヌ民族がたどった歴史には共通点が見えてきます。そして，消滅危機言語の問題を解決するには，先住権[*6]に踏み込む必要があることに気づきます。ワーク6で紹介する差間正樹[*7]さんに，筆者が「現在，どのようなことを差別と感じますか？」と質問すると，「和人が先住権を認めないことが差別だ」と答えました。教育関係者がこの意味を理解して授業を行うのならば，また，政治家がアイヌの先住権を認める法律や条例を制定し，政策を実行するならば，アイヌ語の維持と復興が実現するのかもしれません。この授業計画がその一助となることを願っています。

*6　先住権
　2007 年に採択された「先住民族の権利に関する国際連合宣言」に示されている土地や漁業，教育などに関する先住民族の権利のこと。

*7　差間正樹（さしま・まさき）
　北海道・浦幌町のサケ漁師。アイヌ民族団体「ラポロアイヌネイション」の会長。禁漁とされているサケ漁の解禁を求めて国と北海道を 2020 年に提訴。

3. 授業計画（必要時数：1.5時間以上）

　本授業案では，生徒 4 〜 6 名からなるグループ学習を基本としながら，言語が消滅するさまざまな要因を学び，それらの因果関係やつながりを理解できるように，次のような授業計画を作成しました（表 20-1 および表 20-2）。

表 20-1　授業計画「世界と日本の消滅危機言語」

時数	内容と活動	生徒の学習課題／指導上の留意点	使用教材
I	世界の消滅危機言語 ＜グループ分け＞ ・1 組 4 〜 6 人の班をつくる。 ・「参加のルール」を確認する。 ＜導入＞ ・資料映像を視聴する。 ・視聴した映像について班内で議論。 ・解説①「消滅危機言語とは」 ・解説②「消滅危機言語の地図」 ・ワーク 1「消滅危機言語の多い国」 ・解説③「インドとインドネシアの消滅危機言語」	※消滅危機言語の意味と現状をインドやインドネシアを事例に理解する。 ※なぜ言語が消滅してしまうのか，その背景や原因を考える。 ・授業の冒頭で，資料映像を視聴してこの映像が何を伝えようとしているのかをまず自分たちで考えてみる。視聴した後に班のなかで意見交換をするとよい。 ＜発問例＞「みなさんは"消滅危機言語"という言葉を聞いたことがありますか？」「これから視聴する映像は何を伝えようとしているのでしょうか？」 ・ワーク 1：各班で図 20-1 を参考に，消滅危機言語が多く分布している国を 3 つあげ，その理由を考える。	・資料映像：BBC News at 10 "Endangered Languages: The Njuu"（2017）。 〔参考〕BBC News "Trying to save South Africa's first language"（2017） ・図 20-1「世界の消滅危機言語の地図」 ・図 20-2「険しい山脈や森に囲まれた村」 ・図 20-3「熱帯雨林に囲まれた島」 ・図 20-4「二風谷コタンのチセ」 ・図 20-5「日本の消滅危機言語の地図」 ・図 20-6「日本の世界自然遺産の地図」 ・表 20-3「オーストラリア先住民の女性の話」
	オーストラリアの消滅危機言語 ・ワーク 2「消滅危機にある先住民の言語」 ・解説④「オーストラリアの消滅危機言語」 ・ワーク 3「東京オリンピックでのオーストラリアの旗手」 ・解説⑤「オーストラリア先住民の権利回復」	※オーストラリア先住民の言語消滅の歴史や現状を理解する。 ※オーストラリア先住民の言語消滅と先住民の権利回復との関係を考える。 ・ワーク 2：各班で表 20-3／20-4／20-5 を参考に，オーストラリア先住民の言語が消滅危機言語になっている理由を 2 つ考えて，全体で発表する。 ・ワーク 3：東京オリンピックで，オーストラリア先住民を祖先にもつミルズ選手が旗手を務めたことが何を意味しているのかを考える。	

	日本の消滅危機言語と世界自然遺産 ・ワーク4「日本の消滅危機言語と世界自然遺産の分布」 ・解説⑥「日本の消滅危機言語と世界自然遺産」 ・ワーク5「アイヌ・サケ捕獲権請求訴訟」	※日本の消滅危機言語と世界自然遺産の分布が重なる理由やアイヌの人々が直面してきた問題を考える。 ・ワーク4：各班で**図20-5**や**図20-6**を参考に，日本の消滅危機言語をすべて確認し，日本の世界自然遺産の分布と重なる理由を考える。 ・ワーク5：この裁判での意見陳述書（北大開示文書研究会，2021）を読み，差間正樹さんが国や北海道に対して請求訴訟を起こした理由を考える。	・表20-4「オーストラリア先住民に関する年表」 ・表20-5「オーストラリア先住民の人口の変化」 ・表20-6「消滅危機言語に対する2人の意見」 参考文献 ・北大開示文書研究会(2021)「北大開示文書研究会ニューズレター」No.25（同会ウェブサイトからダウンロード可）
Ⅱ	ハワイの消滅危機言語と文化 ・解説⑦「ハワイの消滅危機言語と文化」 ・ワーク6「消滅危機言語に対する2人の意見」	・ワーク6：**表20-6**を読み，自分の意見がAさんとBさんのどちらにより近いかを考える。	
	・ワーク7「ふりかえり」	・ワーク7：これまでの授業を通して，気づいたことや印象に残ったこと，もっと知りたいことなどを各自でふりかえる。	

表20-2　授業計画のなかの「解説」例

＜①消滅危機言語とは＞　みなさんは「消滅危機言語」という言葉を聞いたことがありますか？　消滅危機言語とは，将来なくなってしまう可能性がある言語のことです。言語がなくなるということは，それを話す人がいなくなる，それを理解できる人がいなくなる，ということです。先ほど見た映像のなかで話されていた南アフリカの「ヌー語 (the Njuu あるいは the N/uu)」も，そのうちのひとつです。

＜②消滅危機言語の地図＞　この地図 (**図20-1**) を見て下さい。これは「世界の消滅危機言語」の地図です。地図上の印は，今後100年の間に消滅してしまうといわれている言語の分布を示しています。世界には196の国と地域があり，約6,000の言語があります。このうち今後100年の間に2,500の言語がなくなってしまう可能性があるといわれています。

＜③インドとインドネシアの消滅危機言語＞　どうして言語が消滅していくのでしょうか。言語が消滅すると何が起こるのでしょうか。改めてこの地図 (**図20-1**) を見てください。消滅危機言語は，どのような地域に分布しているのでしょうか。インドとインドネシアを例に見てみましょう。
　インドではこのような険しい山脈や森に囲まれた村 (**図20-2**) に，言語を含めた独自の文化をもった少数民族が暮らしています。インドの少数民族の言語のうち197の言語が消滅危機言語です。これらの言語には文字がないといわれています。したがって，人々は読み書きすることはなく，話したり聞いたりしてコミュニケーションをとります。また，村の子どもたちが学校で学ぶ言語はその村の言語ではなく，国や州などで公式に用いられる公用語のヒンディー語や英語です。親は子どもたちに村の言語を積極的に伝えようとはしません。その理由は，子どもたちが村の言語を学んでも，その言語を活かした仕事をすることが難しく，経済的な利益を得られる機会も少ないと考えるからです。
　インドネシアは多くの島々からなる国です。熱帯雨林に囲まれた島 (**図20-3**) で暮らすインドネシアの少数民族の言語のうち，143の言語が消滅危機言語です。村の子どもたちが学校で学ぶ言語は，公用語のインドネシア語です。村の若い人のなかには村を離れ，都市に働きに出る人もいます。このことが，言語が消滅する原因のひとつといわれています。この現象は，インドネシア以外でも起きています。

＜④オーストラリアの消滅危機言語＞　次に，どうして言語がなくなっていくのか，オーストラリアを例に考えてみましょう。（各教科書に掲載の写真を使って）これは，オーストラリアの先住民の写真です。先住民とは，その土地にもともと住んでいた民族のことです。初めて植民地が建設された1788年以前，オーストラリア大陸には，500以上の異なる民族がいました。また，250以上の言語が使われていました。しかし，現在では，先住民が話す言語の種類は減り，108の言語が消滅危機言語です。

＜⑤オーストラリア先住民の権利回復＞　オーストラリアの先住民についても見てみましょう。現在，オーストラリアの先住民の人口は回復しつつあります。また，先住民は土地の権利や文化を守る運動も行ってきました。世界遺産として知られる「エアーズロック（英名）」は有名な観光地で，以前は多くの観光客がこの巨大な岩を登っていましたが，現在は登ることが禁止されています。それは，1976年に北部準州アボリジニ土地権利法が制定され，1985年にこの聖地「ウルル」は先住民に返還されたからです。そして，2008年，オーストラリアの首相が「奪われた世代」に対して，政府として公式謝罪を初めて行いました。このようにオーストラリアだけでなく，先住民の権利を認める動きは世界中に広まっています。日本では，2008年にアイヌ民族が先住民として認められました (**図20-4**)。

<⑥日本の消滅危機言語と世界自然遺産>　消滅危機言語の分布と世界自然遺産の分布を比較すると，両者の自然環境に共通点があることがわかります。両者の分布が重なり合う理由として，次のような解答例が想定できます。解答例①：世界自然遺産に登録されたということは，人があまり入らない場所なので，自然が残っているのだと思います。消滅危機言語は，山岳地帯や熱帯雨林に囲まれた島々など，交通が不便な地域に分布しています。つまり，世界自然遺産も消滅危機言語も，人が簡単に入ることができない場所に分布しているという共通点があります。解答例②：消滅危機言語を話している先住民族は，森や川などの豊かな自然を大切にしながら生活しているので，先住民族が暮らしている地域は，世界自然遺産に登録されているのだと思います。そして，ユネスコによって認定された消滅危機言語も世界自然遺産も，私たちが多様な言語や自然を守っていかなければ，やがては消滅してしまう点が共通していると思います。

<⑦ハワイの消滅危機言語と文化>　言語が消滅すると何が起こるのでしょうか。消滅危機言語のひとつであるハワイ語を例に，ハワイの文化について見てみましょう。みなさんは「アロハ」という言葉を聞いたことがありますか。アロハはハワイ語で，あいさつやお礼をするときに使われます。アロハには，愛情，思いやり，誠実など，たくさんの意味もあります。ハワイ語の辞書には30種類以上もの意味が書かれています。このように，アロハには，多くの意味や想いが込められているのです。

　次にハワイの雨の表現を見てみましょう。ハワイには200種類以上の雨を表す言葉があり，場所によって雨の名前が異なります。たとえば，オアフ島のマノアでは雨がよく降り，虹が見られます。ここで降る雨を「トゥアヒネ」といい，「虹の女神」という意味があります。ハワイ島では，レフアの花をよく見かけます。ハワイ島のヒロという場所に降る雨を「カニレフア」といい，「花に降り注いで音をたてる雨」という意味があります。ハワイ語には，公用語の英語にはない，豊かな表現や異なる文化があるのです。

　ハワイ語にも，もともと文字がありませんでした。ハワイの先住民は歌や「フラ」と呼ばれるダンスに過去の出来事や伝えたいことを込めて，親から子，子から孫へと伝えてきました。

表 20-3　オーストラリア先住民の女性の話

「私らには，もう，なんの文化も残ってやしないんだよ。言葉さえ忘れ去られてしまったんだ。お祖母さんは，私が幼い頃，いろいろ話してくれたけど，私はもう，ほんの少ししか話せない。聞くことはできるんだよ。会話を聞けば，理解はできる。でも，話すことはできないのさ……。」

出典：上橋 (2010：77)

表 20-4　オーストラリア先住民に関する年表

18世紀末	オーストラリアで500以上の民族が，総計100万人ほどの人口規模で存在していた。
1788年	イギリスによる入植開始。イギリス人による先住民族の虐殺，伝染病の移入などにより，先住民族の人口が激減する。
1829年	イギリス，オーストラリア大陸全土の領有宣言。
1869年	先住民の保護・管理法が制定される。親子強制隔離政策が始まる。

出典：小野田・岩田・吉崎 (2022：171-172)

表 20-5　オーストラリア先住民の人口の変化

1788年	251,000人
1901年	66,950人

出典：Jones (1970)

参考文献
・上橋菜穂子 (2010)『隣のアボリジニ：小さな町に暮らす先住民』筑摩書房。
・小野田かおり・岩田堅太郎・吉崎亜由美 (2022)「桐朋女子中学校A入試 授業や普段の生活の中で，『なぜ』『どうして？』という疑問を持ち，学ぶ力を育もう 口頭試問解説 口頭試問準備室授業内容」『桐朋教育』第54号，桐朋教育研究所。
・環境省 (2013)『日本の世界自然遺産』ウェブサイト。
・ダイアナ・マルシェル (2008)『写真で知る世界の少数民族・先住民族 アボリジニ』汐文社。
・デイヴィッド・クリスタル (2004)『消滅する言語』中公新書。
・保苅実 (2018)『ラディカル・オーラル・ヒストリー』岩波書店。
・ラポロアイヌネイション・北大開示文書研究会 (2021)『サーモンピープル：アイヌのサケ捕獲権回復をめざして』かりん舎。
・UNESCO (2010) *Atlas of the World's Language in Danger.*
・Jones, F. Lancaster (1970) *The Structure and Growth of Australia's Aboriginal Population.* Aborigines in Austarlian Society. 1. Canberra: Australian National University Press.

＊8　Endangered Languages Project（ELP）
　ハワイ大学マノア校，米国の東ミシガン大学，カナダの先住民族文化協議会，グーグル（Google）の四者の協働事業として，2012年に発足。世界の消滅危機言語に関する調査や研究を行い，関連情報のデータベースを公開している。ELPのウェブサイト上には，各消滅危機言語が世界地図上にマッピングされており，国別に各言語を検索することもできる。
https://www.endangeredlanguages.com

図20-1　世界の消滅危機言語の地図

出典：Endangered Languages Project (ELP) ウェブサイト[8]

図20-2　険しい山脈や森に囲まれた村

出典：ムハンマド羅瑞氏撮影

図20-3　熱帯雨林に囲まれた島

出典：奥島美夏氏撮影

図20-4　二風谷ユタンのチセ

出典：筆者撮影

図20-5　日本の消滅危機言語の地図

出典：UNESCO（2010）を参考に筆者作成

本章で紹介した授業実践で使用したワークシート等は，学文社のホームページの本書紹介ページ（以下の QR コード）からダウンロード可能。なお，パスワードは，sdgs3268（共通）。

図 20-6　日本の世界自然遺産の地図

　　　　出典：環境省（2013）を参考に筆者作成。画像は白神山地ビジターセンター，
　　　　　　　　　　　　　　　　　荒井綾美氏および筆者提供。

表 20-6　消滅危機言語に対する 2 人の意見

A	私はハワイに住んでいます。私は，消滅危機言語を守った方がいいと思います。ハワイでは消滅危機言語を守ろうという動きがあります。ハワイではハワイ語を話すことが禁止されていた時期がありました。子どもも大人もみんなが英語を話さなければならなかったのです。伝統文化であるフラを踊ることも禁止されていました。しかし，1970 年代頃から，ハワイの若い人たちが中心となって，ハワイ語を復活させ，守ろうという活動が始まりました。ハワイ語のラジオ番組が開始され，ハワイ語は州の公用語となりました。現在では，幼稚園から大学まで，ハワイ語で教育を受けることができます。また，ハワイ語で教育を受けた人たちが，子どもたちにもハワイ語を教えて受け継いでいこうとしています。こうした活動があったからこそ，私たちは今もハワイ語を聞いたり，ハワイ語の歌と一緒にフラを踊ったりすることができるのです。私はハワイの人たちが自分たちの言語を守ろうとしていることは素晴らしいことだと思います。みんながこうして言語を守った方がよいと思います。
B	私はイギリスに住んでいます。私は言語が消滅することは仕方のないことだと思います。言語が消滅している理由のひとつに，その言語を話す人たちが，自分の意思で別の言語を話すようになるということがあります。たとえば，イギリス南西部で話されていたコーンウォール語がその例です。コーンウォール語は，1600 年代以降，めったに話されない言語になりました。これは，コーンウォール人が死んでしまったり，他の土地に移動するように命令されたりしたわけではありません。コーンウォール人は自分たちの住んでいる場所に居続けながら，自分たちの言語を少しずつ話さなくなり，イギリスの公用語である英語を話すようになったのです。その理由は，英語を話せる方が，よりよい仕事に就くことができるからです。英語は，世界中のさまざまな仕事をする場で使われています。また，大学に行って勉強をしたければ，英語を話すことが必要でした。大人は段々と子どもたちにコーンウォール語を教えることをやめ，家でも英語を話すようになっていきました。私は，これが悪いことだとは思いません。自分たちの言語も大事ですが，生きていくためにはこの方がよいという選択をしたのだと思います。

出典：小野田・岩田・吉崎（2022：170）

生徒たちの感想・意見

◎私は子どもの頃，親の転勤によって八丈島に住んでいました。住んでいたころ，八丈ことばのかるた大会があり，八丈語と子どもたちは関わっていました。自分は八丈語は方言みたいなものだと思っていたので，消滅危機言語として認識していませんでした。消滅危機言語は私たちの生活に必要はないかもしれないが，その地域と深く結び付いているので，かるたや絵本など形に残すことで受け継ぐという方法もあるのではないかと思いました。私は一人ひとりを尊重する社会であって欲しいと思います。少数民族の人も障害を持つ人もすべての人も，一人ひとりが違い，違うからといって攻撃するのではなく，受け入れ尊重することが，平和への第一歩なのではないかと考えました。(生徒1)

◎私の母は北海道出身なので（アイヌ民族ではない），アイヌの人の話を聞いたり，阿寒の方へアイヌの文化に関連する場所へ行ったことがあったのですが，今回の話でより興味をもちました。文化存続に関する活動で自分にできることはあるのだろうか，と思いました。少し調べてみます。(生徒2)

◎ワークショップを通して，何か変えたいことがある場合，自分で行動を起こすことが大切だと思った。そのために，私たちの生きる社会は，一人ひとりが自分の意見をはっきりと伝えることができ，なおかつ意見を受け取る人（会社や社会）が意見をしっかり受け取る。そんな社会であってほしいと思いました。(生徒3)

執筆担当：吉崎亜由美

4. 評価内容・方法

授業を聞く力，情報を整理する力などの知識・技能は，ワークシートや論述試験を通して評価することができます。また，言語が消滅する要因を理解し，それらの因果関係やつながりを理解できたかどうかも，同じ方法で評価できます。そして，授業で学んだことを自分の問題として捉え，自ら考え，それを表現することができるかを見ることも大切です（表20-7）。

表20-7　学習評価の内容と観点

知識・技能	思考力・判断力・表現力
ワークシートによる評価	消滅危機言語の地図から，自然環境と消滅危機言語の分布を読み取ることができるか。 年表，統計資料などから植民地支配が与える影響を理解し，読み取ることができるか。
論述試験による評価	言語が消滅するさまざまな要因を学び，それらの因果関係やつながりを理解することができるか。
ペアワークやグループワークの観察	消滅危機言語を自分の問題として捉え，自ら考え，自分の意見を表現し，他者の意見を聴くことができるか。 （自分の意見を伝える力，他者の意見を聴く力，まとめる力）

5. 授業実践者の所感・助言

本章で紹介した消滅危機言語をテーマにした参加型の授業は，「自然環境と生活文化」や「産業の発展と生活文化」について学んだ後に，「言語・宗教と生活文化」を学ぶ授業の最後のまとめとして実施すると，消滅危機言語となる要因とその解決策に関する生徒の理解も深まります。「消滅危機言語がなくなっても仕方ない」という意見が多く出た場合は，「もし，日本語が消滅危機言語になったとしても，同じ意見になりますか」と問い，生徒が自分事の問題として考えられるように工夫すると，より議論が深まります。

先生方のなかには，「地理総合で，SDGs（持続可能な開発目標）を扱うのは無理だ」とおっしゃる方もいらっしゃると思います。しかし，たとえば，「消滅危機言語」をテーマに授業を行うことは，言語と文化，言語と主権，言語と経済，言語とグローバル化，言語と公正などのさまざまな視点から，地球的課題とSDGsを関連づけて多面的に考え，議論し，解決に向けて構想する機会となるので，ぜひおすすめしたいテーマです。

第4部

資 料 編

資料 1

高等学校学習指導要領（平成 30 年告示）（抄）

文部科学省

教育は，教育基本法第 1 条に定めるとおり，人格の完成を目指し，平和で民主的な国家及び社会の形成者として必要な資質を備えた心身ともに健康な国民の育成を期すという目的のもと，同法第 2 条に掲げる次の目標を達成するよう行われなければならない。

1　幅広い知識と教養を身に付け，真理を求める態度を養い，豊かな情操と道徳心を培うとともに，健やかな身体を養うこと。

2　個人の価値を尊重して，その能力を伸ばし，創造性を培い，自主及び自律の精神を養うとともに，職業及び生活との関連を重視し，勤労を重んずる態度を養うこと。

3　正義と責任，男女の平等，自他の敬愛と協力を重んずるとともに，公共の精神に基づき，主体的に社会の形成に参画し，その発展に寄与する態度を養うこと。

4　生命を尊び，自然を大切にし，環境の保全に寄与する態度を養うこと。

5　伝統と文化を尊重し，それらをはぐくんできた我が国と郷土を愛するとともに，他国を尊重し，国際社会の平和と発展に寄与する態度を養うこと。

これからの学校には，こうした教育の目的及び目標の達成を目指しつつ，一人一人の生徒が，自分のよさや可能性を認識するとともに，あらゆる他者を価値のある存在として尊重し，多様な人々と協働しながら様々な社会的変化を乗り越え，豊かな人生を切り拓き，持続可能な社会の創り手となることができるようにすることが求められる。このために必要な教育の在り方を具体化するのが，各学校において教育の内容等を組織的かつ計画的に組み立てた教育課程である。

（以下略）

地理総合

1　目標

社会的事象の地理的な見方・考え方を働かせ，課題を追究したり解決したりする活動を通して，広い視野に立ち，グローバル化する国際社会に主体的に生きる平和で民主的な国家及び社会の有為な形成者に必要な公民としての資質・能力を次のとおり育成することを目指す。

(1)　地理に関わる諸事象に関して，世界の生活文化の多様性や，防災，地域や地球的課題への取組などを理解するとともに，地図や地理情報システムなどを用いて，調査や諸資料から地理に関する様々な情報を適切かつ効果的に調べまとめる技能を身に付けるようにする。

(2)　地理に関わる事象の意味や意義，特色や相互の関連を，位置や分布，場所，人間と自然環境との相互依存関係，空間的相互依存作用，地域などに着目して，概念などを活用して多面的・多角的に考察したり，地理的な課題の解決に向けて構想したりする力や，考察，構想したことを効果的に説明したり，それらを基に議論した

りする力を養う。

(3)　地理に関わる諸事象について，よりよい社会の実現を視野にそこで見られる課題を主体的に追究，解決しようとする態度を養うとともに，多面的・多角的な考察や深い理解を通して涵養される日本国民としての自覚，我が国の国土に対する愛情，世界の諸地域の多様な生活文化を尊重しようとすることの大切さについての自覚などを深める。

2　内容

A　地図や地理情報システムで捉える現代世界

(1)　地図や地理情報システムと現代世界

位置や分布などに着目して，課題を追究したり解決したりする活動を通して，次の事項を身に付けることができるよう指導する。

ア　次のような知識及び技能を身に付けること。

(ｱ)現代世界の地域構成を示した様々な地図の読図などを基に，方位や時差，日本の位置と領域，国内や国家間の結び付きなどについて理解すること。

(ｲ)日常生活の中で見られる様々な地図の読図などを基に，地図や地理情報システムの役割や有用性などについて理解すること。

(ｳ)現代世界の様々な地理情報について，地図や地理情報システムなどを用いて，その情報を収集し，読み取り，まとめる基礎的・基本的な技能を身に付けること。

イ　次のような思考力，判断力，表現力等を身に付けること。

(ｱ)現代世界の地域構成について，位置や範囲などに着目して，主題を設定し，世界的視野から見た日本の位置，国内や国家間の結び付きなどを多面的・多角的に考察し，表現すること。

(ｲ)地図や地理情報システムについて，位置や範囲，縮尺などに着目して，目的や用途，内容，適切な活用の仕方などを多面的・多角的に考察し，表現すること。

B　国際理解と国際協力

(1)　生活文化の多様性と国際理解

場所や人間と自然環境との相互依存関係などに着目して，課題を追究したり解決したりする活動を通して，次の事項を身に付けることができるよう指導する。

ア　次のような知識を身に付けること。

(ｱ)世界の人々の特色ある生活文化を基に，人々の生活文化が地理的環境から影響を受けたり，影響を与えたりして多様性をもつことや，地理的環境の変化によって変容することなどについて理解すること。

(ｲ)世界の人々の特色ある生活文化を基に，自他の文化を尊重し国際理解を図ることの重要性などについて

理解すること。

イ　次のような思考力，判断力，表現力等を身に付けること。

(ｱ)世界の人々の生活文化について，その生活文化が見られる場所の特徴や自然及び社会的条件との関わりなどに着目して，主題を設定し，多様性や変容の要因などを多面的・多角的に考察し，表現すること。

(2) 地球的課題と国際協力

空間的相互依存作用や地域などに着目して，課題を追究したり解決したりする活動を通して，次の事項を身に付けることができるよう指導する。

ア　次のような知識を身に付けること。

(ｱ)世界各地で見られる地球環境問題，資源・エネルギー問題，人口・食料問題及び居住・都市問題などを基に，地球的課題の各地で共通する傾向性や課題相互の関連性などについて大観し理解すること。

(ｲ)世界各地で見られる地球環境問題，資源・エネルギー問題，人口・食料問題及び居住・都市問題などを基に，地球的課題の解決には持続可能な社会の実現を目指した各国の取組や国際協力が必要であることなどについて理解すること。

イ　次のような思考力，判断力，表現力等を身に付けること。

(ｱ)世界各地で見られる地球環境問題，資源・エネルギー問題，人口・食料問題及び居住・都市問題などの地球的課題について，地域の結び付きや持続可能な社会づくりなどに着目して，主題を設定し，現状や要因，解決の方向性などを多面的・多角的に考察し，表現すること。

C　持続可能な地域づくりと私たち

(1) 自然環境と防災

人間と自然環境との相互依存関係や地域などに着目して，課題を追究したり解決したりする活動を通して，次の事項を身に付けることができるよう指導する。

ア　次のような知識及び技能を身に付けること。

(ｱ)我が国をはじめ世界で見られる自然災害や生徒の生活圏で見られる自然災害を基に，地域の自然環境の特色と自然災害への備えや対応との関わりとともに，自然災害の規模や頻度，地域性を踏まえた備えや対応の重要性などについて理解すること。

(ｲ)様々な自然災害に対応したハザードマップや新旧地形図をはじめとする各種の地理情報について，その情報を収集し，読み取り，まとめる地理的技能を身に付けること。

イ　次のような思考力，判断力，表現力等を身に付けること。

(ｱ)地域性を踏まえた防災について，自然及び社会的条件との関わり，地域の共通点や差異，持続可能な地域づくりなどに着目して，主題を設定し，自然災害への備えや対応などを多面的・多角的に考察し，表現すること。

(2) 生活圏の調査と地域の展望

空間的相互依存作用や地域などに着目して，課題を探究する活動を通して，次の事項を身に付けることができるよう指導する。

ア　次のような知識を身に付けること。

(ｱ)生活圏の調査を基に，地理的な課題の解決に向けた取組や探究する手法などについて理解すること。

イ　次のような思考力，判断力，表現力等を身に付けること。

(ｱ)生活圏の地理的な課題について，生活圏内や生活圏外との結び付き，地域の成り立ちや変容，持続可能な地域づくりなどに着目して，主題を設定し，課題解決に求められる取組などを多面的・多角的に考察，構想し，表現すること。

3　内容の取扱い

(1) 内容の全体にわたって，次の事項に配慮するものとする。

ア　中学校社会科との関連を図るとともに，1の目標に即して基本的な事柄を基に指導内容を構成すること。

イ　地図の読図や作図，衛星画像や空中写真，景観写真の読み取りなど地理的技能を身に付けることができるよう系統性に留意して計画的に指導すること。その際，教科用図書「地図」を十分に活用するとともに，地図や統計などの地理情報の収集・分析には，地理情報システムや情報通信ネットワークなどの活用を工夫すること。

ウ　地図の読図や作図などを主とした作業的で具体的な体験を伴う学習を取り入れるとともに，各項目を関連付けて地理的技能が身に付くよう工夫すること。また，地図を有効に活用して事象を説明したり，自分の解釈を加えて論述したり，討論したりするなどの活動を充実させること。

エ　学習過程では取り扱う内容の歴史的背景を踏まえることとし，政治的，経済的，生物的，地学的な事象なども必要に応じて扱うことができるが，それらは空間的な傾向性や諸地域の特色を理解するのに必要な程度とすること。

オ　調査の実施や諸資料の収集に当たっては，専門家や関係諸機関などと円滑に連携・協働するなどして，社会との関わりを意識した活動を重視すること。

カ　各項目の内容に応じて日本を含めて扱うとともに，日本と比較し関連付けて考察するようにすること。

(2) 内容の取扱いに当たっては，次の事項に配慮するものとする。

ア　内容のAについては，次のとおり取り扱うものとすること。

(ｱ)(1) については，次のとおり取り扱うこと。

「現代世界の地域構成を示した様々な地図の読図」については，様々な地図の読図によって現代世界を地理的な視点から概観するとともに，球面上の世界の捉え方にも習熟するよう工夫すること。「日本の位置と領域」については，世界的視野から日本の位置を捉えるとともに，日本の領域をめぐる問題にも触れること。また，我が国の海洋国家としての特色と海洋の果たす役割を取り上げるとともに，竹島や

北方領土が我が国の固有の領土であることなど，我が国の領域をめぐる問題も取り上げるようにすること。その際，尖閣諸島については我が国の固有の領土であり，領土問題は存在しないことも扱うこと。また，「国内や国家間の結び付き」については，国内の物流や人の往来，それを支える陸運や海運などの現状や動向，世界の国家群，貿易，交通・通信，観光の現状や動向に関する諸事象を，様々な主題図などを基に取り上げ，地図や地理情報システムの適切な活用の仕方が身に付くよう工夫すること。

「日常生活の中で見られる様々な地図」については，観察や調査，統計，画像，文献などの地理情報の収集，選択，処理，諸資料の地理情報化や地図化などの作業的で具体的な体験を伴う学習を取り入れるよう工夫すること。また，今後の学習全体を通じて地理的技能を活用する端緒となるよう，地図や地理情報システムに関する基礎的・基本的な知識や技能を習得するとともに，地図や地理情報システムが日常生活の様々な場面で持続可能な社会づくりのために果たしている役割やその有用性に気付くことができるよう工夫すること。

イ　内容のBについては，次のとおり取り扱うものとすること。

　(ア)(1) については，次のとおり取り扱うこと。

「世界の人々の特色ある生活文化」については，「地理的環境から影響を受けたり，影響を与えたりして多様性をもつこと」や，「地理的環境の変化によって変容すること」などを理解するために，世界の人々の多様な生活文化の中から地理的環境との関わりの深い，ふさわしい特色ある事例を選んで設定すること。その際，地理的環境には自然環境だけでなく，歴史的背景や人々の産業の営みなどの社会環境も含まれることに留意すること。また，ここでは，生活と宗教の関わりなどについて取り上げるとともに，日本との共通点や相違点に着目し，多様な習慣や価値観などをもっている人々と共存していくことの意義に気付くよう工夫すること。

　(イ)(2) については，次のとおり取り扱うこと。

ここで取り上げる地球的課題については，国際連合における持続可能な開発のための取組などを参考に，「地球的課題の各地で共通する傾向性や課題相互の関連性」などを理解するために，世界各地で見られる様々な地球的課題の中から，ふさわしい特色ある事例を選んで設定すること。その際，地球環境問題，資源・エネルギー問題，人口・食料問題及び居住・都市問題などの地球的課題は，それぞれ相互に関連し合い，地域を越えた課題であるとともに地域によって現れ方が異なるなど共通性とともに地域性をもつことに留意し，それらの現状や要因の分析，解決の方向性については，複数の立場や意見があることに留意すること。また，地球的課題の解決については，人々の生活を支える産業などの経済活動との調和のとれた取組が重要であり，それが持続可能な社会づくりにつながることに留意すること。

ウ　内容のCについては，次のとおり取り扱うものとすること。

　(ア)(1) については，次のとおり取り扱うこと。

日本は変化に富んだ地形や気候をもち，様々な自然災害が多発することから，早くから自然災害への対応に努めてきたことなどを，具体例を通して取り扱うこと。その際，地形図やハザードマップなどの主題図の読図など，日常生活と結び付いた地理的技能を身に付けるとともに，防災意識を高めるよう工夫すること。

「我が国をはじめ世界で見られる自然災害」及び「生徒の生活圏で見られる自然災害」については，それぞれ地震災害や津波災害，風水害，火山災害などの中から，適切な事例を取り上げること。

　(イ)(2) については，次のとおり取り扱うこと。

「生活圏の調査」については，その指導に当たって，これまでの学習成果を活用しながら，生徒の特性や学校所在地の事情などを考慮して，地域調査を実施し，生徒が適切にその方法を身に付けるよう工夫すること。

資料 2

持続可能な開発のための地理教育に関するルツェルン宣言*1

Lucerne Declaration on Geographical Education for Sustainable Development

国際地理学連合地理教育委員会*2 は，2005 年から 2014 年までの「国連持続可能な開発のための教育の 10 年」を，当委員会が持続可能な開発のための教育*3 に主体的に関与する機会であると認識する。地球規模で起きている現在の変化は，21 世紀の人類に対する挑戦である。わたしたちは「持続可能な開発のための地理教育に関するルツェルン宣言」を公表することでこれに応えるものである。本宣言は次の点に焦点をあてて地理教育国際憲章（1992 年）の基盤を拡張したものである。

A．持続可能な開発のための教育への地理学の貢献
B．持続可能な開発のための地理的カリキュラムの開発基準
C．地理学が進める持続可能な開発のための教育における情報通信技術（ICT）の重要性

A．持続可能な開発のための教育への地理学の貢献

国際地理学連合地理教育委員会は，2005 年から 2014 年までの国連持続可能な開発のための教育の 10 年（UNDESD）のビジョンを共有するとともに，このビジョンでは，持続可能な開発のための教育（ESD）が「誰もが質の高い教育の恩恵を受け，持続可能な未来と建設的な社会変革に必要な価値観，取るべき行動，そして生活様式について学ぶ機会を持つことのできる世界」（http://portal.unesco.org/education/）に貢献するとされている。環境，水，農村開発，持続可能な消費，持続可能な観光，異文化理解，文化多様性，気候変動，減災，生物多様性，そして市場経済など，UNDESD で強調されている「行動テーマ（action themes）」のほとんどすべてが地理的な側面を有している。本宣言は，世界のあらゆる段階の教育やあらゆる地域で教えられる地理の中で，持続可能な開発のパラダイムが採用されるべきであることを提唱する。

21 世紀のパラダイムとしての「人間−地球」エコシステムの持続可能な展開

1992 年のリオの地球サミット*4 において，世界のほぼすべての国々が，持続可能な開発を目標として受け入れることに合意した。アジェンダ 21 の第 36 条では持続可能な開発のための教育の重要性が記述されている。2002 年のヨハネスブルグサミット*5 では，このパラダイムが拡大され，再確認された。

持続可能な開発のための教育に関する本委員会のビジョンは，「人間−地球」エコシステム（"Human-Earth" ecosystem）という概念に基づいている。「エコ（eco）」とはギリシャ語の「オイコス（oikos）」に由来し，「家」を意味する。人間の生存という観点からみると，家計は収入よりも多くを支出すべきではない。生態学（ecology）*6 とは，家計の科学とみなすことができる。わたしたちは，自然，文化と社会，そして経済を含む「人間−地球」エコシステ

ムという家計を維持する必要がある。

「人間−地球」エコシステムは，地球システムと人間システムとに区別できる。

・地球システム，もしくは地球圏（geosphere）は，岩石圏，土壌圏，大気圏，水圏，生物圏，人類圏*7 というサブシステムから構成される。地球システムの外界は，宇宙，すなわち地球外の空間である。そこでは，太陽と宇宙空間と地球との間で物質とエネルギーが交換されている。また，地球は社会にとって必要な自然資源と天然の炭素吸収源を提供している。

・人間システム，もしくは人類圏は，集落，農業，工業，そして交通というサブシステムから構成される。地理学者は，地球圏が人間システムに資源や生活空間をどのように提供し，社会が地球システムにどのような影響を及ぼすのかを分析する。このように，地理学者は自然科学と社会科学の架け橋となり，「人間−地球」エコシステムの全体を研究する。

教育者が個人ひとり一人に特別な関心を寄せるのは，個人ひとり一人を教育することが持続可能な開発を理解することに貢献するもっとも重要な方法のひとつだからである。個人と社会が交わりあうことによって，社会を発展させるだけでなく個人を社会化させようとしているのである。自然条件と社会条件のある特定の枠組みの中で個人の行動が自由であることは，教育が生徒の持続可能な行動に影響を及ぼすための前提条件である。持続可能な開発に取り組んでいくためには，人々の知識や認識や価値観が極めて重要である。システムの中でこのように考えるのであれば，その結論としては，生態学的に，もしくは全体論的に考えること，すなわち，自然と社会と個人が相互にどのように繋がり合っているのかを考えることが必要となってくる。エコロジカルな家計管理が意味することとは，再生可能である以上のものを消費してはならないということである。

持続可能な開発とは，自然と経済と社会の持続可能性に関係している。国家や文化，集団や個人がそれぞれに自らのニーズを満たそうと定義を解釈するために，それは議論の分かれる問題となっている。そのため，消費の水準を高めようと持続可能な開発の経済面を強調する人がいる一方で，絶滅危惧種を保護しようと持続可能な開発の環境面を強調する人もいる。そして，持続可能な開発や，ひいては持続可能な開発のための教育は，文化的に規定されることになる。

自然の持続可能な開発とは，資源が回復するよりも早く資源を消費しないことを意味する。わたしたちには，将来世代のために天然資源を保全する義務がある。消費の変化量は，再生の変化量を上回ってはならない。環境に有害な活動は，統合的な地球システムを回復し保護するために管理されなければならない。

経済の持続可能な開発とは，その内部に自然の持続可能な開発を包含している。そして，すべての人々の雇用と生

活水準の向上は，今後も重要な目標となる。つまりこのことは，ある国々にとっては天然資源の消費の拡大を意味し，ほかの国々にとっては新たな省資源技術や新たな生活様式，新たな連帯を意味することになる。これらの目標に到達することは，今後最大の挑戦のひとつである。

　社会の持続可能な開発とは，すべての人々の人生に平等な機会がもたらされることを意味する。この目的を達成するためは，少なくとも発展途上国の人々の基本的なニーズが満たされること，そして，天然資源の消費を制限せよとの国際社会からの強力な指示に先進工業国の人々が同意することが必要不可欠である。しかしながら，そのような行動よりもさらに重要なことは，生産と消費を量的に拡大する構造を，質的な発展や発達に焦点を当てた経済や社会や個人へと置き換え，旧来の生活様式よりも新しくより優れた生活様式を促進するような，新たな価値や哲学を発展させ，エコロジカルな態度を発展させることであろう。

持続可能な開発の実施戦略

　持続可能な開発を実施するための主要な戦略は次の通りである。

・効率性戦略：新たな技術革新や組織革新を通じて，資源をより能率的に利用することができる。
・一貫性戦略：再生可能な資源と閉じた経済回路によって，物質とエネルギーが循環する自然環境を改善することができる。
・永続性戦略：技術革新を通じて，製品の寿命を延ばすことができる。
・充足性戦略：洞察力に基づく新たな生活様式を通じて，資源の消費を最小化することができる。
・教育と社会的コミットメント：教育と社会的コミットメントを通じて，正義や充足や持続可能な開発について議論し，実践することができる。

　したがって，持続可能な開発は，新たな生活様式のみならず，新たな生産と消費の形態を開発することによって，そして最後に重要なこととして，生態的，経済的，そして社会的な持続可能性を組合せながら，地理教育を含む生涯教育を通じて個人の新たな倫理観を創造することを意味する。

持続可能な開発を促進するための地理的能力

　持続可能な開発を実行するうえでもっとも重要な地理的能力は，以下の通りである。

・次に関する地理的知識と地理的理解
　－生態系内および生態系間の相互作用を理解するための地球の主な自然のシステム
　－場所の感覚を身に付けるための地球の社会経済システム
　－空間的概念：位置，分布，距離，移動，地域，スケール，空間的関連性，空間的相互作用，そして経時変化など，生徒が世界を理解するのに役立つ地理学特有の重要な概念。
・地理的技能
　－地域から世界まで，さまざまな範囲で地理的なトピックスを探求するためのコミュニケーション・スキル，思考スキル，実践スキル，そして社会的スキル。

・態度と価値観
　－「世界人権宣言」に基づき，ローカルやリージョン，国内的あるいは国際的な課題や問題の解決策を探究しようとする献身的な態度。

持続可能な開発を促進するための学際的能力

　特定の地理的能力のほかに，持続可能な開発にとって，ほかの科目と協働して育成すべき重要な学際的技能とは，以下の通りである。

　－問題に集中し，代替案を評価し，リスクを計算すること。
　－複雑な因果関係や力学を認識すること。
　－行動から予側される副作用や結果を考慮すること。
　－システムや複雑なネットワークで熟考すること。
　－適切な方法で情報を見つけ，評価し，処理し，利用すること。
　－他者の視点や意見を尊重すること。
　－各自の個人的な動機を熟考し，評価すること。
　－各自の人生に意味や倫理的基礎を提供すること。
　－各自の能力を発揮して共通の課題に貢献すること。
　－環境計画や環境プロジェクトにコミットすること。
　－各自の行動とその結果を評価すること。
　－生涯学習は各自の生活の質の向上させるものであると認識すること。
　－問題や現象を異なる視点から認識すること。
　－問題を解決するために異なる方法を柔軟に適用すること。
　－地元や地域での経験を地球規模の現象と関連づけること。

　以上のように，地理教育は，地球上の個人と自然が平和的に共存するための不可欠な知識や技能，価値観や態度を提供することによって，「国連持続可能な開発のための教育の 10 年」の目標達成に大きく貢献することができる。持続可能な開発は未来志向であり，人間と自然の間を取りもつ平和の概念であり，世代や異なる国家，文化や世界の地域を繋ぎとめる正義の概念である。持続可能な開発の概念は，社会的，環境的，経済的な関心事に加えて，地球規模の責任や政治参加にまで拡張されている。このような挑戦に必要な行動力は，地理教育を通じて，そして，ほかの教科と協働しながら，学ぶことができるものである。

B．持続可能な開発のための教育に対する地理カリキュラムの開発基準

　地理教育委員会は，グローバルな課題を扱うカリキュラムに意見の一致を求めることは賢明でないという意見を支持する。カリキュラムには，それぞれの地域や国家ごとに異なるニーズに関連した目的や内容が含まれている。グローバル・カリキュラムがひとつでは，地域や国家のニーズや差異を無視したり，否定したりすることなる。したがって，ひとつのグローバル・カリキュラムというものは現実的ではないため，ルツェルン宣言は，各国で地理カリキュラムを開発し，改訂し，評価する際に従うべき基本的な基準を設定する。

以下の基準は，地理学における持続可能な開発のため教育にとって不可欠であると考えられる。

地理的目標の設定基準

各国で設定される国別カリキュラムの教育目標には，価値観や態度の次元と同様に，知識とプロセスの次元，およびそれらを応用する次元がバランスよく含まれるべきである。

地理的テーマの選択基準

・現代世界の主要課題

これには，人類と自然に関する諸課題のなかで，生命にとって重要なものや，適切な空間的行動や持続可能な行動にとって重要なものの選択が含まれる。たとえば，地球温暖化，エネルギーの枯渇，再生不可能な資源の過剰利用，人口変動，そして地球規模の格差などのテーマを活用できる。そして，環境や経済や社会の持続可能性に関する矛盾した目標から生じる対立を適切に考慮する。

・空間・場所・環境の地理的認識

これには，空間や場所，そして環境の供給，利用，評価，形成と意味を含むテーマが含まれる。

・空間構成に関する地理的な見方

この基準には，機能的，体系的，予測的，および行動や構造もしくはプロセスと関係したアプローチが含まれる。

・具体的な実例

これには，トピックに関する構造／プロセス，問題に対する重要かつ伝達可能な洞察にそれぞれ関係するモデルとなる内容の選択が含まれ，そのような内容はアイデアの伝達に適している。

・生徒の経験・関心・先入観

異なる学齢に応じて生徒の経験や関心や先入観を考慮する。

・個人・民族・文化・環境にとっての重要性

この基準には，個人的，公共的，政治的，専門的，あるいは経済的な文脈における問題の重要性が含まれている。

・バランス

これには，多様で対照的かつ多次元的なトピックの選択と，利害や視点を異にする多様な主体への配慮が含まれる。

地理的地域の選択基準

・具体的な実例

これには，モデルとしての構造／プロセスを学習したり，もしくは伝達可能な洞察を獲得したりするうえで有益で，意義ある地域の選定が含まれる・

・生徒の経験と関心

この基準には，学齢により生徒の知識や関心，そして経験が異なることを考慮することが含まれる。

・重要性

これには，地域の政治的，経済的，あるいは次元的な位置付けのほかに，生態的／環境的な重要性を考慮することが含まれる。

・空間的範囲の多様性

これには，ローカル，地域，国家，国際的そして地球規模といったスケールに応じた考慮が含まれる。

・バランス

テーマには，位置や種類や規模の点で，多様で対照的な地域の選択が含まれる。

・地形図上のデータの表現方法

この基準では，空間は包括的な方位グリッドや地形図上の単独のオブジェクトのネットワークとして，一般的またはテーマ的に認識できるという考え方の把握に役立つテーマをめざす。

学習アプローチの選択基準

・異なる学齢集団の関心を参照すること

たとえば，異なる学齢集団の選好や関心を念頭におくべきである。

・学習要求の程度

すなわち，学習者への要求は量や難易度が増加していくはずである。学習者は自立の程度を高めながら課題を達成するべきである。

・繋がりあった事実の連続した学習

つまり，繋がりあった事実は，相互に積み上がるように配列されるべきである。

・複雑性

これは，内容や方法が，単純な事例研究から始まり，次第に複雑になっていくということである。

・抽象化

これは，空間に関連した具体的な現象から始まり，より抽象的なモデルへと発展していくということである。

・ものごとの見方

この基準では，学習プロセスの最初の時点では，相貌的な見方が優先され，次にプロセスと関連した見方が優先し，最後には機能的で予測的な見方が優先されるべきである。すなわち，構成主義アプローチを，概念やプロセス，理論や空間を変化可能な社会構成物として理解するために活用すべきである。

・相互関連のある文脈や概要の事例研究への取り込み

つまり，実例となるものは，地域の文脈に関連づけるべきである。

・地域の連続性

言い換えれば，地域のトピックは，近くから遠くへと厳密に配列するのではなく，世界への視点という意味で配列すべきである。

・空間的な拡張

すなわち，小規模レベルから中規模レベルだけでなく，国際的なレベル地球レベルまでのあらゆるレベルのスケールが考慮されているということである。

C．地理学が進める持続可能な開発のための教育における情報通信技術（ICT）の重要性

責任ある民主的な市民として行動する能力は，持続可能な開発の実行するための前提条件である。この能力は最新の情報へのアクセスと生涯学習を通じて向上させることができる。地図作成，読図，フィールドワーク，統計分析，

インタビュー，計算，そして，画像やテキスト，グラフや図表の解釈と作成といった地理学的な方法は，今日では広く普及しており，多くの学校で日常的に実践されている。それとは対照的に，情報通信技術は，この15年で科学としての地理学に大きな影響を与えているが，主に各教室内にハードウェアやソフトウエアが不足していることや，現職教員の研修に制約があることから，本来あるべきようには活用されてはいない。

ICTリテラシーが主要な学習目標になりつつあるのは，デジタルメディアが台頭する一方で，印刷メディアが徐々に減退しているためである。したがって，今後数年から数十年の間に，ICTの重要性が高まる可能性は非常に高い。これは発展途上国だけではなく先進国にも当てはまる。さらに，若者はデジタルツールと双方向メディアを使った仕事に高い意欲と関心を持っており，それが有意義な学習にとって重要な前提となっている。したがって，デジタルメディア，メディアリテラシー，そしてデジタルリテラシーの指導と学習に焦点を当てたデジタルメディア教育は，地理学における教育にとっての付加価値となる。

生徒が生涯にわたって学び続け，市民として行動していくために必要な知識の獲得と能力の向上を支援することによって，ICTは本宣言に記載されている地理教育と地理学習における持続可能な開発のための教育の目的に対して有意義に貢献することができる。

地理学におけるESDのためのICTの具体的な価値と可能性

地理教育において，メディアは，多様でしばしば相反する情報源からの情報の提供者としての役割を果たすという点だけでなく，情報を整理し，処理し，解釈し，そして提示するという点でも，教員が教えることに対して一般的な価値を付加している。インターネットや一般的なソフトウエア，そして特定の地理学のソフトウエア（たとえば，コンピューター・シミュレーションや地理情報システムGIS）やハードウエア（たとえば，全地球測位ナビゲーターGPS）などのモバイル・ツール）は，簡単にアクセスできる最新の情報をはじめ，ウェブベースの情報活用した新しくて革新的な指導や学習の手段を提供することによって，地理教育に特別な価値を付加しており，たとえば，eラーニングやブレンディッドラーニングなどの環境のなかで，コミュニケーションや協力関係を向上させている。ICTを活用することの利点は，ICTが次のような点で役立つという意味で，持続可能な開発のための地理教育の目的と目標に貢献するということである。すなわち，

- 最新の知識が簡単に得られる
- 相反する情報を比較する
- 異なる視点や多面的な視点からものごとをみる
- 持続可能性の問題（たとえば，自然災害，環境汚染，経済危機）の影響を個人的に受けている人々の態度や視点を直接的に洞察する
- 世界とその心的な表象を分析する
- 異なる文化をもつ人々の持続可能性の問題に関する概念化やその態度をよりよく理解する
- 持続可能な開発に関連する多面的な環境問題を可視化する

- 統合や評価といった高度な思考スキルを促進する
- 持続可能な行動に必要な理解やスキル，態度や価値観を身に付ける

ICTはこれからの教育や学習を劇的に変えるであろう。地理学におけるESDにとってICTがもつ具体的な可能性とは，ツールの双方向性であり，自立学習や協同学習を行う環境への適合性であり，そしてESDに関連する魅力的で最新のコンテンツやその学習機会の豊富さである。

ICTと持続可能な開発のための地理教育研究

持続可能な開発のための地理教育と地理学習においてICTを利用することによって，研究の焦点が新たな分野へと拡大している。重要な研究分野となっているのは，環境知識と持続可能な行動との間のギャップを埋めるためにICTがどのように影響するかというものである。このような研究の結果として，この宣言に列挙されている能力を満たすために，地理教育と地理学習をどのように改善すればよいのかをわたしたちはよりよく理解することができるだろう。国際地理学連合地理教育委員会は，ICTと地理教育に関する学術的な議論と研究交流を促進していく。

ICTと国際協力

世界中の人々の間でバーチャルな会議を可能にするようなオンライン上での共同作業が実現すれば，とくに異文化間学習やグローバル学習という文脈において，デジタルメディアには付加価値が与えられることになる。このことは，国際的な協力や協働からの恩恵を得ることができる発展途上国にとって，とりわけ利点となる。デジタルメディアやオンライン協力を利用した教育や学習を支援するために，世界中の学校間協力を可能にすることは，国際地理学連合地理教育委員会の優先課題であり目標でもある。

＊＊＊＊＊＊＊＊＊＊＊＊＊＊＊＊＊＊＊＊＊＊＊＊＊
公示

国際地理学連合地理教育委員会は，この宣言を公示し，この文書のなかで提示した諸原則を，健全な持続可能な開発のための地理教育の基礎として，世界中のすべての地理学者と政府に対して勧告する。

国際地理学連合地理教育委員会（IGU CGE）
委員長による署名

ルツェルン，2007年7月31日　2004-2008年委員会委員長
レックス・チャルマーズ教授

なお，本宣言は，ハルトヴィッヒ・ハウブリッヒ（Hartwig Haubrich），シビル・ラインフリード（Sibylle Reinfried），イヴォンヌ・シュライヒャー（Yvonne Schleicher）によって起草され，委員会のホームページを通じて公開され，委員会の委員や世界各国の代表者からコメントされ，幾たびの修正が施され，最終的に2007年7月31日にスイスのルツェルンで開催された国際地理学連合地理教育委員会の地域シンポジウムでの議論を経て合意され，宣言されたものである。

〈訳注〉

＊1　本資料は，IGU-CGE（2007）の仮訳を本書の編者のひとりである湯本浩之と第 5 章を執筆した大西宏治が新たに試みたものであるが，翻訳や訳語に誤りや改善点があればご指摘願いたい。なお，翻訳に際しては，大西（2008）を参照した。

＊2　「国際地理学連合地理教育委員会」の英語の正式名称は，International Geography Union Commission on Geographic Education（IGU CGE）である。

＊3　「持続可能な開発のための教育」（Education for Sustainable Development, ESD）については，本書第 1 章第 4 節（11-12 頁）および第 2 章第 2 節（15-17 頁）を参照されたい。

＊4　「リオの地球サミット」とは，1992 年に国連がブラジルのリオデジャネイロで開催した「国連環境開発会議」（United Nations Conference on Environment and Development, UNCED）のことである。詳細は，本書第 1 章第 3 節第 3 項（8-9 頁）を参照されたい。

＊5　「ヨハネスブルグサミット」とは，地球サミットから 10 年後の 2002 年に南アフリカのヨハネスブルグで国連が主催した「持続可能な開発に関する世界首脳会議」（World Summit on Sustainable Development, WSSD）のことである。詳細は，本書第 1 章第 3 節第 3 項（8-9 頁）を参照されたい。

＊6　「生態学」を意味するエコロジー（ecology）は，ドイツの生物学者のヘッケル（Ernst H. Haeckel, 1834-1919）による造語で，ギリシャ語の「オイコス（oikoso）＝家」と「ロゴス（logos）＝論理・科学」を組み合わせたものである。生態学（エコロジー）は生物学の一部として生まれたが，環境保全を目的とする社会運動として提唱したのが，米国の環境科学者や家政学者として知られるリチャーズ（旧姓：スワロー，Ellen H. Richards, 1842-1911）である。

＊7　類似した用語に「人間圏」（homosphere あるいは humansphere）や「人間生活圏」（human living sphere）があるが，ここでは原文に anthroposphere とあることから「人類圏」と訳出した。

〈参考文献〉

大西宏治（2008）「持続可能な開発のための地理教育に関するルツェルン宣言（全訳）」『新地理』55 巻 3/4 号，33-38 頁。

IGU-CGE（2007）"Lucerne Declaration on Geographical Education for Sustainable Development," in Reinfried, S., Schleicher, Y., and Rempfler, A.（eds）"Geographical Views on Education for Sustainable Development. Proceedings of the Lucerne-Symposium, Switzerland, July 29-31, 2007," *Geographiedidaktische Forschungen*, Vol 42, pp. 243-250.

（翻訳：湯本浩之・大西宏治）

資料 3

開発教育関連の参考図書

1．概説書

田中治彦『新 SDGs 論：現状・歴史そして未来をとらえる』人言洞，2024 年。

田中治彦『国際協力と開発教育：「援助」の近未来を探る』明石書店，2008 年。

田中治彦（編著）『開発教育：持続可能な世界のために』学文社，2008 年。

田中治彦・三宅隆史・湯本浩之（編著）『SDGs と開発教育：持続可能な開発のための学び』学文社，2016 年。

西あい・湯本浩之（編著）『グローバル時代の「開発」を考える：世界と関わり，共に生きるための 7 つのヒント』明石書店，2017 年。

2．実践書（カリキュラム・授業案・教材案・参加型学習・学校／地域での実践例など）

ESD 開発教育カリキュラム研究会（編）『開発教育で実践する ESD カリキュラム：地域を掘り下げ，世界とつながる学びのデザイン』学文社，2010 年。

石川一喜・小貫仁（編）『教育ファシリテーターになろう：グローバルな学びをめざす参加型授業』弘文堂，2015 年。

岩本泰・小野行雄・風巻浩・山西優二（編著）『SDGs 時代の学びづくり：地域から世界とつながる開発教育』明石書店，2021 年。

開発教育研究会（編著）『身近なことから世界と私を考える授業Ⅲ：「自分ごと」として学ぶ 17 ゴール』明石書店，2022 年。

開発教育研究会（編著）『身近なことから世界と私を考える授業Ⅱ：オキナワ・多みんぞくニホン・核と温暖化』明石書店，2012 年。

開発教育研究会（編著）『身近なことから世界と私を考える授業：100 円ショップ・コンビニ・牛肉・野宿問題』明石書店，2009 年。

風巻浩『社会科アクティブ・ラーニングへの挑戦：社会参画をめざす参加型学習』明石書店，2016 年。

鈴木敏正・佐藤真久・田中治彦（編著）『環境教育と開発教育：実践的統一への展望：ポスト 2015 の ESD へ』筑波書房，2014 年。

セーブ・ザ・チルドレン・ジャパン『先生・ファシリテーターのための持続可能な開発目標 -SDGs- アクティビティ集』2019 年。（以下の URL よりダウンロード可。https://www.savechildren.or.jp/lp/sdgs_activity/）

田中治彦・奈須正裕・藤原孝章（編著）『SDGs カリキュラムの創造：ESD から広がる持続可能な未来』学文社，2019 年。

山西優二・上條直美・近藤牧子（編）『地域から描くこれからの開発教育』新評論，2008 年。

西岡尚也『子どもたちへの開発教育：世界のリアルをどう教えるか』ナカニシア出版，2007 年。

3．英国のワールド・スタディーズ＆グローバル教育

D・セルビー＆ G・パイク『グローバル・クラスルーム：教室と地球をつなぐアクティビティ教材集』小関一也（監訳），明石書店，2007 年。

D・ヒックス＆ M・スタイナー（編）『地球市民教育のすすめかた：ワールド・スタディーズ・ワークブック』岩﨑裕保（監訳），明石書店，1997 年。

G・パイク＆ D・セルビー『地球市民を育む学習：Global Teacher, Global Learner』中川喜代子（監訳），明石書店，1997 年。

M・スタイナー（編）『グローバル・ティーチャーの理論と実践：英国の大学と NGO による開発教育の試み』岩﨑裕保・湯本浩之（監訳），明石書店，2011 年。

S・フィッシャー＆ D・ヒックス『ワールド・スタディーズ：学びかた・教えかたハンドブック』国際理解教育・資料情報センター（編訳），めこん，1991 年。

4．SDGs・ESD の関連図書

SDGs 市民社会ネットワーク『基本解説そうだったのか。SDGs2030：「我々の世界を変革する：持続可能な開発のための 2030 アジェンダ」から，日本の実施指針まで』2020 年。

蟹江憲史『SDGs（持続可能な開発目標）』中公新書，2020 年。

南博・稲場雅紀『SDGs：危機の時代の羅針盤』岩波新書，2020 年。

〈学文社「SDGs シリーズ」〉

北村友人・佐藤真久・佐藤学（編著）『SDGs 時代の教育：すべての人に質の高い学びの機会を』学文社，2019年。

佐藤真久・関正雄・川北秀人（編著）『SDGs 時代のパートナーシップ：地球資源制約の視座と持続可能な開発目標のための学び』学文社，2020年。

佐藤真久・田代直幸・蟹江憲史（編著）『SDGs と環境教育：地球資源制約の視座と持続可能な開発目標のための学び』学文社，2017年。

田中治彦・枝廣淳子・久保田崇（編著）『SDGs とまちづくり：持続可能な地域と学びづくり』学文社，2019年。

田中治彦・三宅隆史・湯本浩之（編著）『SDGs と開発教育：持続可能な開発目標のための学び』学文社，2016年。

〈学文社「知る・わかる・伝える SDGs Ⅰ～Ⅳ」監修：日本環境教育学会〉

阿部治・朝岡幸彦（編著）『教育・パートナーシップ・ポストコロナ』2023年。

阿部治・岩本泰（編著）『生産と消費・気候変動・海の豊かさ・陸の豊かさ・平和と公正』2022年。

阿部治・二ノ宮リムさち（編著）『エネルギー・しごと・産業と技術・平等・まちづくり』2021年。

阿部治・野田恵（編著）『貧困・食料・健康・ジェンダー・水と衛生』2019年。

☆編者・執筆者のおすすめ図書

〈地理教育〉

荒木一視・川田力・西岡尚也『小学生に教える地理：先生のための最低限ガイド』ナカニシヤ出版，2006年。

井田仁康（編著）『持続可能な社会に向けての教育カリキュラム：地理歴史科・公民科・社会科・理科・融合』古今書院，2021年。

千葉県高等学校教育研究会地理部会（編著）『新しい地理の授業：高校「地理」新時代に向けた提案』二宮書店，2019年。

地理教育システムアプローチ研究会ほか（編）『システム思考で地理を学ぶ：持続可能な社会づくりのための授業プラン』古今書院，2021年。

吉水裕也（編）『本当は地理が苦手な先生のための中学社会科地理的分野の授業：デザイン＆実践モデル』明治図書出版，2018年。

山口幸男・伊藤裕康・西岡尚也・佐藤浩樹『地理教育論社会科教育論の多角的探究：4人の考え方』人言洞，2023年。

〈地理総合〉

井田仁康（編著）『高校社会「地理総合」の授業を創る』明治図書出版，2021年。

碓井照子（編）『「地理総合」ではじまる地理教育：持続可能な社会づくりをめざして』古今書院，2018年。

大野新・竹内裕一（編）『地域と世界をつなぐ「地理総合」の授業』大月書店，2021年。

奈良県高等学校地理教育研究会（編）『地理総合の授業』帝国書院，2022年。

山本晴久『「主題」と「問い」でつくる地理総合』明治図書出版，2022年。

〈地図・GIS〉

籠瀬良明・卜部勝彦『大学テキスト地図読解入門（追補版）』古今書院，2017年。

地理情報システム学会教育委員会（編）『地理空間情報を活かす授業のための GIS 教材（改訂版）』古今書院，2021年。

若林芳樹『デジタル社会の地図の読み方作り方』ちくまプリマー新書394，筑摩書房，2022年。

〈フィールドワーク〉

増田研・椎野若菜（編）『現場で育むフィールドワーク教育』古今書院，2021年。

〈写真集〉

P・メンツェル＆F・ダルージオ『地球のごはん：世界30ヵ国80人の"いただきます！"』TOTO出版，2012年。

P・メンツェル＆F・ダルージオ『地球の食卓：世界24ヵ国の家族のごはん』TOTO出版，2006年。

マテリアルワールド・プロジェクト（F・ダルージオ＋P・メンツェル）『続・地球家族：世界20ヵ国の女性のくらし』TOTO出版，1997年。

マテリアルワールド・プロジェクト（P・メンツェル）『地球家族：世界30ヵ国のふつうの暮らし』TOTO出版，1994年。

資料4

開発教育関連教材

（※本書第2部「教材編」に未掲載のもの。情報提供：開発教育協会。）

ワークショップ版・世界がもし100人の村だったら〈第6版〉

●発行：2020年
　（初版2003年）
●判型：B5判　71頁
●対象：小学生以上

「世界には約77億（2019年）もの人がいますが，それを100人に縮めてみたらどうなるでしょう？」2001年の「9.11事件」後にメールメッセージで広がった現代の寓話である『世界がもし100人の村だったら』（再話：池田香代子，マガジンハウス，2001年）」をワークショップで再現。本教材は，世界の人口や言語などについて，身体を使いながら世界の多様性や格差を体感するアクティビティで構成されている。第6版では，新たなアクティビティとして，「地球温暖化」や「使い捨てプラスチックについて考える」が追加されている。

新・貿易ゲーム 経済のグローバル化を考える〈改訂版〉

●発行：2021年（第5刷）
　（初版2001年）
●判型：A4判　32頁
●対象：小学校
　　　　高学年以上

「貿易」をテーマに，世界経済の仕組みを疑似体験するシミュレーション・ゲーム教材。本教材では，天然資源や工業技術の偏在が工業生産に及ぼす影響や，そこに存在する構造的な問題について学び，グローバル化のなかで拡がる経済格差の原因やその解決策を考える。英国NGOのクリスチャンエイドが40年余り前に制作したオリジナル教材を「基本編」とし，これに「産業廃棄物」や「情報格差」，「フェアトレード」や「累積債務」などの現代的課題を扱うアクティビティを「応用編」として収録している。

コーヒーカップの向こう側〈改訂新版〉

●発行：2021年
　（初版2005年）
●判型：A4判　32頁＋
　　　　付録写真88枚
●対象：小学校
　　　　高学年以上

私たちの多くが愛飲しているコーヒーはどのように生産され，私たちの手元に届くのだろうか。コーヒーは「南」の「発展途上国」と呼ばれる国々で生産されているが，これらの国々が発展途上にある原因は，世界貿易の「不公平」な仕組みの中にあるといわれている。本教材では，その仕組みとはどのようなものなのかを理解し，「公正な貿易」について，私たち消費者とのつながりやできることなど，さまざまな可能性を探っていく。

もっと話そう！エネルギーと原発のこと 参加型で学びあうための16の方法

●発行：2012年
●判型：A4判　76頁
●対象：小学生以上

2011年に起きた東日本大震災による福島第一原子力発電所の重篤な事故を機に制作された教材。エネルギー政策や原子力発電所の賛否を問うのではなく，電力の消費者である私たち一人ひとりが持続可能な未来をつくる当事者として，まずは現実や実情を知ること，そして，互いに安心して話し合う場をつくることを目的とした教材である。「もっと知ろうエネルギーってなに？」や「どのくらい使っている？家の中の電気・電化製品」など16の参加型学習プログラムと，中学や高校などでの授業実践例が収録されている。

世界とのつながり
開発教育アクティビティ集 1

●発行：2019 年
●判型：A4 判　32 頁
●対象：小学生以上

開発教育のワークショップでよく使われるシンプルで基本的なアクティビティ集。参加型学習の解説やワークショップへの「参加のルール」，ワークショップで重要な「ふりかえり」の方法や留意点をはじめ，「部屋の四隅」，「グローバル・ビンゴ」，「見つけよう！外国から来たもの」，「世界一周！旅行ゲーム」の 4 つのアクティビティを収録している。小中学生には異文化理解や国際理解のアクティビティとして，高校生にはワークショップ冒頭のアイスブレイキングのためのアクティビティとして活用できる。

難民
開発教育アクティビティ集 2

●発行：2019 年
●判型：A4 判　32 頁
●対象：中学生以上

人権問題や環境問題と同様に，難民問題を学ぶことは，これからの社会のあり方や自分自身の生き方を問い，何を選択していくのかを考えることにつながっていく。ほかの先進国と比べて，難民の受け入れ人数が極端に少ない日本の中で，本教材では「難民ってどんな人？」なのか，実際に「日本にいる難民について」知ることからはじめ，「難民受け入れをめぐる意見」を読み比べながら，この問題を考えていくように構成されている。かれらと共に生きていくために何ができるのかを考えるきっかけとなる教材である。

気候変動
開発教育アクティビティ集 3

●発行：2020 年
●判型：A4 判　44 頁
●対象：中学生以上

近年，日本でも異常気象が続くだけでなく，自然災害の増加や農業生産への影響が指摘されるようになっている。国連でも気候変動は世界が直面する最大の課題のひとつとされ，早急な対策が各国に求められている。本教材では，気候変動への導入的な理解を図るために，「気候変動クイズ」，「気候変動の影響について考えよう」，「気候変動をめぐる問題を整理しよう」など，4 つのアクティビティに加えて，8 本のコラムを収録。気候変動問題の基礎的な理解を図る教材である。

プラスチックゴミ
開発教育アクティビティ集 4

●発行：2020 年
●判型：A4 判　52 頁
●対象：中学生以上

20 世紀の「豊かな消費文化」を象徴するプラスチック。しかし，日本ではその 6 割は焼却され，実際にリサイクルされているのは 3 割に及ばないという。さらに海外では野積みされた大量のプラごみが川から海へと流失し，海の生態系を脅かしている。本教材では「プラごみクイズ」や「プラスチックを探してみよう！」など 6 つのアクティビティのほか，10 本のコラムを収録。プラごみ問題の基礎的な理解を図る教材となっている。

※開発教育で取り上げる学習テーマの多くが「正解がない問題」や「賛否が分かれる問題」です。
　こうした学校の授業では取り上げにくい問題を扱うときの留意点については、上記の「開発教育アクティビティ集 2〜4」の 2 頁に記載されている解説をご参照ください。

開発教育実践ハンドブック
参加型学習で世界を感じる〈改訂版〉

●発行：2012 年
　　（初版：2003 年）
●判型：A4 判　116 頁
●対象：教員・実践者

本書は第１部「参加型学習へ
のヒント」と第２部「開発教
育のカリキュラムと教材」の
２部構成となっている。前半
は，ランキング，フォトラン
ゲージ，ロールプレイなどの開発教育の基本アクティ
ビティを解説。後半は「文化」や「食」，「環境」や
「貧困」，「在住外国人」や「まちづくり」などの 12 の
学習プログラムとこれらに関連する 20 の教材が紹介
されている。地理総合や総合的な探究の時間などの中
で，参加型学習やワークショップに取り組もうとする
教員にとって参考となろう。

SDGs 学習のつくりかた
開発教育実践ハンドブックⅡ

●発行：2021 年
●判型：A4 判　96 頁
●対象：教員・実践者

国連は従来の ESD を ESD for
2030 へと更新して，2030 年の
SDGs 実現に向けた教育とし
ての位置づけを明確にした。
日本でもこれまで先駆的な
ESD の授業実践が試みられ
てきたが，生徒の興味関心を 17 目標に紐付け，その
目標を調べるだけで終わってしまうような ESD も少
なくない。本書は，その第１部「理論編」で，そもそ
も SDGs とは何か，何を学ぶことが SDGs 学習や ESD
なのかを改めて提案するとともに，第２部「カリキュ
ラム編」では，17 目標に関連した学習の展開案や学
習の際のポイントが紹介されている。

Social Action Handbook
（ソーシャル・アクション・ハンドブック）

●発行：2017 年
●判型：AB 判　96 頁
●対象：中学生以上

開発教育の目的は，地球的
課題に関する知識や情報を
単に獲得することではない。
その知識や情報が，問題解
決に向けた行動へと繋がっ
ていくことが重要である。
本書では，社会問題と出会い，その解決に向けて仲間
をつくり，アクションの方法を見つける 39 のアイデ
アが紹介されている。第１部は，自分・仲間・社会と
出会うためのワークショップ集。第２部では，ふりか
えりの意味と方法を，第３部では多様なアクションの
具体例と方法が提案されている。

18 歳選挙権と市民教育ハンドブック
〈補訂版〉

●発行：2017 年
　　（初版 2016 年）
●判型：A4 判　96 頁
●対象：中学生以上

本書のタイトルにある「市民
教育」とは，従来の知識中心
の公民教育や，選挙での投票
に特化した主権者教育ではな
く，若者たちが市民のひとり
として社会や世界の課題に関わっていけるようなグロー
バルな視点を備えた市民性を身に付けることをめざ
した「市民教育」を意味している。本書は，いわば地
球市民（グローバル・シティズンシップ）教育を実践
するための参加型学習のハンドブックであり，地理総
合だけでなく，公民科の授業でも参考になる授業案が
紹介されている。

※ここに掲載されている教材の詳細や購入方法については、開発教育協会の以下のウェブサイトをご参照ください。
開発教育協会「教材・出版物」（https://www.dear.or.jp/book/）

資料 5

開発教育関連団体

〈北海道〉
（NPO）さっぽろ自由学校「遊」
（一財）北海道国際交流センター

〈東北〉
（NPO）バニアンツリー
（NPO）IVY

〈関東・甲信越〉
（NPO）アジア太平洋資料センター（PARC）
（NPO）WE21 ジャパン
（NPO）ACE
　　　　開発教育を考える会
　　　　かながわ開発教育センター（K-DEC）
　　　　教育協力 NGO ネットワーク（JNNE）
（NPO）シャプラニール＝市民による海外協力の会
（公社）セーブ・ザ・チルドレン・ジャパン
（NPO）地球の木
　　　　にいがた NGO ネットワーク・国際教育研究
　　　　　会（RING）
（NPO）ハンガー・フリー・ワールド
（公財）プラン・インターナショナル・ジャパン

〈東海・北陸〉
（公財）アジア保健研修所（AHI）
（NPO）開発教育 Funclub
（NPO）名古屋 NGO センター
（NPO）NIED・国際理解教育センター
　　　　ふくいグローバルねっとわーく

〈関西〉
（NPO）関西 NGO 協議会
（公財）神戸 YMCA

（公財）滋賀県国際協会・国際教育研究会 "Glocal
　　　　net Shiga"
　　　　地球市民フォーラムなら
（公財）日本クリスチャン・アカデミー関西セミナ
　　　　ーハウス活動センター・開発教育研究会

〈中国・四国〉
　　　　四国国際理解教育研究会（Slows）
　　　　地球市民共育塾ひろしま

〈九州・沖縄〉
（NPO）沖縄 NGO センター
（公財）熊本 YMCA

※以上は，各地で開発教育に関する講座の開催や学
　校・研修会への講師派遣のほか，開発問題に関する
　キャンペーンを実施している主な団体です。各団体
　の詳細や連絡先等については，インターネットで団
　体名を検索願います。

※ JICA の開発教育支援事業
　日本の政府開発援助（ODA）の実施機関である国
際協力機構（JICA）では，各地の国内拠点を通じて，
JICA 関係者を講師として学校へ派遣している。こ
の「出前講座」をはじめ，海外の国際協力の現場や
現地事情を視察する「教師海外研修」，開発教育の
概念や手法を学ぶ「指導者養成研修」や「教員セミ
ナー」を毎年定期的に実施している。
　詳細は，全国 15 ヶ所にある国内拠点のほか，各
地の地域国際化協会などに配属されている「国際協
力推進員」に照会されたい。
〈関連ウェブサイト〉
国際協力機構「国内の JICA 拠点」で検索。

執筆者紹介

(五十音順, ※は編者)

泉　貴久 (いずみ・たかひさ)【担当：第4章・第14章・第19章】
専修大学松戸高等学校教諭。授業では, 生徒たちの市民性育成を目指し, 探究型・参加型の学習形態を採り入れている。主な所属学会は, 日本地理教育学会, 日本社会科教育学会, 日本地理学会で, 各学会には役員として関与しているほか, 地理総合と地理探究の教科書の編集委員 (東京書籍) を務めている。主な近著には『システム思考で地理を学ぶ』(共編著, 古今書院, 2021年) や『地理オリンピックへの招待 (第2版)』(共編著, 古今書院, 2023年) などがある。

井上明日香 (いのうえ・あすか)【担当：第12章・第18章】
神奈川県立希望ケ丘高等学校教諭。勤務校で地理総合を担当。地理教育, 国際理解教育, 多文化共生などに興味を持つ。主な所属団体は国際地理オリンピック日本委員会運営委員やかながわ開発教育センター (K-DEC) など。主な近著には『地域と世界をつなぐ「地理総合」の授業』(分担執筆, 大月書店, 2021年) がある。

大西宏治 (おおにし・こうじ)【担当：第5章】
富山大学人文学部教授。主な研究分野は人文地理学・こども環境学。地理学の立場から子どもの生活空間やまちづくりの研究を行っている。主な所属学会は, 日本地理学会や日本地理教育学会など。主な近著には『社会科教育へのケイパビリティ・アプローチ』(分担執筆, 風間書房, 2021年) や『持続可能な社会に向けての教育カリキュラム』(分担執筆, 古今書院, 2021年) などがある。

今野良祐 (こんの・りょうすけ)【担当：第6章・第7章・第17章】
筑波大学附属坂戸高等学校教諭。学生時代に開発教育に出会って以来, 地理教育をベースに開発教育・ESDや世界遺産教育の教材開発や授業実践に取り組んでいる。日本地理学会地理教育専門委員会や日本社会科教育学会で委員等を務めるほか, 地理総合教科書の編集委員や分担執筆者を歴任。主な近著には『持続可能な社会に向けての教育カリキュラム』(分担執筆, 古今書院, 2021年) がある。

※西岡尚也　【担当：第3章・コラム①】

※黛　京子　【担当：第9章・第16章・コラム②】

望月浩明 (もちづき・ひろあき)【担当：第8章】
神奈川県立厚木東高等学校社会科講師。勤務校で地理総合を担当。地理教育, 国際理解教育, 多文化共生教育, ESDなどに関心を持つ。主な所属団体は日本国際理解教育学会, 公益社団法人日本ユネスコ協会連盟評議員, かながわユネスコスクールネットワーク事務局長など。主な著書に, 『ユネスコスクールの今』(分担執筆, ユネスコアジア文化センター, 2015) などがある。

※湯本浩之　【担当：第1章・第2章・資料編】

吉崎亜由美 (よしざき・あゆみ)【担当：第10章・第11章・第13章・第15章・第20章】
桐朋女子中・高等学校教諭。専門は, 社会科・地理教育, ESD, プロジェクト学習。主な所属学会は, 異文化間教育学会, 日本ESD学会, 日本教育学会など。主な所属団体は日本PBL研究所, FENICS (Fieldworker's Experimental Network for Interdisciplinary CommunicationS) など。主な近著には『現場で育むフィールドワーク教育』(FENICS 100万人のフィールドワーカーシリーズ第4巻, 分担執筆, 古今書院, 2021年) がある。

(※勤務先や所属先は本書発行時点のもの)

編集協力者紹介：
認定NPO法人開発教育協会 (DEAR)
日本における開発教育の普及推進を目的に1982年に任意団体として発足。主な事業は, 調査研究や政策提言, 教材の開発や研修・講座の企画運営, 国内外の関係団体とのネットワークづくりや協働事業など。毎年夏の開発教育全国研究集会 (d-lab) の開催, 機関誌『開発教育』や会報『DEARニュース』の発行のほか, 国際理解や国際協力, 食や文化, 開発や環境, 人権や平和, アクティブラーニングやファシリテーションなどに関して, 学校の授業や教員の研修会などにも講師を派遣している。詳細は, ウェブサイト (https://www.dear.or.jp) を参照されたい。

編著者紹介

湯本浩之（ゆもと・ひろゆき）
宇都宮大学大学院地域創生科学研究科教授。認定 NPO 法人開発教育協会代表理事。在中央アフリカ共和国日本大使館派遣員，現在は NPO 法人の国際協力 NGO センター（JANIC）や開発教育協会（DEAR）の事務局職員などを経て現職。大学では，留学生や国際交流関連の事業のほか，グローバル教育や SDGs・ESD に関連した授業を担当。専門は，国際教育論，国際開発論，市民組織論。主な近著には『グローバル時代の「開発」を考える』（共編著，明石書店，2017 年），『SDGs と開発教育』（共編著，学文社，2016 年）などがある。

西岡尚也（にしおか・なおや）
大阪商業大学公共学部公共学科教授。京都府立高校教諭や琉球大学教育学部教授を経て現職。高校では日本史を除き社会科全科目を担当。専門は，地理教育，アジア・アフリカ地誌，宇宙からの地球認識形成と地理教育の連携。主な著書には『開発教育のすすめ』（単著，かもがわ出版，1996 年）や『子どもたちへの開発教育』（単著，ナカニシヤ出版，2007 年）がある。帰国したミャンマー留学生らと共に，2013 年 6 月にガストン村小学校（私立）を開設し，支援活動を継続している。全国地理教育学会の設立メンバー。

黛　京子（まゆずみ・きょうこ）
日本大学大学院理工学研究科地理学専攻博士前期課程。日本大学豊山女子中・高等学校／日本大学鶴ヶ丘高等学校・元教諭。学校現場で中学社会や高校地理に携わるなかで，開発教育と出会って約20 年。「地理総合」の必修化に伴い，地図学習の重要性を感じ，大学院で学びなおしをしている。地図学習によって，グローバル化する世界に生きる人間としての本当の読解力が育成され，開発教育との素晴らしい協働的な学びができると考えている。また，現在は地図の読図のあり方や GIS の技術を学びながら，地図学習の課題と問題を研究している。

SDGs 時代の地理教育─「地理総合」への開発教育からの提案

2024 年 3 月 30 日　第 1 版第 1 刷発行

編著者　湯本浩之・西岡尚也・黛　京子

発行者　田中　千津子

発行所　株式会社 学 文 社

〒153-0064　東京都目黒区下目黒3-6-1
電話　03（3715）1501 ㈹
FAX　03（3715）2012
https://www.gakubunsha.com

印刷　新灯印刷
Printed in Japan

ISBN978-4-7620-3268-4